第四辑

中华全国外国哲学史学会
古希腊罗马哲学专业委员会 ○ 主办

古希腊罗马哲学研究

Journal of Ancient Greek and Roman Philosophy

詹文杰 主编

中国社会科学出版社

图书在版编目（CIP）数据

古希腊罗马哲学研究 . 第四辑 / 詹文杰主编 . -- 北京 : 中国社会科学出版社, 2025. 3. -- ISBN 978-7-5227-4764-4

Ⅰ. B502-53

中国国家版本馆 CIP 数据核字第 2025NS5527 号

出 版 人	赵剑英
责任编辑	刘亚楠
责任校对	张爱华
责任印制	张雪娇

出　　版	中国社会科学出版社
社　　址	北京鼓楼西大街甲 158 号
邮　　编	100720
网　　址	http://www.csspw.cn
发 行 部	010-84083685
门 市 部	010-84029450
经　　销	新华书店及其他书店

印　　刷	北京君升印刷有限公司
装　　订	廊坊市广阳区广增装订厂
版　　次	2025 年 3 月第 1 版
印　　次	2025 年 3 月第 1 次印刷

开　　本	880×1230　1/32
印　　张	10.5
插　　页	2
字　　数	255 千字
定　　价	128.00 元

凡购买中国社会科学出版社图书，如有质量问题请与本社营销中心联系调换

电话：010-84083683

版权所有　侵权必究

主　　　办：中华全国外国哲学史学会古希腊罗马哲学
　　　　　　专业委员会

编委会委员：（按姓氏拼音顺序排列）
　　　　　　曹青云　常旭旻　陈斯一　陈　玮　程　炜
　　　　　　葛天勤　江　璐　梁中和　刘　玮　聂敏里
　　　　　　盛传捷　宋继杰　苏　峻　田　洁　田书峰
　　　　　　王　纬　吴　飞　吴天岳　先　刚　谢文郁
　　　　　　于江霞　詹文杰　曾　怡　朱清华

主　　　编：詹文杰

编辑部编辑：安古睿　左逢源　杨文豪　张舒奕

本辑统校：安古睿

出版资助：中国社会科学院登峰战略西方哲学优势
　　　　　学科建设项目

目 录

论 文

柏拉图后期对话录中宇宙论的地位………C. H. 卡恩·文
　　　　　　　　　　　　　　　　　　刘奕兵·译 / 3

《蒂迈欧》中的双重解释…………S. K. 斯特兰奇·文
　　　　　　　　　　　　　　　　　　张祖武·译 / 18

柏拉图《蒂迈欧》的质料与流变………M. L. 吉尔·文
　　　　　　　　　　　　　　　　　　张　凯·译 / 46

作为技艺制品的宇宙
　　——柏拉图《蒂迈欧》中的科学与实在物
　　……………………T. M. 罗宾逊·文　宋佳慧·译 / 75

"接受者"和"大与小"
　　——柏拉图"未成文学说"探微……………王　纬 / 94

柏拉图《泰阿泰德》"梦论"的描述与亚里士多德的
　　质形复合定义………………………………吕纯山 / 118

灵魂作为内在形式：亚里士多德对灵魂与身体的
　　质形论理解…………………………………田书峰 / 137

爱比克泰德的"选择"概念……………… 陈 玮 / 160

普纽玛/气、灵魂与经脉的发现
　　——亚里士多德与希腊化早期医学……… 刘未沫 / 176

难题和反诘法
　　——论苏格拉底的哲学探究活动的
　　　积极作用………………………… 王钧哲 / 217

亚里士多德式自愿行动之分层与责任归属…… 丁振亚 / 245

评 论

爱德华·策勒和他的《古希腊哲学史》……… 詹文杰 / 275

会议综述

"第六届全国古希腊罗马哲学
　　研讨会"综述………………… 常旭旻　陈潇逸 / 293
"第七届全国古希腊罗马哲学研讨会暨 2024 年
　　中希哲学互鉴国际学术论坛"综述………… 郭慧云 / 318
《古希腊罗马哲学研究》征稿启事 ………………… / 328

Contents

Articles

The Place of Cosmology in Plato's Later
    Dialogues ·············· *KAHN C. H. / LIU Yi-bing (trans.)* / 3

The Double Explanation in the
    Timaeus ········ *STRANGE S. K. / ZHANG Zu-wu (trans.)* / 18

Matter and Flux in Plato's
    Timaeus ·············· *GILL M. L. / ZHANG Kai (trans.)* / 46

The World as Art-Object
  —Science and the Real in Plato's *Timaeus*
    ·············· *ROBINSON, T. M. / SONG Jia-hui (trans.)* / 75

The "Recipient" and the "Big and Small" in Plato's
    Unwritten Doctrines······························ *WANG Wei* / 94

Description of "Theory of Dreams" in Plato's
    Theaetetus and Composite Definition of Matter
    and Form in Aristotle ···················· *LYU Chun-shan* / 118

The Soul as Inner Form: Aristotle's Hylomorphic Explanation
of Soul and Body ·················· *TIAN Shu-feng* / 137

Epictetus' Concept of "Prohairesis" ············ *CHEN Wei* / 160

Pneuma, Soul, Arteries, and Other Conduit Vessels
of the Human Body
——Aristotle and Early Hellenistic Doctors ············· *LIU Wei-mo* / 176

Aporia and Elenchus
——On the Positive Roles of Socratic Philosophical
Enquiry ·························· *WANG Jun-zhe* / 217

Aristotelian Layered Voluntary Action and
Imputation ························ *DING Zhen-ya* / 245

Review

Eduard Zeller and His *Die Philosophie der
Griechen* ·························· *ZHAN Wen-jie* / 275

Conference Summary Report

Review of "The Sixth China Conference on Graeco-Roman
Philosophy" ·········· *CHANG Xu-min*，*CHEN Xiao-yi* / 293

Review of "The Seventh China Conference on
Graeco-Roman Philosophy" ············ *GUO Hui-yun* / 318

论 文

柏拉图后期对话录中宇宙论的地位[*]

C. H. 卡恩 / 文　刘奕兵 / 译

摘　要：柏拉图的后期哲学并未放弃理念论，而是将其扩充到了自然哲学的领域，也就是从理念论视野出发来构想前苏格拉底哲学家"自然探究"这个课题。《蒂迈欧》和《斐莱布》的宇宙论是在这个大背景下的产物，二者皆围绕着理念构造了目的论的宇宙观，并认为生成变化着的宇宙仍以数学为规范，但《蒂迈欧》更详尽地探讨了宇宙论这一主题，其中一些理论要素不宜与《斐莱布》中的类似表述相混同。作为探究理念的方法的辩证法同样随着理念论的扩充而改变，而这种改变可以从特定术语在指称上的模棱两可来得到解释。

关键词：柏拉图　宇宙论　理念论　《蒂迈欧》《斐莱布》

本文关注的是柏拉图后期对话录中自然哲学的课题。我的目标是在一个更宏观的思想运动中定位《蒂迈欧》和《斐莱布》的宇宙论，这一思想运动始于《斐德罗》，并在《法律篇》的第十

---

[*] 本文译自：Charles H. Kahn, "The Place of Cosmology in Plato's Later Dialogues", in *One Book, The Whole Universe: Plato's Timaeus Today,* Richard Mohr & Barbara Sattler eds., Parmenides Publishing, 2010: 69–77。

卷达到终点。

人们已经注意到，在后期对话录中柏拉图以一个更加积极的视角看待关于自然与变化的研究。许多人以此为证据，认为柏拉图放弃了经典的理念论，在这种理念论中，严格意义上的知识仅仅关乎于永恒不变的诸理念。我的解释则与之相反——柏拉图之所以开始关注自然，并非出于对理念论的拒斥，而是对经典理念论的扩展，是对《斐多》和《理想国》中形而上学认识论的重塑，以使之涵盖自然世界的哲学。柏拉图哲学的基本区分——永恒的"存在"与可朽的"生成"之区分，仍然完整地保存了下来，这一点在《蒂迈欧》与《斐莱布》都得以重申。并且，辩证法或最高的知识形态仍旧只与永恒稳固和不变的"存在"相联系。在后期对话录中，柏拉图真正的创新之处是将理念论应用于自然世界，也就是说，他开始对生成变化的领域进行积极的阐发——我们可以将其描述为对赫拉克利特"一切皆流"的克服。

对于这种创新，柏拉图最具戏剧性的表达也许是《智者》中那个著名的段落，在其中哲学家被比作一个孩子，当他被迫在两件好事物之间选择其一时，他要求："两者都要！"同样，为了使"知识"得以可能，哲学家必须坚称"存在"既包括经历变化的事物也包括不变的事物（249b–d）。存在和知识这两个概念扩展到了自然领域，这点也体现在《斐莱布》那些新颖而矛盾性的术语中：*genesis eis ousian*（"生成为存在"，26d8）、*ousia gegenêmenê*（"已经生成的存在"，27b8–9）。如同《智者》篇，《斐莱布》里"存在"概念被有意扩充以涵盖承受变化的东西。与此同时，柏拉图以往对于"稳固性"的偏好并没有被放弃：最真实的存在者，*ta ontôs onta*，仍然是那些无生无灭的"单一者"（monad）或"诸理念"。扩展"存在"概念以包含"生成"导致了许多问题，我们必须回头讨论这些问题。例如，作为对"生成"的研究，宇宙论如何能够与研究永恒存在的辩证法保持区别，同时又保证研究对象的性质足够稳固以达到科学研究之标准？但在探索这些由《蒂迈欧》与《斐莱布》宇宙论带来的新问题之前，我想先简述一下其所从属的更宏观的思想历程，正是在这个思想历程中，"存在"这一概念变得较此前更为复杂了。

我们从苏格拉底在《斐多》中叙述的基线出发可以最清楚地追踪这条新进路。在《斐多》中，苏格拉底讲述了他放弃研究自然哲学的理由，尽管他对于阿那克萨戈拉关于 nous（理性）是宇宙秩序之原因的教导有很大兴趣。苏格拉底本来期待借助于"善"或"至善"的东西对自然现象进行合理的解释，但是阿那克萨戈拉提供的机械论式的解释方式让他感到失望。在这种局面下，苏格拉底转而通过辩证研究——也就是在 logoi 的研究中——来探寻关于诸存在者（即 ta onta）的真相（99e）。柏拉图转向辩证法，用它来取代前苏格拉底的自然主义，其目标乃在于重新定义整个哲学事业。但柏拉图在《斐多》的叙述并不意味着他失去了对自然哲学的兴趣。《斐多》和《理想国》第五卷的神话反映了他并未中断对天文学和宇宙论的关注。然而，在上述两篇对话中，柏拉图并未提出任何关于自然和变化的建构性理论。在《理想国》中，各门数学科学因其具有教化或者精神启蒙方面的价值而需要让城邦的护卫者学习，数学科学不是充当物理学的先导，而是充当通达诸理念的先验辩证法的准备阶段。在《理想国》中各门数学科学的目标被确定为让人的心灵发生朝上的转向，也就是脱离可感的生成界而上升到对于永恒的存在界的理智性把握。

这种状况在《斐德罗》开始有所转变，这篇对话从某些方面来看是"后期"对话的首篇。尽管在驾驭马车驶向"天外"之境的神话中再次出现了经典理念论,但是《斐德罗》也提出了两个新观点:一是把灵魂视为运动之本原;二是把辩证法视为哲学分析,即划分与综合。这两个新观点都指向了通往后期对话中的诸理论的道路。把灵魂视为"运动之本原"(archê kinêseôs)这一新观点仅在《法律篇》的第十卷得到了充分的发挥。与之不同的是,关于辩证法的新观点遍布后期对话录中。肇始于《斐德罗》,延续至《政治家》和《斐莱布》等篇目,辩证法被视作理性探究的一般方法,是一切科学知识的来源(《斐德罗》266b,《斐莱布》16c2;参见《政治家》284d,285d6)。同时,由于辩证法仍然保持为对于本质和定义的寻求,新的辩证法概念将担负起新的"理念"概念。在《智者》中,这种发展才变得更加清晰,辩证法被刻画为关于认识哪些理念相互结合、哪些理念并不互相结合的知识。一旦辩证法被考虑为划分与综合,那么关于辩证法的这种新观点就自然地暗指了《智者》所概述的诸理念之间相互联系的网络。但这种暗指在《斐德罗》未得到展开说明。《斐德罗》中,苏格拉底并没有让辩证法关联于理念论,而是让它关联于自然哲学。他强调,科学的修辞学(此处被考虑为对辩证法的应用)在一般意义上需要以哲学为条件,而在具体的意义上需要以自然哲学为条件:"如果斐德罗不充分地追求哲学,那么他在任何主题上都不会是合格的演讲者。"(261a)"一切了不起的技艺都需要空闲的思辨和关乎自然的哲学。"(adoleschia kai meteôrologia physeôs peri,270a1)伯里克利正是由于接触到了阿那克萨戈拉及其宇宙心灵的学说而成为伟大的演说家。研究自然的方法同时存在于科学修辞学和希波克拉底医学中(270b1)。修辞学和医学都必须具备对自然进行整体性研究的能力,虽然医学分析的是身体的自然本性而修辞学分析的是灵魂的自然本性,但它们同时也都要分析"大全之自然本性"(hê tou holou physis),也就是宇宙之自然本性(270c2)。(苏格拉底在《斐德罗》中如是说。)

这些论述与《斐多》存在明显的张力。不同于脱离自然哲学去研究纯粹论理(logoi)之技艺,这个科学性论理的新概念要求把自然哲学的研究当作必不可少的准备性训练。在这里,辩证法不是被描述为前苏格拉底自然主义的替代物,而是被描述为这样一种技艺,它把关于自然的研究当作一个特别领域包含在自身之中。《斐德罗》打开了通往《斐莱布》《蒂迈欧》与《法律篇》第十卷的道路。不同于《斐多》中对宇宙论的弃置,也不同于在《理想国》中将天文学仅视作纯粹数学的一个分支,后期对话录中的柏拉图把前苏格拉底哲学家们研究的所有领域都重新纳入自己的哲学体系之中。因此柏拉图在《智者》中概述关于"存在"的不同观点时明确指出:不仅阿那克萨戈拉,而且赫拉克利特、巴门尼德和恩培多克勒都应被算作同一讨论的参与者。在《斐莱布》中,peras(有限)和 apeiron(无限,无规定)也同样延续了毕达哥拉斯的传统。通过这些对话录,我们可以看到柏拉图系统性地将爱奥尼亚和意大利哲学前辈的思想主题据为己有。毫无疑问,这种据为己有在《蒂迈欧》中臻至顶峰。从对话的外在结构来看,《蒂迈欧》符合前苏格拉底论著的写作样式——"从宇宙的起源开始,以人类的本性结束"(27a)。这是在赫西俄德的《神谱》中已经确立的模式,大多数前苏格拉底哲学家都遵循这种模式。《法律篇》第十卷在某种意义上是《蒂迈欧》的终章或附论。这是因为《法律篇》第十卷在一个扩展性论证中表明了关于自然的研究以怎样的方式被重新纳入柏拉图哲学体系,从而清除了那些让阿那克萨戈拉宇宙论发生扭曲的唯物主义和机械主义倾向，这些倾向在德谟克利特的宇宙论中达到了顶点，这种理论把宇宙视为众多无生命的物质体在无限空间中随机运动并互相碰撞而生成的。

从《斐德罗》开始一直到《法律篇》第十卷存在关于自然哲学的更广阔的思想运动，正是在这个语境中，我们才能最有效地思考《斐莱布》和《蒂迈欧》两处宇宙论在细节上的同异之处。首先我们需要认识到，《斐莱布》和《蒂迈欧》的宇宙论并不是可以互相取替的、论域相同的理论。二者篇幅上的差异清楚地表明了这点。《蒂迈欧》的宇宙论占据了整篇对话——足足占据斯特方版本76页中的66页之多（剩下10页是序言，且这个序言貌似更适合归属于《克里底亚》）——《斐莱布》的宇宙论部分只是整篇作品的一小部分（56页中的8页）。这种数量上的不对等反映了两种宇宙论叙述在功能上的重大差异。《蒂迈欧》的宇宙论叙述是独立的篇章——我们可以视其为柏拉图投身于"自然研究"（peri physeôs historia，关于事物之自然本性的研究）这项事业，而《斐莱布》的相应部分在很大程度上只是服务于"大宇宙—小宇宙"的类比说明。在《斐莱布》中，"有限"与"无限"在宇宙方面的混合被当作知识与快乐在善好人生方面混合的范例。然而我们注意到，大宇宙与小宇宙之间的对应并不完美。虽然快乐属于"无限"的类型，但与它相竞争的知识却不属于与"无限"相对等的"有限"，实际上知识属于第四种本原，也就是将"有限"和"无限"进行混合的"原因"。这种不对称性归因于如下事实，即《斐莱布》的宇宙论并非在首要意义上被柏拉图设计成重构自然哲学的一部分。在《斐多》中，苏格拉底由于阿那克萨戈拉无法提供关于自然的目的论解释而放弃了宇宙论学说。正因为这点，苏格拉底在《斐莱布》中必须坚持把知识和理性（nous）承认为宇宙的"原因"，不是仅仅作为"有限"的原由，而是作为"有限"与"无限"之有效结合的原由。正是由于理性的这种目的论地位，《斐莱布》的宇宙论才可以被视作《蒂迈欧》的预备性篇目。柏拉图在这两篇后期对话中重新挖掘了阿那克萨戈拉的"努斯"概念，将其作为自然秩序的解释性原因，这对于他的哲学课题是至关重要的。

在《蒂迈欧》中，柏拉图把阿那克萨戈拉的"宇宙心灵"原则跟更具神话色彩的"宇宙制作者"或"匠师"概念融合在一起，使"宇宙心灵"原则得到了新的规定。《蒂迈欧》基本的设想（如同《法律篇》的第十卷）是将自然世界当作一件技艺制品。在《理想国》和其他文本中，还有在色诺芬的文本中，我们偶尔会看到此类宇宙制作者或宇宙匠师的概念[①]。虽柏拉图之前的文献不足征，宇宙匠师观念亦当为先于柏拉图的共同主题无疑。（也许费瑞库德斯就提出过？在恩培多克勒的作品中，阿佛洛狄忒构造世界的工作被比作一个匠师的工作。）古希腊的宇宙生成模型具有典型的生物性特征，甚至关乎性爱（如赫西俄德的 erôs 这个角色所表明的那样）。匠神或宇宙制作者把世界创造出来这种观念很可能在已轶的早期希腊文本中就发展了起来，我们在其他文化传统的创世故事中可以看到这种创世观念。无论如何，在《斐莱布》中，通过把"制作"等同于生成变化的"原因"，创世概念被赋予了明确的哲学形式："一切生成的事物都必须通过某种原因（aitia）而产生……'制作者'

[①] 《理想国》507c5，530a；cf. 597d2；《回忆苏格拉底》I. iv. 7; cf. IV. vii. 6。

(*to poioun*)的本性跟'原因'只是名称有别而已,因此'制作者'和'原因'可以被正确地说成是同一者……同样,被制作者(*to poioumenon*)和被产生者(*to gignomenon*)也只是名称有别而已"(26e–27a)。由于柏拉图通过 *poiein*(兼有"做某事"的"做"与"制作"之义)这个词的双重含义而进行的语言游戏,"原因"和"制作者"之间的等同变得更有说服力了。但是,这种语言游戏仅仅是为了说清苏格拉底在《斐多》中提出并在《斐莱布》和《蒂迈欧》中有所发展的哲学论点:关于一件事情的理性解释必须是从行动出发的解释,即从一个行动者的实践活动出发来做出解释,由此表明事情是如何以好结果为目标而做成的。这反映了这样一个区分,也就是在解释性原因和必要条件之间的区分,或者在理性解释和机械式的辅助机制之间的区分,这个区分在《斐多》中就被提出过并且在《蒂迈欧》得到重新表述(《斐多》98c–99c,《蒂迈欧》46c–e)。

《斐莱布》描述的"原因"与"制作者"的等同让《蒂迈欧》中以理所当然的方式被接受的宇宙生成始点获得了明确的理由,即"原因"的原则包含着制作者或匠师的理性行动(《蒂迈欧》28a)。这不是微不足道的假设。将"努斯"当作宇宙匠师的新诠释是使柏拉图可以在《蒂迈欧》中完善《斐多》那尚不完满的目的论解释之需求的关键步骤。鉴于无法真正明确柏拉图的写作顺序,我们并不是说《斐莱布》中宇宙论段落是为《蒂迈欧》的宇宙论做铺垫。但将《斐莱布》置于《蒂迈欧》之前确实会让整体的阅读体验更为自然。因为《斐莱布》明确地致力于处理一些难题,而这些难题的答案在《蒂迈欧》中已经被视为理所当然的。另一个同样引人注目的例子是关于"宇宙灵魂"的设定,这个设定在《斐莱布》中得到仔细论证,而在《蒂迈欧》中只得到简短引介。把宇宙设想为"*empsychon*",即活着的,因而也是有灵魂的,这种想法早在前苏格拉底时期的"小宇宙—大宇宙"类比中就已经隐含了。但是,这个前苏格拉底传统中隐含的思想在《斐莱布》的 30a–c 中得到了明确表达,在其中,苏格拉底论证了:(1)我们的 *psychê*(灵魂)必须来自宇宙灵魂,就像我们身体的诸元素必须来源于宇宙中有形体的诸元素;(2)如果没有宇宙灵魂,则不可能存在宇宙理性的致因活动。(这第二个论证在《蒂迈欧》的 30b 有部分类似的论述。)第二个论证将宇宙灵魂的观念与自然的目的论解释联系起来,从而为《法律篇》第十卷的论证铺平了道路。在《法律篇》第十卷中,作为运动之来源(*archê kinêseôs*)的灵魂被描述为自然之主宰性原则。《斐莱布》的宇宙灵魂,就像《法律篇》第十卷所说的宇宙灵魂一样,似乎把匠神的各种功能包含在自身中。这点《蒂迈欧》与之不同,在《蒂迈欧》中,匠神和宇宙灵魂有着显著的区别。有人怀疑这种区别的显著性应该部分归因于《蒂迈欧》采用了创世神话的写作形式——创世神话需要人格神来充当宇宙的制作者。但是,柏拉图主张在直接负责宇宙自我运动的原则与纯然负责认知的更高原则(它免于一切运动和变化)之间存在某种区别,也可能是出于哲学方面的理由。

《斐莱布》和《蒂迈欧》中宇宙论的共同之处是都用目的论来解释自然世界的生成变化,而这个目的论解释出于"技艺制作"的模型。《斐莱布》的特别之处在于它引入了"有限"和"无限"这两个原则——它们的联结将产生一种有效的结合。"可区分性"也是"结合"这个概念中的规范性要素。《斐莱布》的宇宙论并非旨在解释所有现象而仅仅为了解释其中正面的产物,比如健康、美德与和谐(26b)。[《斐莱布》不存在像《蒂迈欧》中的 Ananke（必然性）一样对抗理性管控的那种否定性原则。"无限"是单纯的缺乏并且是中性的，就像亚里士多德所说的质料一样。］把谈论范围局限在"好的"结合物源于这种宇宙框架的基本功能，该宇宙框架的目标乃是充当知识和美德在好生活中得到有效结合的模型。因此，《斐莱布》提供的不是对"生成"的普遍解释，而是为特别目标构建的局部理论。尽管如此，该理论与《蒂迈欧》中更全面的宇宙论仍有一些重要的相似之处。这两个宇宙论框架的解释对象都是生成变化的自然领域，并且两处解释都建基于两个成对的基本原则，再加上一个理性原因的能动作用。因此，宽泛地说，《斐莱布》的四种原则——有限、无限、有限与无限的结合、结合的原因，似乎分别对应《蒂迈欧》中作为父亲的"理念"、作为母亲的"接纳者"、作为产出物的"生成"、作为制作者的"匠神"。但这些相似处的误导性可能不亚于启发性，因为此两组概念之间的差异至少与相似之处同样重要。

首先我们应注意到，在《斐莱布》中，只有"无限"的概念得到了详细分析（24a–25c），而且它没有"接纳者"那种明确的空间构造。正如苏格拉底自己指出的（25d7），关于"有限"并没有与"无限"相对等的解释。"有限"的原则仅被描述为相等、对偶性和"数与数或尺度与尺度的每一种关系"（25a7–b1）。换言之，"有限"通过被强加于在性质方面变化不定的"无限"之上的那些数学比例得到呈现。由此，《蒂迈欧》中与"有限"相对应的并不是作为建构宇宙的范型的诸理念，因为诸理念存在于流变的领域之外，不会作为构成要素而进入现象界中的任何结合物。在《蒂迈欧》的宇宙框架中对应于"有限"的东西唯有数学形式，这种数学形式在宇宙灵魂的构造中表现为各个数字比例，在宇宙身体的构造中表现为几种类型的三角形。正是这些数学构造物而非那些超越的理念充当了宇宙的内在形式（如同"有限"一样），它们把"接纳者"之被动的质料组织起来。所以，《蒂迈欧》的诸理念并不与《斐莱布》的"有限"直接对应。

"接纳者"和"无限"之间的契合度更高一些，因为这两个被动的原则都是诸性质之流变的根据，而诸性质的确定性和稳固性则来自主动原则的介入。在这里，我们可以再次注意到《斐莱布》的宇宙论框架为《蒂迈欧》提供了铺垫（并最终为亚里士多德的质料概念提供了铺垫）。我认为"无限"可以很好地被理解成柏拉图在通往关于"生成变化"的建设性理论过程中对于赫拉克利特的流变学说的重塑。在《克拉底鲁》和《泰阿泰德》中，柏拉图曾表明毫无限定的"流变"原则不能为任何事物提供融贯的解释。（《智者》249b8–d2 中也有类似的观点：没有稳固性就不会有 nous。）《蒂迈欧》的目标则是将元素流变的概念纳入关于自然的建构性理论之中。

《斐莱布》中"有限"与"无限"的融合可以被视作朝着这个目标迈出的第一步，它将"对立""流变"和"不确定性"等赫拉克利特主义的原则与表征"秩序""稳固"的毕达哥拉斯—埃利亚主义原则（这是《克拉底鲁》和《泰阿泰德》中"流变"所缺少的原则[①]）结合在了一起。在《克拉底鲁》和《泰阿泰德》中，"变化"与"稳固"以及"生成"与"存在"等概念间的"混合"仅以隐含的方式体现为对毫无限定的"流变"的拒斥。直到《智者》，柏拉图才真正明确提出"存在"与"生成"的结合，而这个结合如今反映在了《斐莱布》的矛盾式措辞中，

[①] 流变的概念只是描述无限的一个成分，但它的存在是不容置疑的。参见《斐莱布》24d2–5。

即我们之前引用的：*genesis eis ousian*（生成为存在），*ousia gegenêmenê*（已经生成的存在）。

在这种混合中，建构性原则来自哪里呢？最终当然是来自"诸理念"。不过《斐莱布》的宇宙论部分没有提到这点。（"诸理念"在《斐莱布》中只作为一个谜题出现，在 15ab 中呈现为令人疑惑的"单一者"，但在斯特方编码 23—27 页的宇宙论中却没有出现。）取而代之的是借助于数学比例对"有限"的描述。"生成"的结构是由数学提供的，这个观点对于阅读过《政治家》的读者来说不足为奇。因为把 *metrikê*（关于诸尺度的科学）设想为起规范作用的数学（连同其"适量"原则）在《政治家》中为所有技艺、科学，即所有 *technai*（工艺、专业知识，284d）提供基础。正是关于数学的这种目的论观念为《斐莱布》和《蒂迈欧》的宇宙论提供了共同的主要议题。这种观念认为，生成变化的领域的形式是由数学意义上的诸本原构成的并且由此是可知的，这些数学上的本原也就是若干数的比例和若干几何图形。因此，数学是匠神创作出好产品的工具。也正是在这个意义上，柏拉图在《斐莱布》和《蒂迈欧》都呈现为一个"毕达哥拉斯主义者"的形象。

我们没有必要列举在《蒂迈欧》中出现而在《斐莱布》宇宙论部分不出现的所有主题（包括先验的诸理念）。无疑，《蒂迈欧》提供了一个更全面的宇宙论学说，而《斐莱布》却没有。不过，《斐莱布》也提出了一个在《蒂迈欧》中未出现的难题。《蒂迈欧》几乎没有提及辩证法，《斐莱布》却在不那么融贯的两段文本中分别讨论到了辩证法。一方面，辩证法作为划分与整合的方法被认为是理性探究的一般方法（16c2）。因此，宇宙论被视为这一方法可以直接应用的领域（23c—27b）。另一方面，宇宙论和辩证法的界限又得到了严格的区分——辩证法以永恒不变的存在者为对象,而宇宙论则关注变易和生成的事物(59a–c;参考 57e–58a)。

柏拉图是否在《斐莱布》中提出了两种不同的辩证法概念,其中一种是纯粹的方法论,适用于任何主题;另一种辩证法只以永恒的存在者为对象呢?① 一个可与之比较的问题是 *eidos*、*idea* 和 *genos*(形式、样式和种类)的问题。它们都出现在对辩证法的解释中(*idea* 16b1, b7;*eidos* 18c2)和对宇宙论的论述中(*eidos* 23c12–e2;*genos* 25a1, 26d1, d2, 27a12;*genna* 25d3;*idea* 25b6)。在《巴门尼德》和《智者》中,这些是表述"理念"的同一术语,它们被明确地认定为辩证法的对象(《巴门尼德》135c2,《智者》253d–e)。是否 *eidos* 和 *idea* 可以用来表达两种不同的形式概念,分别对应着两个不同含义的辩证法,只有其中一种含义的辩证法具有形而上学方面的诉求,即要求以永恒不变的存在者作为其对象呢?当辩证法应用于宇宙论时,又怎么能保持对于永恒的东西的关注呢?

如果在这里柏拉图的辩证法概念具有某种一贯性,那么我们最好通过其文本中隐含的内容为他澄清。在某种意义上,就辩证法是 *nous*(理性能力)的某种施展而言,辩证法的对象全部都是 *noêta*——完完全全可理知的。可以说,*nous* 的功能就在于"从永恒的方面"(*sub specie aeternitatis*)来观看诸事物。因此,在这种意义上,它的对象都是永恒的存在者,它们存在于无变化的逻辑空间中,也就是存在于《理想国》第六卷所谓的 *noêtos*

---

① 这个问题是 Dorothea Frede 提出的,并且她的回答是否定的。见 *Philebus*, Indianapolis: Hackett, 1993: lx–lxiii.

topos（可理知的领域）之中。就像在《理想国》和《蒂迈欧》中所表达的一样，《斐莱布》以隐含的方式认为这个逻辑空间的诸成员才是 *ontôs onta*，即真正的存在者。另一方面，许多（如果不是全部）辩证法的对象可以关联于跟它们同名的那些变易者和可朽灭者。就此而言，像 *eidos* 和 *genos* 这样的术语在含义上是模棱两可的。吉塞拉·斯特赖克（Gisela Striker）指出，从弗雷格之后的逻辑学的角度来看，像 *genos* 这样的一些术语既起着"概念"的作用，又起着"类"的作用；作为"类"，它们包含着许多可生灭的个体成员，但与"类"的不同之处在于，它们并不只是通过其外延来得到识别。①

因此，像 *genos* 和 *eidos* 这样的术语可能被用来指所讨论的理性的形式或种类，也就是规定性或 *ousia*，永恒不变的知识对象。但是 *genos* 这个词也可以用来指这个种类中所有那些可朽的实例。例如，*anthrôpos* 一词可以表示"人"（人本身）的理念或概念，但它也可以用来指跟它同名的那些可朽灭者，即，那些个体之人。正是在后一种意义上，宇宙论以有生有灭的事物为对象。事实上，根据《蒂迈欧》的说法，宇宙本身就是一个作为个体的 *zôon*，即一个产生出来的并且原则上可能朽灭的生命体。

我跟斯特赖克一样认为辩证法在术语方面有这种指称上的模棱两可。据我所知，任何文本都不能为我的这种解释提供直接依据。但是，假如柏拉图在《斐莱布》中关于辩证法并没有两个不相容的观念，那么这种解释就是无可避免的。

让我们做一个总结。只有在《蒂迈欧》中，关于作为生成

---

① Gisela Striker, *Peras und Apeiron. Hypomnemata* 30, Göttingen: Vandenhoeck & Ruprecht, 1970: 36–37.

之模型的"理念"的学说和关于作为理性结构之原理的数学，才同时被系统地应用于解释自然领域。因而，柏拉图在《蒂迈欧》的宇宙论中扩展了自己的哲学，从而涵盖了前苏格拉底哲学家们所研究的自然现象领域。因而在《蒂迈欧》的漫长而无间断的论述中，我们看到的实际上是"自然探究"（*peri physeôs historia*）这种著作体裁。柏拉图以自己的方式将前苏格拉底思想家的探究旨趣融入自己的哲学中，从而提供了一个可以与原子论者的唯物主义世界观相抗衡的哲学体系，而他的这个思想成就注定会影响后人思考宇宙的方式长达千余年之久。

作者简介：C. H. 卡恩（Charles H. Kahn，1928-2023），生前是宾夕法尼亚大学荣休教授。

译者简介：刘奕兵，清华大学人文学院博士研究生。

《蒂迈欧》中的双重解释[*]

S. K. 斯特兰奇 / 文　张祖武 / 译

提　要：在《斐多》95e–105c，苏格拉底批判了以阿那克萨戈拉为代表的自然哲学家所给出的关于自然现象的非目的论解释。在他看来，一种对现象的真正解释必须要建立在目的论原则之上。《蒂迈欧》回应了苏格拉底在《斐多》的这项要求。关于现象世界，柏拉图最终区分出理性（νοῦς）和必然性（ἀνάγκη）两类原因。就两者关系来看，虽然相互协作共同解释现象，但理性是主因，必然性是辅因。就两者角色来看，由形式引导的理性既是动力因也是目的因（借用亚里士多德的术语），其解释了善与秩序；必然性既关涉形式也关涉质料，其在某种意义上也是一种动力因，其解释了偶然性和无序性。

关键词：理性　必然性　原因　形式　质料

---

[*] 本文译自：S. K. Strange, "The Double Explanation in the *Timaeus*", *Ancient Philosophy* 5, 1985: 25–39; reprinted in Gail Fine, ed., *Plato I: Metaphysics and Epistemology*, Oxford University Press, 1999: 397–415。

一　问题：《斐多》和《蒂迈欧》中的 αἰτίαι

在《斐多》95e–105c 这段为人熟知的段落中，柏拉图描绘了这样的苏格拉底形象，即苏格拉底批评了以往哲学家所给出的关于自然现象的解释①并且在此批评的基础上提出了关于自然现象的不一样的、更令人满意的解释方式。②柏拉图让苏格拉底在《斐多》97b–98b 中说，他年轻时曾对阿那克萨戈拉的主张感到

---

①　αἰτία 和 αἴτιον 这两个词传统上被翻译为"原因"，但至少在柏拉图和亚里士多德那里，它们的含义比我们的"原因"概念要宽泛得多。它们可以指在一个解释中被提及的任何种类的解释性因素或实体，而 αἰτία 可以指解释本身的表述。具体而言，它们可以指不同"类型"的解释；故而亚里士多德说，不同种类的 αἰτίαι 是针对"为什么或由于什么？"（τὸ διά τί）这个问题可以给出的不同种类的回答（参考《后分析篇》II 1–2；《物理学》194b20）。参阅 G. Vlastos, "Reasons and Causes in the *Phaedo*", *Philosophical Review* 69, 1969: 78–81, 以及最近发表的 M. Frede, "The Original Notion of Cause", in M. Schofield et al. (eds.), *Doubt and Dogmatism*, Oxford, 1980: 221–223. 其他参考资料见 J. Annas, "Aristotle on Inefficient Causes", *Philosophical Quarterly* 32, 1983: 319 n. 1. 这些术语本身是从雅典的法律术语中借来的，在其中它们表示对错误行为的责任或由此而来的指控：在这些术语的哲学用法中保留了对某事"负责"的概念。在某些柏拉图对话中，特别是在《斐多》《蒂迈欧》和《斐莱布》中，它们似乎已经成为准术语。我将继续使用"原因"作为它们的最简便译法，此外也使用"解释"这个译法。

②　苏格拉底一开始就告诉克贝，他们需要对"与生成和毁灭有关的原因"进行彻底的全面考察（περὶ γενέσεως καὶ φθορᾶς τὴν αἰτίαν 95e9）。亚里士多德正确地认为这句话确定了随后讨论的主题：这导致他不认为在《斐多》中柏拉图将诸理念视为动力因，而诸理念也不可能是动力因（《形而上学》991b3–7，《论生成与毁灭》335b10–24；参见《形而上学》1079b14–15）。Annas 的论文"Aristotle on Inefficient Causes"充分地讨论了这一批评。正如 Annas 所指出的，亚里士多德的解释有些不公平：柏拉图在《斐多》中明确考虑了几种原因，而不仅仅是动力因，而且从未说过理念会引发生成或消亡或自身参与其中。此外，亚里士多德的批评只考察了《斐多》，而没有考虑柏拉图考察原因概念的其他对话。然而，亚里士多德的这个看法似乎是对的，即他把这段文本的主题视为关于自然现象的一般解释（参见 περὶ（转下页）

着迷，这种主张认为理性或者 νοῦς 是自然世界及其秩序性安排的原因。他本来以为阿那克萨戈拉会通过说明这样的宇宙秩序如何比其他可设想的那些宇宙秩序更好，以此来继续解释为什么宇宙是它所是的这样。因为苏格拉底假定，νοῦς 的理性原则总是将事物安排得最好。因此，要说明为什么一个具体的事态是最好的（例如，地球是圆的，97d），事实上就要说明为什么 νοῦς 会造成它。因此对苏格拉底来说，把 νοῦς 假定为唯一原因就相当于在自然哲学中假设了某个单一的目的论解释原则。

但苏格拉底大失所望。当他拿到阿那克萨戈拉的著作时，他在其中根本没有找到这种解释。实际上，阿那克萨戈拉对诸现象的解释与大多数其他前苏格拉底的自然哲学家一样，纯粹是机械论的解释，也就是借助于气、水和以太等物质性本原的各种运动来进行解释。① 阿那克萨戈拉并没有试图将这些运动与理性在宇宙中的作用进行因果联系，也没有试图说明所有这些运动是如何为着至善的目的而产生的，如他最初宣称的"理性是一切事物的原因"似乎已经承诺的那样。

（接上页）φύσεως ἱστορίαν 96a8），即他所说的物理学（参见《论动物的部分》639a12）。亚里士多德认为物理学的主题是可感的 οὐσία（即可感实体，见《形而上学》1025b18）。但这相当于柏拉图至少在中期对话中称其为"生成"或 γένεσις 的东西，而且柏拉图把它与 οὐσία 对置。（参看《蒂迈欧》29c3）。在《斐多》之外，柏拉图通常将"原因"的术语用法关联于对"生成物"（γιγνόμενα）和"生成"的解释：《蒂迈欧》28a–c, 29d–e,《斐莱布》26e,《智者》265b；参阅《法律篇》896a。

① 我所说的"机械论"仅仅指在解释中诉诸纯然物质过程方面的规律性。这相当于亚里士多德在《物理学》II. 9 和《论动物的部分》I.1 中承认的所谓"德谟克利特主义"的必然性［参见 J. Cooper, "Hypothetical necessity", in A. S. Gotthelf（ed.）, *Aristotle on Nature and Living Things*, Pittsburgh, 1985］。

苏格拉底说，他发现这种纯粹的机械论、非目的论的解释完全不能令人满意。这段话提供了他（或者说柏拉图）对这些解释不满意的两种理由。第一种理由出现在这段话的前半部分（96d–97b），其中苏格拉底考察了其他前苏格拉底哲学家们提供的类似解释，而他同样发现这些解释完全无济于事。他将这些解释与以下两种做法相提并论。一个做法是：试图用某个单一原因来解释相反的两个事实（例如：诉诸一个头的尺寸来解释"高"，又用它来解释"矮"）；另一个做法是：将某事物作为一个现象的原因，可是与之相反的事物同样可以被用来解释这个现象（例如：诉诸"增加"来解释一个东西变成两个东西，可是"划分"也可以解释这个现象）。① 这样的"解释"当然根本不能解释什么。苏格拉底意指以往自然哲学家的那些物质性原因会带来或者至少不排除这样一些不融贯之处。②

但是，即使他们设法避免了这样的缺陷，这类解释显然仍然不能解释任何令苏格拉底满意的东西。我们可以从他对阿那克萨戈拉的批评中看到这点。他采用了一个类比（98c–99c）：他说，比如有人声称我所做的事是出于我的理性，却试图仅仅用跟我的理性或我的善观念没有关系的身体方面的因素来解释我目前坐在监狱里的事实。然而，苏格拉底认为留下来被处决比逃跑更好，这才是他现在坐在监狱里的真正原因，因为如果没有这种信

---

① 见 J. Annas, "Aristotle on Inefficient Causes", *Philosophical Quarterly* 32, 1983: 314，其中只提到了后一种困惑。
② 苏格拉底在《斐多》96d–97b 中的困惑是争论性的，这一困惑显然是针对 96c–d 中关于"生长"的那些解释，这些解释被认为是 96a–b 中提到的机械论解释的代表。在这里，我遵循 Gallop（1975: 171–172）的解释，反对 G. Vlastos 的观点（"Reasons and Causes in the *Phaedo*", *Philosophical Review* 69, 1969: 291–325；另载于 *Platonic Studies*, Princeton, 1981: 95 n. 50）。

念,他早就逃跑了。身体方面的种种情况,例如,他的关节和筋腱的构造如何使他能够坐着,对于完整地解释他坐着的状态的确有必要被提及,但是仅仅提及这些身体方面的情况其实解释不了什么东西。因此,它们最多是解释的一些必要条件,但本身不是"原因"(99b1-3)。因此,对苏格拉底来说,尽管阿那克萨戈拉把握到了对于自然现象的真正解释应该落在理性的目的论原则上,但是他未能提供这样的解释。其结果就是,他提供的说明完全没有解释力。

苏格拉底讲述了他对机械论解释的不满是如何驱使他逃往他自己钟爱的那种通过诸理念和 logoi 来做解释的方式(99e-105c)。他认为这种解释方式是"保险的",因为它不会受到上述那种不融贯性的影响。① 但他也没有觉得这些"保险的"原因或者他从中建构的"更聪明的"原因是完全令人满意的——它们只是一种次好的解释方式(99c-d),因为它们没有从目的论上做出解释。简言之,苏格拉底仍然更愿意看到,以何种方式"善"是一切的原因。

在这段话中,柏拉图让苏格拉底表达的不满针对的并不仅仅是阿那克萨戈拉。苏格拉底所反对的各种解释在前苏格拉底物理学中是无处不在的。阿那克萨戈拉只是一个最令人失望的案例,因为他关于"理性是真正的原因"的主张引发了目的论的希望,但最终却粉碎了这些希望。我们也不需要假设这段话能告诉

---

① 见 J. Annas, "Aristotle on Inefficient Causes", *Philosophical Quarterly* 32, 1983: 315-316。苏格拉底的观点似乎是,因为前面讨论的机械论解释是内在不融贯的,所以没能正确地回应解释的要求,正是为了回应这个要求,这里引入了理念论。因此,《斐多》99c9-d1 的"第二次航行"或 δεύτερος πλοῦς 与第一次航行的目的地是一样的。

我们关于历史上的苏格拉底的任何事情。诚然，苏格拉底首先提出了作为事物之诸属性的原因的"理念"（εἶδος）概念。① 然而，《斐多》中的理念是柏拉图式的可分离的理念，而不是像苏格拉底的理念那样只是事物之内在的共同特征。但是，苏格拉底的理念是柏拉图式可分离的诸理念的雏形，而且，我们有亚里士多德的明确证言可以确定②，当柏拉图开始应用诸理念时，就像在《斐多》中这样，他把它们当成是可分离的，并且用它们来解释"生成"领域的各种属性，而不是像苏格拉底那样仅仅把它们应用于伦理领域。这就是说，柏拉图在把理念论应用于物理学并且将诸理念设定为自然现象的诸原因时，也就将理念论发展到了成熟的形态。这点在《蒂迈欧》中甚至更加清晰，在其中柏拉图对理念论给出了最全面的阐述。

《蒂迈欧》是柏拉图试图解决宇宙论问题的作品。这些问题产生于柏拉图在《斐多》中对前苏格拉底物理学的反思。此外，我们发现柏拉图在《蒂迈欧》中试图做的正是他在《斐多》中抱怨前苏格拉底哲学家们没有做的事情——说明理性如何按照至善来安排自然，并从这个假设来解释那些具体的宇宙特征。这样来说，《蒂迈欧》就是对苏格拉底在《斐多》中提出的挑战的一种

---

① 具体论证参见 P. Woodruff, *Plato: Hippias Major*, Indianapolis, 1982。Woodruff 把早期对话中的苏格拉底式的 εἴδη（理念/形式）称为"逻辑的"原因，因为它们解释了为什么诸谓词对于诸事物为真：这点体现为"**由于它，那些 F 物是 F**"这类短语的工具性与格，这些短语早在《欧绪弗洛》6d 就出现了，并且在例如《斐多》100d7—8 关于作为原因的理念的讨论中仍然占据突出地位。

② 参见《形而上学》987b1—7, 1078b17—32, 1086a35—10。T. Irwin 对亚里士多德成问题的证据与柏拉图对话录的文本之间的关系给出了某些说明，参见 "Plato's Heracliteanism", *Philosophical Quarterly* 22, 1977: 113。

回应。① 但是，正如我将论证的那样，《蒂迈欧》也表明，柏拉图已经意识到《斐多》中的苏格拉底要求太多。根据《蒂迈欧》的说法，理性不可能是现象领域的唯一真实原因，纯然机械论的那些解释也必须被视为某种解释。这就提出了一个更大的问题，即《斐多》的这段话与《蒂迈欧》的宇宙论方案之间的关系问题。作为原因的诸理念在《蒂迈欧》中扮演了怎样的角色？苏格拉底在《斐多》中借助于理念论而提供的次好解释对于目的论解释方案而言是否仅仅是某种不够好的备选方案？而当柏拉图意识到这个目的论方案能够如何实施时，这个备选方案就会被放弃？如果是这样，我们该如何看待柏拉图在《蒂迈欧》中把机械论的原因也接纳为某种解释？

《蒂迈欧》和《斐多》的这一部分之间的另一个重要联系是，两者都利用了对自然现象的目的论解释和意向性的人类行为解释之间的类比。在《蒂迈欧》中，这种类比有两个方面。自然界的目的论结构是通过与目的导向的人类活动（即专家技艺）的产品进行类比来解释的。世界的善和秩序是通过一个匠神的活动来解释的，而这位匠神，在他的诸素材之本性被给定的情况下，以尽可能精确的方式把一个完善模型的那些特征塑造出来。这相当于将大家都熟悉的苏格拉底的"技艺类比"应用于物理学：如同在人类行动领域一样，在宇宙中"善"被解释为匠师技艺的产物。柏拉图也没有忘记这种类比在伦理领域的各种应用。我们将看到，《蒂迈欧》除了是一部宇宙论对话之外，还是一部伦理学对话。因为柏拉图在《蒂迈欧》中认为，宇宙论应该从属于伦理

---

① 我不想否认，《理想国》第六卷关于其他理念与善之理念的关系的论述部分地是出于这个目的。但这个问题超出了本文的讨论范围。

学,不是亚里士多德意义上的一门作为沉思而有助于幸福的理论科学,而是作为一项提升美德的实践事业。正如柏拉图在《理想国》中提出的诸学科研究方案那样,他在《蒂迈欧》中设想的物理研究方案也不会脱离实践。

二 理性和必然性之间的关系

宇宙论是一种对现象世界之重要特征的总体的统一解释。《蒂迈欧》的读者在关于柏拉图的宇宙论解释中面临一个最基本的困难:它似乎是不融贯的。因为柏拉图在《蒂迈欧》中关于原因或解释的观念并非单一的、统一的;相反,他使用了两类原因或 αἰτίαι,分别被称为"理性"(νοῦς)和"必然性"(ἀνάγκη)。① 这两个解释原则是终极的,因为它们本身全然是未经解释的。尽管这两个解释原则是终极的,但不意味着彼此完全无关,因为柏拉图将理性看作是对必然性起支配和说服作用的原则(48a)。

那么,我们该如何理解理性与必然性之间的关系呢?第一步是区分每个原则的管辖领域,每个原则被认为可以解释或帮助解释世界的哪些特征。柏拉图相当清楚地指出了如何做到这

---

① 事物的产生有两种原因(46e3, 68e6)——"通过理性的主动作用"(47e7)和"出自必然性"(68e1)——而"这个宇宙的生成是理性和必然性结合的混合结果"(47e5-48a2)。即便柏拉图的意思不是说两个原因可以被"称为"理性和必然性(46d8-e2 的 ἡ ἔμφρων φύσις = νοῦς 和 69e4-5 看起来在这点上非常清楚),这些段落确定地表明,这两个原因非常紧密地关联于理性与必然性这两个概念。(亚里士多德想到的似乎就是柏拉图的两个原因,在《论动物的部分》642a2-3 中他称之为 τὸ οὗ ἕνεκα 和 τὸ ἐξ ἀνάγκης。关于《论动物的部分》这一章中的原因观与《蒂迈欧》之间的更多联系,参见后文)。必然性在《蒂迈欧》48a5-6 被称为"游移类型的原因"(τὸ τῆς πλανωμένης εἶδος αἰτίας),这似乎以有些奇怪的方式把它与运气或 τυχή 联系起来了。参见后文的讨论。

点。^① 这两个管辖领域并不一致：我们将看到，柏拉图认为，有些东西只能诉诸理性来解释，而另一些东西则只需诉诸必然性就能解释。但它们确实会重叠，因为有些东西是由理性和必然性的结合来解释的。

柏拉图对这些领域如何被划分是有明确想法的，这点从对话的整体结构中可以看出。它分为三个部分，各部分之间有明确的划分标记。第一部分截至47e，关注的是所谓的理性之作品（47e4）。在这里，柏拉图构想了一个创世叙事来解释[②]：为什么有一个唯一的宇宙，为什么有四种物理元素，灵魂如何构成并且如何运作，众神和可朽的存在者在宇宙中如何得到安置。重点在于，什么是就其自身而言善好的东西，而非仅仅就工具而言善好的东西或由于其他东西的善好而被说成是善好的东西。这样一来，宇宙便是唯一的、完整的、永恒的和有理智的，因为这些都是至善的匠神所考虑的愿望（柏拉图说，因为这些特征是匠神采纳的模型的特征，但是匠神使用这个模型正是因为它是尽可能完善的。30d2；参看29a，30a6–7），而与任何其他考虑都是不相关的。关于宇宙的这些事实只属于"理性"的解释领域。此外，就这些特征而言，匠神在他的作品中实现它们乃是全然不受妨碍的，尽管在某些情况下，实现这些特征的某些手段会给自身施加强制力，

---

① 这点由 Morrow 发现，参见 G. R. Morrow, "Necessity and Persuasion in Plato's *Timaeus*", *Philosophical Review* 59, 1950: 147–163, in R. E. Allen (ed.), *Studies in Platos Metaphysics*, London: Routledge & Kegan Paul, 1965: 421–438. 本文总体上受惠于 Morrow 的精彩讨论。

② 这个叙事究竟是按字面意思理解还是按我们所说的神话虚构来理解，这点并不影响到我们的论证目标。在这两种理解中，匠神的活动都代表了宇宙理性的致因性。关于匠神与 νοῦς〈理性〉等同的可能性，见下文（34页脚注①）。

如他不得不使用灵魂来充当理性和身体之间的中介（30b）。某些机械论的解释也出现在这里①，例如其中一处文本描述了刚刚进入身体的灵魂之混乱状态（42e–44a），而整篇对话录首次提及必然之恶这个关键概念就是在这个段落。接下来对视觉的解释（45b–46b）也是相当机械论式的。不过，它还是被列入了"理性"的作品中，显然是因为对天体旋转的观察（就像对音乐和声和节奏的聆听）首先让人类学到了各种数：正如柏拉图所宣称的，数是所有哲学的来源（47a），因此最终也是人类幸福之可能性的来源。

在这段话中，关于视觉的机械论解释和关于它的目的的解释之间的对峙是理性与必然性相结合的初步实例。在紧接着的对话中，柏拉图第一次提到了"必然性"。我们被告知，我们必须回到起点重新开始这个故事。在这里实在被重新划分为三个部分而不是两个部分——二分法对于解释理性之作品而言曾经是足够的，但是现在，蒂迈欧在其论述开始时提出的可理知的理念世界与生成领域的二分法被三分法取代了，这三个部分也就是诸理念、现象世界和生成变化的"接纳者"（48–52）。在蒂迈欧论述的第二部分中，接下来的内容关注的是出自"必然性"的事物（69e1）。在这个主题下，包括纯然物质方面的各种属性，如，诸元素的各种形态变换，诸物理元素的无序位移以及它们的构造和运动，作为元素集结物的复合物体的性质，最后是灵魂在与物质性事物打交道过程中出现的各种性状或遭受——快乐、痛苦以及各种感觉性质，包括视觉和听觉在质方面的性状。它们与"理性之作品"部分所讨论的视觉和听觉在量方面的特征形成对照。

柏拉图表示，所有这些东西都要诉诸必然性来解释（69e1）。

---

① 在47e3–4，柏拉图明确说，对话的这一部分提到的东西并非都属于理性的作品。

然而这点并不完全属实。理性以匠神的身份在 53b 处介入，把若干规则的几何形状赋予"接纳者"中的那些基本元素体的潜在轮廓（ἴχνη）。① 蒂迈欧坚持认为，既然匠神是完美无缺的，那么他就给这些元素体提供了尽可能最完美的形状（53e1–6；参看 53b5–6）——说是最完美的显然是因为它们是继球体之后最简单的立体，也是因为球体已经被用于宇宙整体的形状。这是诉诸理性的某种目的论解释。似乎仅仅是由"必然性"决定而不是由匠神决定的是，这些元素在形体和空间方面是延展的（53c4–6）。② 不过，48b–68d 主要关注对于必然性管辖领域的描绘，正如 29e–47e 主要关注理性的管辖领域。

---

① 对于那些认为诸元素的规则几何形状已经存在于前宇宙混沌中的评注者而言，53b2–5 这段话似乎提供了反对他们的决定性证据。关于这种观点，参见 R. Mohr, "The Mechanism of Flux in Plato's *Timaeus*", *Apeiron* 14, 1980: 96–114, 97 n. 32，其中给出了其他参考文献。Mohr 没有认识到，对于 63c–e 的重量理论（这个观点是解释按照种类来筛分"ἴχνη"〈译按：指尚未正式形成为诸元素的初始"轮廓"〉的前提），柏拉图的唯一要求是，这些"ἴχνη"〈初始轮廓〉拥有跟宇宙诸元素的规则几何形状非常相似的形状。Gill 给出的解释符合这些思路，并且富有说服力，参见 Mary Louise Gill, "Matter and Flux in Plato's *Timaeus*", *Phronesis* 32, 1987: 34–53。

② H. F. Cherniss（1954）指出，《蒂迈欧》31b 表明，对柏拉图而言，形体性对于宇宙来说不是最原始的、不可化约的事实。这段文本让火、土乃至居间元素的存在都取决于这样一个事实，即具有形体的宇宙必须是可见的、有形的——可感知的。这对柏拉图来说只是原始事实，无需进一步解释：这是蒂迈欧的论述的出发点之一（28a2–3, 48e6–49a1）。因此，形体性作为可感知性的直接结果，属于必然性的辖域。如果有感知者可以感知前宇宙的混沌状态，那么 52d–53b 中所说的前宇宙混沌状态大概也是可感知的。参见 G. Vlastos, "Creation in the *Timaeus*: Is it a Fiction?", in Allen（ed.）, *Studies in Plato's Metaphysics*: 40–23; I. M. Crombie, *An Examination of Plato's Doctrines, ii: Plato on Knowledge and Reality*, London: Routledge & Kegan Paul, 1963: 219–220。如果上文（本页脚注①）所认可的观点是正确的，那么前宇宙混沌状态也将由于这个理由而具有形体性。

在 69a，我们再次被告知必须回到起点，这样在把两类解释编织在一起时我们就可以完成对"生成"的说明。这标志着蒂迈欧论述的第三部分的开始。这里所讨论的事情是诉诸理性和必然性的相互作用来解释的：人的身体和非理性的灵魂，它们的功能发挥和功能障碍，以及植物和低等动物。这里，目的论和机械论的解释结合起来了。这些东西不是匠神自己的作品，而是他为特定目的而委托给较低层次的神明来做的作品（69c–d；参看 41c–d）。这些神明所制作的作品不同于仅仅由理性完成的作品，它们并非无条件的是善好的。相反，它们只是作为让人类得以存活和达成幸福的工具性手段而言是善好的。

因此，柏拉图在这篇对话的篇章结构中仔细区分了三类现象：仅由理性解释的事物，仅由必然性解释的事物，以及由这两种原因的结合而产生的事物，即可朽生物的领域。在看到柏拉图如何通过不同的"被解释项"来区分不同的原因之后，我们现在可以继续问，他认为这些原因是如何关联的。这点在蒂迈欧论述的各部分之间的过渡段落中，即在 47e–48b 和 68e–69a 中得到了处理。

这两段话对于理解柏拉图论述的解释结构极为重要。这两段话中使用了略有不同的意象来展示理性和必然性之间的关系。在 47e–48b 中，柏拉图说，"生成"是理性和必然性相结合的混合结果，但在这种混合中，理性主导并且说服必然性，以便产生出最多尽可能善好的事物。在 68e–69a 中，必然性以更正面的措辞被描述为"帮助"或"协助"（ὑπερητοῦν）神圣理性来制作宇宙。[①]

[①] Cornford 的翻译在这里掩盖了这样的事实：69e4 的 ταῦτα（"关于**这些事物**相关的原因"）是接 e1 的 ταῦτα 来说的，即从必然性中产生的事物。参阅 A. Rivaud（ed.），*Platon: Timée – Critias*，Paris：Société d'Édition Les "belles lettres"，1963，ad loc。

柏拉图在对话靠前的部分关于视觉的段落中已经用这种方式来谈论理性和必然性的关系。在那里，视觉运作机制方面的因素被称为"伴随原因"（46d1：$συναιτία$，46e6：$συμμεταιτία$），而匠神利用这些伴随原因来让眼睛的构造符合视觉的各种目的。这意味着，尽管理性和必然性在创造世界中乃是互相协作的两类原因，但理性在某种程度上先于或优于必然性，至少在这种情况下，必然性只有在与理性的目的合作时才算作一个原因。另一方面，必然性必须是产生最佳可能世界的至少某些特征的"必要条件"，否则就不需要理智来说服必然性。至此，"必然性"的地位就像《斐多》99b 中的物质性因素的地位，它们只是理性作为原因起作用的必要条件。但《蒂迈欧》的必然性被赋予了自己专有的"被解释项"领域：它就其本身而言是不被说服的，是一切无序和盲目的原因（46e5）。因此，它不只是被列为一种"伴随原因"（$συναιτίον$），而是被算作一种独立的原因类型（46e3，68e6）。① 这标志着《蒂迈欧》的观点跟苏格拉底在《斐多》中支持的观点之间存在重要差异。

但理性实际上是在先的。它的优先性是多重的，不仅在形而上学意义上在先，而且在认识论和伦理学意义上在先。这点从过渡段落的陈述到整个宇宙论叙述的第三部分和最后部分以及关于视觉的段落中都可以清楚地看到。在后面的段落中，柏拉图宣称，在区分了两种原因之后，我们必须始终将我们的探究引向对

---

① 见上文（23 页脚注②）。因此，A. E. Taylor 的观点"……如果我们能拥有完整的知识，我们应该发现 $ἀνάγκη$ 从我们对世界的描述中消失"必须被拒斥，参见 *A Commentary on Plato's Timaeus*, Oxford: Clarendon Press, 1928: 301。柏拉图在 46d1-3 拒斥的不是"质料性因素是原因"这个观点——这是他在《斐多》中拒斥的，但是他在《蒂迈欧》中放弃了这个拒斥——而是质料性因素是"万物的原因"（$αἰτία τῶν πάντων$）。

于神圣类型的原因亦即"理性"的掌握，而考察另一种原因也只是为了发现"理性"这个神圣原因（69a；参见46d–e）。因为只有掌握了这种神圣的原因（正如我们所看到的，它产生出就自身而言善好的东西），我们才能达成幸福的生活（69a1）。在这里，柏拉图似乎遵循了苏格拉底的核心教导，即关于善及其原因的知识（苏格拉底把它等同于德性）造就幸福；但与苏格拉底不同的是，柏拉图把这点关联于对自然原因的把握。① 似乎人们必须先发现"必然性"的运作，然后才能掌握"理性"的工作：机械论的物理学不会自动带来对理性及其目的的理解。但柏拉图说，对神圣原因的理解只能通过对低级种类的原因的掌握来获得，这掌握或许要通过某种推理过程来实现。因此，在发现的顺序上，物理学是先于哲学的（47a7–8），尽管在解释或价值的顺序上不是。人们必须通过现象的那些物质性原因来研究这些现象是如何被赋予秩序的，因为只有这样，人们才能看到它们是如何以最佳的方式被秩序化。

我们已经看到，通过分析《蒂迈欧》的叙述之结构和各部分之间的关键过渡段落，可以了解到理性和必然性之间的关系。理性和必然性被认为是解释宇宙的不同原则，就有时二者会单独起作用而言，它们是互不依赖的。它们在这方面是平等的，但在其他方面却是不平等的。理性是先于必然性的，因为它以某种方式"支配"着必然性。在两种原因都被用来解释的情况下，理性

---

① 我说的是对原因的把握，而不是知识，因为柏拉图在《蒂迈欧》中似乎不承认关于物理世界或者它的原因可能具有知识。研究者必须满足于最接近于知识的东西，也就是一个或然的叙事（29c–d, 48d, 53d, 68d；参见51d–52a）。但是柏拉图仍然认可类似物理学（自然科学）的东西具有可能性和合法性——事实上，柏拉图认为物理学在哲学家追求最佳生活的过程中具有关键地位。

乃是阐释的真正内核，而且关于理性之原因性的理解乃是达成幸福的主要因素。必然性在发现的顺序上（至少在创世叙事的框架内）和时间上先于理性，因为它"先于"理性对时间的创造（52d4）。必然性充当了匠神构建宇宙的材料；因此，它必须在某种意义上先于理性之活动而存在，它也是自然哲学家的第一个研究对象。《蒂迈欧》并没有按照这个顺序来看待理性和必然性，但这样一来，证明的顺序与发现的顺序就不一样了。① 一旦我们对理性和必然性本身有了更好的理解，这些关系的意义就会变得更加清晰。

三 作为 αἰτίαι 类型的理性与必然性

理性和必然性是什么样的解释或原因？在我看来，通过把《蒂迈欧》的这两类原因关联于它们在《斐多》中的早期对应概念以及它们在亚里士多德四因说中的派生概念，我们可以更好地理解理性和必然性。我们已经看到了《蒂迈欧》中的两类原因与《斐多》中的两类原因的某种关系。我们似乎有理由认为，由于柏拉图和亚里士多德在类似的背景下谈论原因，亚里士多德的原因理论部分地源于柏拉图的原因理论。然而，任何将亚里士多德的原因理论与柏拉图的原因理论联系起来的尝试都要面对《形而上学》i 6. 988a7–10 的如下陈述，即，柏拉图只使用四个原因中的两个，即形式因和质料因（尽管亚里士多德在更早的文本中提到"一"和"二"时很可能把《蒂迈欧》也纳入这一评论的范

---

① 亚里士多德说，在科学论述中目的因应该在必然原因之前被提及（《论动物的部分》642a31–34），这显然是因为它在逻辑上是在先的（639b14–21）。

围:参见《物理学》209b12-17)。我将在下文中指出,亚里士多德的这句话是相当具有误导性的。但我的主要目的是,通过把《蒂迈欧》中的理性和必然性跟亚里士多德的四种原因以及《斐多》中对因果关系的描述进行比较,从而阐明《蒂迈欧》中的理性与必然性所起的作用。①

我们可以用亚里士多德的术语把《蒂迈欧》中的理性描述为一种动力因,对应于借助于 νοῦς 或理性灵魂(即,拥有 νοῦς 的灵魂)的活动来解释现象。② 在宇宙层面上,理性是由匠神代表的,他是宇宙或"生成"秩序之理性原因。匠神总是以尽可能完善的方式行事;因此,宇宙作为他的作品乃是尽可能完善的宇宙(29a4-5,29e2,48a2-3)。他通过使他的作品尽可能成为完善的理念世界之精确摹本来达成这点,这个作品也就是"有理性的生命体"(39e)。因此,通过将匠神的活动描述为那种由作为模型的诸理念所引导的活动,柏拉图呈现了理性之善。

---

① Kullmann 也讨论了这个问题,但他没有区分《蒂迈欧》中单纯的必然性和理性与必然性相结合所提供的那种解释,参见 W. Kullmann, "Der platonische *Timaios* und die Methode der aristotelische Biologie", in K. Döring and W. Kullmann (eds.), *Studia Platonica: Festschrift für Hermann Gundert*, Amsterdam: Grüner, 1974: 139–163。

② 《蒂迈欧》中的三个段落表明,"理性"作为原因可以等同于有理性的灵魂的原因性(30b2, 37c1-5, 46d5-6;参见《斐莱布》30c9-10)。最近的解释者大多跟随 Cherniss (*Aristotle's Criticism of Plato and the Academy*, i, Baltimore: Johns Hopkins University Press, 1944),认为这些段落意味着匠神本身就是一个灵魂。但匠神被认为"创造"了灵魂,即乃是灵魂之原因,而且有文本证据(例如,39e7-9, 47e4, 48a2)表明匠神像亚里士多德的神一样,应被等同于 νοῦς。这是大多数古代评论家的观点,最近也得到 Mohr 的再次辩护("The Relation of Reason to Soul in the Platonic Cosmology: *Sophist* 248c–249e", *Apeiron* 16, 1982: 21-26),他指出(在我看来是正确的),Cherniss 所引用证据的意思只需要被解释为可以"包含" νοῦς 的东西唯有灵魂。

匠神是一个宇宙匠师，是与发挥动力因作用的人类行动者相类比的神性存在者。柏拉图称匠神为宇宙的"父亲"和"制作者"[①]（28c2）。亚里士多德把这两种原因（匠师和父亲）列为自己的动力因的主要例子。但理性是一种特殊的动力因，因为它总是正确地瞄准一个善的目标或目的因，并总是尽可能地取得最好的结果。所以柏拉图的理性似乎也包含了亚里士多德的目的因。如果世界上有任何东西是好的，它就要诉诸理性来解释，无论理性单独起作用还是它与必然性联合起作用。这不仅适用于自然现象，而且正如我们将在下面看到的，也适用于意向性的人类行为。因此，理性将像《斐多》中的阿那克萨戈拉的 $\nu o\hat{u}s$ 一样是一个普遍的目的因。

我们现在需要考察一下《斐德罗》和《法律篇》第十卷的学说。根据这种学说，所有物理运动最终都可以通过物体方面的原因链追溯到灵魂的原初运动，而这种运动是自我推运的和本原性的（《法律篇》895–897）。这让人想起《蒂迈欧》中的"理性"，它与灵魂[②]密切相关并且通过"思维"（διάνοια）这种活动得到刻画；在 76d8，这个理性被称为"最具原因性的"（αἰτιοτάτη）[③]，并且被说成对"必然性"的机械论原因起着支配作用。在《法律篇》和《斐德罗》中，灵魂的自我运动是首要的

[①] 在 50d1-3，"诸理念"被称为 γιγνόμενα〈译按：生成物〉的父亲，而"接纳者"则是它们的母亲。这出现在描述"必然性"之辖域的段落中。我将在下面论证，诸理念实际上在柏拉图关于必然性的想法中发挥着重要作用，但不是充当动力因。

[②] 见上文（33页脚注②）。

[③] 参阅 A. Rivaud (ed.), *Platon: Timée – Critias*, Paris: Société d'Édition Les "belles lettres", 1963。F. M. Cornford 的译文（*Plato's Cosmology*, London, 1937: 301）在此省略了对 διάνοια〈思维〉的所有指涉。

动力因类型。但这不可能是与理性之原因性相同类型的原因性；因为作为原因的理性始终受诸理念的引导，而灵魂的某些行动是在不认识诸理念的情况下发生的（参见44a–b）。尽管如此，《蒂迈欧》似乎也把自我运动的灵魂考虑为一种动力因。①

正如《法律篇》中的灵魂之原因性被象征化，在《蒂迈欧》中，理性之原因性通过旋转运动对于六种直线移动（后者专属于各种立体的自然运动）的主导作用而得到象征（参见34a）。②这点可能有助于澄清《蒂迈欧》中关于理性之原因性的学说与《法律篇》和《斐德罗》中关于灵魂的自我运动是首要动力因的观点之间的明显不一致。问题出在不受理性控制或不能归入理性的那些灵魂运动方式，那些运动是在不认识诸理念的情况下产生的，因此是有意向的但不是指向善的。《蒂迈欧》告诉我们，这种无知是由于灵魂在投胎到凡人的身体时受到的冲击。那些随机的直线运动透过身体而扰乱了灵魂原本的那些旋转运动的平衡。所以这些旋转运动不再像它们的本性那样控制人的行动（44a4–7）——这种控制可以从宇宙整体的旋转对其他运动方式的主导作用中看出。灵魂的运动从平滑的旋转变形成摇晃；这时此人不再有理性（νοῦς）——理性的典型运动方式是平滑的旋

---

① 正如Cherniss（"The Sources of Evil according to Plato", 256 n. 24）和其他人指出的，37b5似乎暗指《斐德罗》和《法律篇》中的说法，即灵魂是自身推动自身的东西。

② 宇宙灵魂引起的旋转运动主导着诸元素的各种自然直线运动（43a–b；参考63a–e），所以任何表面上的直线轨迹实际上都是弧线。关于旋转运动的形象在柏拉图哲学中充当νοῦς〈理性〉之活动的形象，参见E. N. Lee, "Reason as Rotation: Circular Movement as the Model of Mind (Nous) in Later Plato", in W. H. Werkmeister (ed.), *Facets of Plato's Philosophy*, *Phronesis*, suppl. Vol. 2, 1976: 70–102。

转运动，此人的灵魂现在是"无理性的"（ἄνους，44a8；参考 44a3）。柏拉图承认，灵魂的行动就其仍然会受到自己的判断和信念的指引而言，仍然"显得"具有目的性；但是这些判断现在会是错误判断（44a1-3），因为正确判断需要灵魂的旋转运动恰当地发挥功能（参见 37a-b）。只有在这些旋转运动从摇晃中稳定下来之后，灵魂才能重新获得其理性（44b1-7）。柏拉图由此得出的结论是，坏的和愚蠢的行为的最终原因不在于灵魂，而是在它之外，也就是在必然性的随机运动中，这些运动压倒了灵魂的旋转运动。①

这就是为什么柏拉图拒绝让人对自己的邪恶行为负责。在 86b-d，他声称所有坏的和愚蠢的行为最终都是由于灵魂的失调或疾病，在生理基础上背离其理想的自然状态。这些显然与 43-44 中的生理方面引发的扰乱相同。因此，柏拉图宣称，每一种罪恶都可以被归因于理智不健全而得到宽恕："没有人自愿是坏的。"（87d7-e1）这是众所周知的苏格拉底悖论，在《法律篇》（特别是第九卷 860d-862c）中也得到了支持②，也就是"美德是知识"这则格言的反面说法。恶行是由于对诸理念的无知，是外部原因造成的，故而是可宽恕的。然而，这只是柏拉图在《蒂迈欧》中似乎认可的一个更加自相矛盾的立场的一个方面。因为在 42e，他说较低层次的那些神明的任务是引导人类趋向善的行

---

① Cherniss（"The Sources of Evil according to Plato"）没有考察这段话，他认为，这种关于道德上的恶的解释被理性对必然性的支配所排除。但是，从每个终极动力因都是灵魂运动的主张出发，并不能推导出每个灵魂运动都是终极动力因；事实上这段话可以证明，柏拉图持有看起来唯一合理的观点，即灵魂活动受到外部因素的种种影响。

② 参见 Stalley 关于这点的精彩讨论：R. F. Stalley, *An Introduction to Plato's Laws*, Indianapolis, 1983: 151-165。

为,因此这意味着只有"坏的"行为才归因于灵魂本身。但是,如果所有的好行为都是由于神的引导,而所有的坏行为都归因于生理方面的因素,那么似乎就没有什么可以留给个人的灵魂去做了——他将不会是他自己任何行为的原因。摆脱这种困境的简易方法是将 42e 的段落解读为很大程度上具有神话性质的描述,并将"神"理解为代表人类的理性或 νοῦς。① 这得到了其他文本证据的支持。在 90a2—3,灵魂的最高部分被明确说成是神赐的守护精灵（δαίμων）,而在 41c7,灵魂的这一部分是人类构造中的神性因素。

由此可见,人类的有目的的好行为也应归功于 νοῦς 或理性,因为它是由同样的原则（即,诸理念）指引的,就像由匠神所代表的宇宙理性的工作一样。因此,理性是一切事物的目的因,正如阿那克萨戈拉所认为的那样。此外,柏拉图还明确指出,理性也是现象的动力因,而阿那克萨戈拉也许没有这样认为。但是,理性不是一切事物的动力因,因为它只产生好事物。（因此,必然性也必须充当一个动力因。）亚里士多德的动力因的特点是以善好或 τέλος 为目标（一个可能的例外是月下世界的四元素的那些自然运动倾向②）。但是在亚里士多德看来,这个目标的善好或者实现目标的可能性也许只是表面上的,所以最好的结果不一定总是会产生。因此,作为原因的理性并不是亚里士多德的目的因之精确类似物,而是其雏形。

现在让我们来考虑必然性。主要是在这一点上,我认为以前的评论家没有看到《斐多》和《蒂迈欧》之间的重要联系而误

---

① 类似的解读方案,参见 Stalley（1983: 47—49）。
② 《蒂迈欧》中诸元素的各种自然运动也同样不能以目的论方式来解释,而应当被解释为必然性的结果。见上文（28 页脚注①）。

入歧途。在《斐多》99b–105b 讨论作为原因的诸理念时，其中特别提及所谓"巧妙的"原因（αἰτίαι），我认为，这种原因非常接近柏拉图在《蒂迈欧》中所说的"必然性"。《斐多》和《蒂迈欧》关于这种原因概念的两个版本都涉及"理念"世界具有特定结构这一事实对"生成"世界的影响，也就是说，某些理念蕴含某些理念而排斥其他理念。正如弗拉斯托斯（Vlastos）所说，诸理念具有原因方面的蕴含。① 《斐多》对此提供了一些简单的例子："火"蕴含"热"而排斥"冷"；"一"蕴含"奇"而排斥"双"。《蒂迈欧》的理性在构成宇宙时也采用了同样的原因方面的蕴含，② 而正是同样这些原因上的蕴含阻碍了宇宙成为其模型的完美摹本。

《蒂迈欧》中许多可能的例子中有几个例子可以说明这些问题。我们可以考察一下神在用他从几大元素中建构出来的材料（骨头、肌肉和筋腱）构造人体时的推理。在 74e–75c，他关注的是在人体基本架构上放置一层肌肉，其主要目的是保护身体：为了起到保护的功能，肌肉越厚越好。但是，肌肉的厚度会带来其他不良特性：不灵活、运动困难以及感觉迟钝。由于这点，神的另外两个目标——运动的轻松和优雅以及感觉的敏锐——与保护身体的目的相悖。这样，神受到他的材料的限制，这些限制归因于诸理念在"接纳者"中的映现，而这些映现乃是神以确定的方式加以组织的。因此，他被迫在不相容的两个选项中做出选

---

① G. Vlastos, "Reasons and Causes in the *Phaedo*", *Philosophical Review* 69, 1969: 291–325; 转载于: *Platonic Studies*, 2nd edition, Princeton, 1981: 105.

② Morrow（"Necessity and Persuasion in Plato's *Timaeus*", 427–428）把现象中的那些可靠性质说成是匠神所采用的原始素材，但没有把它们关联于《斐多》的"巧妙的原因"。

择,而他以最佳的方式选择,让身体只在不需要灵活、优雅和敏感性这几种更大的善好的地方才得到肌肉的良好保护。这种约束就是必然性,它可以溯及诸理念的相互蕴含和排斥:正如柏拉图所说,必然性在 λόγος 或者关于具体处境的"说明"中得到展现(74e4–5)。① 我们还可以考虑柏拉图关于为什么灵魂必须处于身体之中的说明(30a–b;参看 42a3–4)。匠神知道,宇宙作为"生成"必须是可见的和可触摸的,因而是有形体的②,但他也知道它最好分有理性或 νοῦς。唯一能包含理性的东西就是灵魂,所以他相应地把理性放在灵魂里,又把灵魂放在身体里。③

因此,《蒂迈欧》中必然性接受诸理念的方式跟《斐多》中"巧妙的"原因接受诸理念的方式一样。但是必然性不仅仅是形式上的原因性:它似乎也涉及质料上的原因性。宇宙匠师运用诸理念在"接纳者"中的映现或影像作为他的材料,就像雕塑家运用他知道如何凿开或塑造的石头或其他材料。只有当这些材料结合在一起时,必然性才会发挥作用:让作品不能够达到完满的并非这些材料的属性本身,而是这些属性在形体中的联结。

这些对理性的限制密切关联于物理世界的形体性。描述宇宙形成前的混沌状态的段落(52d–53c)突出地说明了这点。在

---

① 参阅亚里士多德《物理学》200b4–8。Cornford 将 λόγος 译为"有说服力的理由"(cogent reason)让这个思想变得晦涩难解。Chrysippus(apud Gellius, Noctes Atticae vii. 1 = SVF ii 1170)在解释神意如何与必然之恶的存在相容时,使用了头骨厚度的类似例子,他很可能是受到《蒂迈欧》的启发。

② 参见上文(26 页脚注②)。

③ 因此,就像各种形体性元素具有相应理念或形式一样,应当有一个"灵魂之理念(形式)"。柏拉图把理念世界称为"有理智的 ζῷον〈生命体〉"(39e)似乎就暗指了这点。这个灵魂理念体现为匠神在构造灵魂时的那些比例(35a–36b)。

这里，我们认为在匠神的塑造和组织活动开始"之前"，"接纳者"只包含最基本的若干理念或形式的一些初始轮廓或ἴχνη（火、气、土和水）。这表明柏拉图并不认为理性是"接纳者"分有这些理念的原因：匠神只是接管了这些预先存在的有形元素并使它们分有更好、更高层次的理念。正是这些最基本的有形元素造成了宇宙中诸元素的不均衡分布。宇宙形成之前的无序运动倾向于将这些元素分类，就像谷物的颗粒在筛选中被分类一样。物以类聚，火最终被集中在离土（大地）最远的区域，也就是在宇宙的外围，而气和水处于火和土之间的区域（52e–53a）。当匠神设计宇宙时，他不得不尊重元素的这种自然分布，将每种元素的大部分留在它们原本所在的区域。即使柏拉图的这部分故事是一个神话，而且他不认为世界曾经处于前宇宙状态，但很明显，这段话意在表明理性受到必然性约束的一种方式。事实上，我们受到同样一些因素的约束，也就是我们称之为"重量"而柏拉图称之为"重"和"轻"的东西（63c–e）。[①]

现在我们可以更清楚地了解理性和必然性的结合是什么意思了。理性是一种总是让事情变得最好的原因。它可以由一个具有完满理性的灵魂的活动来代表，这个灵魂是以诸理念为范型。必然性是一个类型的解释，它把现象的各种属性解释为诸理念与形体结合时产生的不可避免的一些后果。有些事物要诉诸这些原则的其中一个而不能由另一个来解释：要么，有些东西就其自身而言是善好的，例如，宇宙的统一性、秩序和理智性，要么，有些东西是纯然质料性的、无序的或坏的。还有一些善好的东西，它们自身没有价值，但在某种程度上有助于宇宙的整体秩序、和

---

① 参阅上文（28页脚注①）。

谐和善好；这些东西被解释为理性说服了必然性而达成的妥协结果。理性为这些东西带来的善好依赖于特定的物质条件，而这些条件是必然性所提供的；因此，这些东西的善好不是就其自身而言的善好。这样，必然性将为宇宙中所有的恶和不完善提供解释（参见《泰阿泰德》176a5–6），尽管它在本质上既不是恶也不是恶之原因，因为它也是所有那些非善非恶的事物的原因。①

《蒂迈欧》在单独起作用的"必然性"与联合"理性"共同起作用的必然性之间做出区分，这密切对应于亚里士多德在绝对必然性和假设必然性之间所做的区分。②当理性和必然性结合时，理性通过为那些机械论原因带来恰当的指引而"说服"必然性去给出最好的结果。这非常像亚里士多德的假设必然性：如果要实现某个目标，就必然要获得这样那样的物质性前提条件［例如，如果要切割，锯齿必须坚硬（《论动物的部分》642a8–14）］。同样地，如果《蒂迈欧》中的宇宙要有理智，那么宇宙身躯就必须具有灵魂。亚里士多德和柏拉图一样，有时会把这种必要的前提条件称为"伴随原因"（συναίτιον，《形而上学》1015a20–21），甚至像柏拉图那样把它说成是被理性"使用"的［ἡ κατὰ τὸν λόγον φύσις（《论动物的部分》663b24）］。这种从欲求的效果出发推导其原因的推理展现了柏拉图的混合解释中"理性"的

---

① Cherniss（"The Sources of Evil according to Plato"）所讨论的恶的各种来源都可以归入必然性。

② 参阅上文（20 页脚注①）；Cooper, "Hypothetical Necessity"；以及 Kullmann, "Der platonische *Timaios* und die Methode der aristotelische Biologie"。关于亚里士多德的绝对或无条件的必然性等同于属于事物之本质的必然性的论证（正如我所论证的《蒂迈欧》的无条件的必然性等同于属于事物之本质的必然性的论证），参见 D. Frede, "Aristotle on the Limits of Determinism", in Gotthelf（ed.）, *Aristotle on Nature and Living Things*。

作用：柏拉图和亚里士多德都把它类比于匠师或 δημιουργός 的技艺性推理。① 相反，必然性对应于从原因到效果的推理：如果某些条件 X 达成，那么 Y 也必然达成（参见《论动物的部分》642a33–34，640a3–6）。② 如果在这种情况下 Y 也是善好的事物，那么 X 可以被认为是出于 Y 的缘故，这时我们就得到一个混合解释的例子。如果 Y 不是一个善好的事物，我们就得到一个必然性单独起作用的例子。③ 理性作为原因单独起作用，这种解释乃是不考虑任何物质性条件而完全从最好的情况出发。这是非工具性的推理，它仅仅从善好的角度来解释事物；它对应于亚里士多德的纯粹目的论的解释模式。正是在亚里士多德《论动物的部分》i.1 对这些区别的讨论中，我们可以最清楚地看到《蒂迈欧》的原因理论对他的影响。

柏拉图的两种原因与亚里士多德的形式因、目的因和质料因之间的一些重要联系点现在应该清楚了。我已经注意到把理性理解为动力因是有困难的，我很快就会回到这个问题上。但是必然性在某种意义上也是一种动力因：它说明了无序的运动。它被称为"漫游的原因"（48a6–7），它自己便产生了盲目和无序的东西（46e5；参看 30a3–4，53b2–4）。这似乎是把它与 τυχή 或运气联系起来（参见柏拉图《法律篇》889c1–2），而亚里士多德也

---

① 还可以参见柏拉图《政治家》281c–e。

② 我认为，这有助于解释《后分析篇》94a22 的第四种原因，这个原因通常被认为是质料因（伴随着逻辑根据的观念）。亚里士多德可能是在《蒂迈欧》中的无条件的必然性的意义上思考这种原因，就像他在其他地方对质料因的思考一样。

③ 正是在这个意义上，Taylor（*A Commentary on Plato's Timaeus*，301）将"必然性"（Necessity）等同于那些属性联结是正确的，"因为我们无法以有价值的结果来证明这些东西〈按：那些属性联结〉的合理性"。

将运气归类为一种动力因。但是，如果"必然性"建立在诸理念的可靠本性之上，它怎么会产生运气和无序性呢？①

事实上，我认为我从诸理念之原因性内涵出发来解释必然性有一个优点，它可以对运气和必然性之间的联系做出比柏拉图文本明确指出的解释更令人满意的解释。柏拉图似乎只是说，由于秩序总是理性的产物②，所以必然性总是产生无序。这就是46d4 陈述的重点，即伴随原因不能包含 νοῦς 或 λόγος，也就是就善好而言的合理的理由（也可参考 53b2–4）。柏拉图认为，秩序本质上是善好的，所以要求从理性的角度来解释它。这方面的一个难题是，我们并不能合理地主张秩序不可能像亚里士多德的 αὐτόματον 概念那样作为机械过程的结果而自发产生；它也不能帮助我们看到必要性"如何"产生出无序。真正的理由是现象的复杂性。现象方面的每个对象都示例了非常多的属性，所有这些属性都有因果方面的关系。因此，给各种现象属性赋予秩序，特别是由匠神所施加的最善好的秩序，都会带来许多副作用，其中有些并非好的事物，而另外一些则是确定不受欢迎的东西。柏拉图显然注意到了这点，这从上文讨论的他关于肌肉覆盖的描述就可以看出来。柏拉图正是把这些不可避免的好属性和坏属性的集

---

① Cherniss（"The Sources of Evil according to Plato"，258 n. 40）提出了这点，作为对 Morrow 用"各种可靠性质"来解释"必然性"的反驳，参见上文（38 页脚注②）。Cherniss 没有讨论 Morrow 文章中显而易见的回应思路（见 Morrow，"Necessity and Persuasion in Plato's *Timaeus*"，432–433），而我在文中对此做了阐述。他也没有意识到那样的回应与他自己对运气和必然性之间的联系的描述是一致的，参见下文（44 页脚注①）。

② 匠师的目标始终是造成秩序（《高尔吉亚》503d–e），而且神圣的匠师技艺总是成功地造成秩序。但是柏拉图的主张似乎比我在文中给出的主张更强。

合称为运气。①

我刚才提出，柏拉图的"理性"概念涉及动力因和目的因这两个概念之间的密切联系。如果这点能够被理解，那么对于柏拉图来说，就不会出现像亚里士多德那样的问题，即目的因如何能够在产生现象中起作用的问题。但是，这点怎样被理解呢？理性可以采用什么手段来作用于质料性事物呢？最明显的回答是，作为 νοῦς 的理性是通过灵魂的能动性起作用。② 现在，柏拉图确实认为，灵魂能够发起身体方面的运动：这是由旋转运动对直线运动的主导地位来象征的。但是灵魂的旋转运动恰恰代表了 νοῦς 或理性在其中的存在。那么，也许宇宙理性通过宇宙灵魂中指引天体运动的"同"和"异"两种旋转运动作用于宇宙。这与亚里士多德的宇宙论中 νοῦς〈理性〉的作用惊人地相似，这表明《蒂迈欧》可能以另一种方式影响了他。应该指出的是，这种理解不依赖于以下两个问题（在我看来，《蒂迈欧》允许不同的诠释）：首先，宇宙理性是否等同于宇宙灵魂的 νοῦς〈理性〉；其次，创世故事是不是一个虚构神话。

《蒂迈欧》在某个层面上是一个虚构神话。这个虚构神话讲述了理性如何永远面对宇宙固有的无序并且努力使之形成秩序。

---

① 参见 Morrow, "Necessity and Persuasion in Plato's *Timaeus*", 433; Taylor, *A Commentary on Plato's Timaeus*, 301。Cherniss（"The Sources of Evil according to Plato", 258）把柏拉图的"运气"概念解释为灵魂的各种非理性运动所带来的种种让人讨厌的或不可预见的副作用。在《物理学》ii 中，亚里士多德修改了柏拉图的概念框架，将运气或 τυχή（以及 φύσις，柏拉图在《法律篇》888e–889c 中将它关联于"运气"）归入动力因的种类——这些动力因乃是出于某种"目的"（τέλος）而起作用。

② 参见（33 页脚注①）中提及的文本。《蒂迈欧》提到，匠神在构造身体之前创造了灵魂（34b–35a）。或许匠神没有其他可选项，而是必须用灵魂来构造身体。

它不是单纯的自然哲学研究，而是像柏拉图早期对话中的虚构神话一样属于一种道德劝诫。最重要的事情是尽可能多地分享理性或 νοῦς：通过把握各种质料性原因的目的论秩序来寻求关于宇宙之种种目标的理解。是否成功完成这个任务是一个人来世灵魂之命运的唯一决定因素（92c）。一个人成功做到这点，就能理解神性活动的本质，并通过模仿神性活动尽可能地变得与神相似，而这就是属人的幸福。① 这就是为什么哲学家要沉思作为诸神的那些天体的各种运动（47a-c）。因此，《蒂迈欧》的最终目的是激励我们研究自然哲学，以便尽可能多地了解"理性"之种种目标，从而使我们自己的灵魂与生命之无序的、不规则的运动跟 νοῦς〈理性〉的有序转动尽可能达成和谐一致。②

作者简介：S. K. 斯特兰奇（Steven K. Strange，1950-2009）生前曾先后任教于哈佛大学、匹兹堡大学和埃默里大学，以对新柏拉图主义（尤其是普罗提诺）的研究而著称。

译者简介：张祖武，清华大学哲学系博士生。

---

① 参阅《泰阿泰德》176b1-2："ὁμοίωσις θεῷ κατὰ τὸ δυνατόν〈变得尽可能与神相似〉"。后来的古代柏拉图主义者很可能正确地认为这个表述是柏拉图对人类"τέλος〈目的〉"的表述。这个表述看起来跟《蒂迈欧》很吻合。

② 本文较早的那些版本曾在塔夫茨大学和德克萨斯大学奥斯汀分校宣读。我特别受益于 Eugene Garver、Carl Huffman 和 A. P. D. Mourelatos 的点评。《古代哲学》（*Ancient Philosophy*）的编者们对草稿提出的详细批评对改进论文也很有帮助。

柏拉图《蒂迈欧》的质料与流变*

M. L. 吉尔 / 文 张凯 / 译

摘 要: 关于前宇宙中的似火之物等流变事物,柏拉图在《蒂迈欧》49c7-50a4告诉读者应该如何保险地谈论它们。关于49c7-50a4,古希腊语法允许有传统解读和替代解读两种解读方式。表面上看,前者与《泰阿泰德》182c1-183b5的极端赫拉克利特主义冲突;而后者则可规避之。然而,作者最终摒弃替代性解读,坚持传统解读。在作者看来,终极简单物提供了所需的稳固性和持久性,以致对一个具有这样或那样的一种属性的复合物的指涉——例如"火"——将不再是空的。如果上述解读是正确的,那么《蒂迈欧》和《泰阿泰德》之间的冲突也会随之消解。

关键词: 流变 终极简单物 持久性 这个 这样

I

在《泰阿泰德》的一个著名段落(182c1-183b5),柏拉图描述了一种极端的赫拉克利特式观点。按照这一观点,一切事物在位置和性质上都处于变化之中。虽然这一理论与该对话前面部

---

* 本文译自: M. L. Gill, "Matter and Flux in Plato's *Timaeus*", *Phronesis*, 1987, 32(1): 34-53。

分对感觉的解释绑定在一起,但这里引入的赫拉克利特式立场具有全局性的意义。而且,柏拉图得出的结论看起来适用于任何一个服从赫拉克利特之流变的东西:如果某物极度变化无常,既在空间中运动也在性质上发生改变,那么,或许除了以模糊的方式使用"并非这样"(not even such)之外,没有别的东西可以用来述说该物。

《蒂迈欧》看起来就是关注这样一个赫拉克利特式的世界。关于火和类似于火的事物,柏拉图在 49a6–c7 提出了一个难题。关于这类事物,他指出:"人们必须承认,很难分辨出它们当中的哪一个真的是水而不是火,以及它们当中的任意一个都不是其他所有之全体,以便人们使用保险且可靠的语言。"(49b2–5)困难在于,我们现在称为"水"的东西,我们理解为:其能够被压缩生成为土和石,或者被分散生成为气,最终被点燃后生成火。既然这些现象事物(phenomenal stuffs)不断在变化,那么我们何以能够说:它们当中的任意一个真的是一个东西(例如水),而不是其他?于是柏拉图写道:

> 于是,既然这些事物[亦即,水和火等等]中的每一个从不显现为自身同一,那么人们如何能够自信而不蒙羞地断言:它们中的哪一个是这个(this)——无论它是什么——而不是其他别的事物?这是不可能的。但到目前为止,以下是谈论它们最保险的方法:我们所看到的那些在不同的时间总是变得不同的事物,例如火,[最保险的做法是],在所有场合都不要称火为"这个",而是称它为"这样的东西",同理,不要称水为"这个",而要永远称其为"这样的东西",也不要把其他任意一个别的东西称为"这

个",就好像它具有某种持久性,好像它是我们使用表达式"那个"和"这个"所指向的那些东西当中的某一个,以及好像我们认为我们是在标识出(indicate)某个东西;它滑走溜掉,既不受"这个"或"那个"①辖制,也不受其他任何表明它们②具有持久性之表达式的制约。[最保险的做法是]不要用这些[亦即,"这个"或"那个"]来称呼它们当中的每一个,而是,当涉及它们当中的每一个及其全部的时候,这样称呼[它们]:③"这样的东西,永远四处运动且相似",例如,称火为"总体上这样的东西",这对其他任何生成之物也是如此。但有一个东西,每一个这样的事

---

① 紧随大多数新近解读者,我删掉了 49e3 的 καὶ τὴν τῷδε。对其他一些推测性解读的反对意见,参见 H. Cherniss, "A Much Misread Passage in the *Timaeus*（*Timaeus* 49c7–50b5）", *American Journal of Philology* 75, 1954: 118 n. 6。

② 从单数到复数的转换乃是解读这段文字所遇到的一个难题。我把 φεύγει 的主语看作是直接承接了前面那个 τι 的指称对象,就我们试图使用表达式"那个"和"这个"来指出（ὅσα δεικνύντες d7–e1）的那类事物来说,该主语自己就能指定（specifies）它们当中的任意一员（ἄλλο μηδέν d7）。既然柏拉图正在考虑的是一类快速变化之物当中的任意一个,那么这就不难理解他为何会转向复数形式。e4 处的 αὐτά 大概率承接了 d7 处 ὅσα 的指称对象。

③ 很多评论者一直被 e6 处 οὕτω 的含义（significance）所烦扰,对 Cherniss 提出的替代性解读以及那些接纳他的解读版本的支持者来说尤为麻烦。我的翻译使用了不同的语序,但是我仍然遵从 F. M. Cornfrod, *Plato's Cosmology*, London, 1937: 179 n. 4（比较 Norman Gulley, "The Interpretation of Plato, *Timaeus* 49D–E", *American Journal of Philology* 81, 1960: 53–64, 54 n. 4）认为,οὕτω 接续了前面的那个长短语。"τὸ τοιοῦτον ἀεὶ περιφερόμενον ὅμοιον"指明我们应该如何确定所有变化着的现象,如果我们想要使用可信且保险的语言的话（49b5）。这个长短语以及随后"τὸ διὰ παντὸς τοιοῦτον"的含义见下文第 IV 部分。对 οὕτω 和前面那个长短语的一种不同处理方案——尽管我没有采纳但看起来也是有道理的,见 Donald Zeyl, "Plato and Talk of a World in Flux: *Timaeus* 49a6–50b5", *Harvard Studies in Classical Philology* 79, 1975: 125–148。

物看起来都永远在它里面生成，并且在它里面被再次毁灭，使用表达式"这个"和"那个"来单独称呼这个东西是最保险的做法，但是，以下这些东西——例如热的，或白的，或诸对立性质中的一个，以及由这些构成的所有东西——当中的任何一个都不能使用["这个"或"那个"]来称呼之。（《蒂迈欧》49c7–50a4）

我的翻译基本上遵从了传统解读①。基于此种理解，这一段落表明，关于火和似火之物，我们不应该使用表达式"那个"和"这个"，因为这样的事物"滑走溜掉，并不受'这个'或'那个'辖制，也不接受任何一个表明它们具有持久性的表达式"。而且在接下来的黄金类比中，柏拉图说黄金的形状即便是在我们指涉它们时也在不断变化着（50b2–3）。这样的事物确实看起来经受赫拉克利特的极端流变。它们在空间中运动，并相互变成彼此。但与《泰阿泰德》的结论相反，柏拉图认为这样的事物能够被称为"这样的东西"（τὸ τοιοῦτον）。

鉴于这一段和《泰阿泰德》之间的这个冲突，欧文（G. E. L. Owen）以此为依据提出《蒂迈欧》是一篇前期对话。② 我认为，为了在没有重新修订《蒂迈欧》日期的情况下化解这一冲突，彻尼斯（Harold Cherniss）为《蒂迈欧》的这个段落提供了一种新的翻译。③ 彻尼斯的翻译，经由某些修改，已经被爱德

---

① Cherniss（1954）最先挑战这种解读。因 Cherniss 提出了他的替代方案，Gulley（1960）和 Zeyl（1975）为传统解读辩护。

② G. E. L. Owen, "The Place of the *Timaeus* in Plato's Dialogues", *Classical Quarterly* N. S. 3 (1953)，重印于 *Studies in Plato's Metaphysics*, ed., R. E. Allen, London, 1965:313–338。

③ Cherniss (1954).

华·李（Edward N. Lee）、米尔斯（K. W. Mills）、莫尔（Richard Mohr）和其他人接受。① 替代性翻译和传统翻译之间的最重要区别是，在文本给出我们这个方案——μὴ τοῦτο ἀλλὰ τὸ τοιοῦτον προσαγορεύειν πῦρ，字面义为"not X but Y to call Z"——的地方，传统解读译为"不要称 Z 为'X'，而是称 Z 为'Y'"，替代性解读译为"不要称 X 为'Z'，而是称 Y 为'Z'"。② 因此，传统解读把关注点放在用正确和错误的方法指定像火一样的瞬间现象，替代性解读却把此处理解为：关注"火"这个名称之恰切和不恰切的指称对象。我认为希腊语允许上述两种解读。但是，选择一种解读而非另一种解读，却有着超越于解读这个具体段落的巨大影响。这个选择反映了：人们对柏拉图赋予物理现象之地位的诊断。按照传统解读，他允许谈论这样的对象。按照替代性解读，他禁止这样的谈论：我们关于物理世界的谈话所指涉的恰切对象是一种完全不同的实在物。

II

让我们停下来先思考这一难题所出现的文本语境。《蒂迈欧》

---

① Edward N. Lee, "On the Metaphysics of the Image in Plato's *Timaeus*", *Monist* 50, 1966:341–368; Lee, "On Plato's *Timaeus*. 49d4–e7", *American Journal of Philology* 88, 1967:1–28; Lee, "On the Gold Example in Plato's *Timaeus* (50a5–b5)", *Essays in Ancient Philosophy*, eds. John P. Anton and George L. Kustas, Albany, N. Y., 1971:219–235; K.W. Mills, "Some Aspects of Plato's Theory of Forms: *Timaeus* 49c ff.", *Phronesis* 13, 1968:45–70; Richard D. Mohr, "The Gold Analogy in Plato's *Timaeus* (50a4–b5)", *Phronesis* 23, 1978:243–252; Mohr, "Image, Flux and Space in Plato's *Timaeus*", *Phoenix* 34, 1980:138–152; N. H. Reed, "Plato on Flux, Perception and Language", *Proceedings of the Cambridge Philological Society* 18, 1972:65–77.

② 参见 Lee (1967:4 n. 9)。

是柏拉图对物理世界的论述，因他的代言人蒂迈欧（Timaeus）而得名①。作品的核心部分，从47e3—53b5，处理了我们称为"前宇宙"的状态，亦即，在匠神把事物构建成相对持久的身体之前的那种状态。我要说的是，无论人们是从字面上还是以隐喻的方式来理解"前宇宙"，都没有任何实质性的差异。柏拉图关心的是一个形而上学问题——他不只是给出一种宇宙演化论。但出于方便，在讨论前宇宙时，我将跟随柏拉图的指引，先来谈论这个先于宇宙之创造的状态。这个状态可被等价地看作是：被抽离了复杂组织结构的当下世界。

学者们通常把柏拉图对前宇宙之"混沌无序"的描述界定在52d2—53b5，他在那里描述了接纳者中所接纳的东西，并把这些东西的运动比作簸箕的颠簸晃动。但是我认为可以得到证明的是，在47e3—48e1被引入并在48e2获得发展的整个部分，都在处理这一无序状态。在他的引导性评注中，柏拉图先把当下的讨论和先前的讨论区分开，然后指出，除少数几个问题外，先前的讨论处理了"理性"的作品。除了先前的讨论之外，他现在要开始论述那些出于"必然性"而生成的事物。既然宇宙的生成是必然性和理性的混合产物，尤其是理性说服必然性把事物引向至善的结果，那么柏拉图宣布了他的从头再来的计划，打算从另外一个视角来考察这些相同的事物。在描述了匠神对宇宙的组织构造之后，柏拉图现在想要描述那些没有组织结构的事物的状态。

《蒂迈欧》的核心部分是由一个主张和一个概要架构出来

---

① Taylor认为，《蒂迈欧》论述的不是柏拉图自己的观点，而是蒂迈欧自己的观点，后者为公元前5世纪毕达哥拉斯学说的解释者。参见 A. E. Taylor, *A Commentary on Plato's Timaeus*, Oxford, 1928: 11。我认为 Cornford 已经充分驳斥了他的观点。参见 Cornford（1937: v–ix）。

的：柏拉图在 48b3–5 主张，我们必须思考火、水、气和土在天宇生成**之前**的本性以及在此之前的种种状况；而且，借助那个在 52d2–5 引出簸箕隐喻的概要，柏拉图重复了他在前面段落的三重分类，说道："因此，让先前所说的东西（οὗτος）被看作是符合我的思量的论述，亦即，甚至在天宇生成**之前**，有三种不同的东西：恒在、空间和生成变化。"句首的语词标志 οὗτος 表示对上文 51d3 的一个回指："因此我陈述我自己的思量如下（ὧδε）……"他随后给出的思量乃是一个支持存在两个不同领域的论证：一个是理念领域，另一个是可感事物的领域。文本 51e6–52d1——紧随支持理念和可感事物的这个论证但在那个概要之前——通常被看作是总结了自 48e2 以来的整个讨论。① 在这个一般性的总结中，柏拉图重复了他的三重分类——其已在 48e2–49a6 和 50c7–d4 被提到过两次，并解释说明了为什么需要接纳者。因此，当他在 52d2–4 精炼他的总结时，他指出，甚至在天宇生成**之前**就有恒在、空间和生成变化，柏拉图对前宇宙的这一提及表明，这曾是整个前期讨论的主题。

  匠神从论述中消失，这是另一个表明核心部分关注前宇宙的迹象。在较靠前的部分中，从 27d5 开始，匠神被用于制作与不变之模型相仿的生成物（γιγνόμενα）。以下这点要重点注意：匠神有两种可供选择的模型来仿造祂的作品，一种是不变的；另一种是生成的（28c5–29a2）。因为匠神是善的，所以祂在两个模型之间选择那个较好的；但考虑到备用选择的可能性，在祂开始从事组织构造作品之前，那个生成的模型必定就已经存在。匠神不会从无中创造这个宇宙。祂的材料伸手可取，以无序运动的方式

---

  ① 参见 Cornford（1937：191–197）；以及 Lee（1966：342–349）。

在运动（30a2–6）。①在我们的部分，柏拉图主张，考虑到这一新的起点，相较于起先所述的那个分类，一个更为完整详尽的分类是必需的。在前面的部分，原先的分类仅区分恒在（being）和生成变化（becoming）。匠神被引入用来仿着另外一个领域来组织构建一个领域。但是在我们的部分，我们不会想起匠神。相反，柏拉图认为，除了不变的、可理解的范型以及范型之被生成的、可见的影像之外，当下的论证还需要第三个东西。他添加了接纳者，亦即，所有生成物的"保育员"（nurse）。然而，柏拉图不仅仅给出了一个更为全面完整的分类；在此核心部分，他对理念的角色有着不同的解读。在 50c7–d4，一个明确重申 48e2–49a6 之三重分类的段落，柏拉图提到了生成物，生成物在其中生成的那个东西，以及生成物由之生成并与之相似的那个东西。他随后补充了一个比喻。他把"由之而来者"（τὸ ὅθεν）比作父亲，把接纳者比作母亲，把两者生成的东西比作后代。在第一个部分，柏拉图把匠神而不是理念视为父亲（29c3）。既引人注目又重要的是，匠神作为父亲的角色在这里已经被理念取代。

柏拉图说过，他要另起炉灶来探讨那些出于必然性而生成的事物。匠神不再被提及，而且祂作为产生者（generator）的角色已经被理念所取代。因此，这一证据强有力地表明，我们应该严肃认真地对待这一结构设计（framing device）；并把整个部分——从 48e2 开始直到匠神在 53b 被再次引入——理解成是对前宇宙的论述，匠神干预这一状态并使用形状（shapes）和数（numbers）来组织构建它（53b4–5）。一旦这个部分被这样理

---

① 参见 34a1–5，柏拉图认为匠神通过**去掉**七种运动中的**六种**来制作世界的身体，否则的话它们都会刻画表征它。

解，我们应该认识到，柏拉图在此所关心的是这样一个世界：相对永久之身体的复杂组织结构在此世界中是缺乏的。正如柏拉图所说的那样，这是必然性的领域。

令我们棘手的这个段落就出现在对前宇宙的论述中间。因此，对于传统解读的支持者来说，我们以之开始的那个问题就变得迫在眉睫。如果符合匠神计划的组织结构消失，那么事物确实将会看起来处于快速且极端的流变之中。然而，如果继续坚持49c7–50a4 的传统解读，柏拉图将允许一个处在极度流变中的东西被称为"这样的东西"($τὸ\ τοιοῦτον$)。但是考虑到《泰阿泰德》的禁令，为何在此还要给予准许？

III

在我们这个文段的前一部分，即在 48b3–c2，柏拉图认为我们必须思考火、水、气和土在天宇生成之前的本性，以及在此之前的状态。他反驳道，虽然还没有人揭示出这些事物的生成，但是当我们说这话的时候，好像人们已经知道火是什么，已经知道那些被我们断定为始基（principles）或整体之元素的每一个事物。然而，他主张，即使具有最少理智的人也不应当把火和这类元素比作音节这类事物。基于此，他显然认为，我们不应该把它们看作是一些由更简单的元素所构成的最简复合物。①当下的讨论，他说，不应探讨这些事物的始基或诸始基——或者随便人们怎么称呼它们。因为根据当下的探究方法，这是相当

---

① 参见柏拉图在《泰阿泰德》201d8–206b11 使用字母和音节的比喻来说明终极简单物和由简单物构成的复合物之间的差异。把《蒂迈欧》的学说跟《泰阿泰德》的这个部分进行比较会是十分有益的。

困难的。因此这一论述将只是或然的说法。基于这一点，通过把接纳者加入他先前的分类当中，柏拉图再度开启了他的工作。他于是转向这个问题：我们应当如何谈论火和其他这类东西，以便使用可信和保险的语言。考虑到这些事物不断在变化，我们应当说什么东西真的是水而不是火呢？我们的段落紧随其后。

按照彻尼斯的解读，当我指向"这个"（this）——代词在此是指示性的——水的时候，我不应该称它为"这个"，例如"水"。"$τοῦτο$"（这个）在段落中承担两种功能，取决于它是否被明确界定为是一个表达式（expression）。[①] 作为一个表达式，它是诸如"水"和"火"这类名称的替代物。除此之外，它是一个指示代词。关于"这个"（水），什么也不应该说，因为它是现象流之无法识别出的部分。像"水"和"火"这类名称应该用来指称短语"这样的东西"（$τὸ\ τοιοῦτον$）所指涉的东西——彻尼斯把这些东西称为"独特且自身同一的特征"。这些东西进入和离开接纳者，它们是理念的影像（images），但不是现象（phenomena）。虽然彻尼斯没有强调这一事实，但是柏拉图把对影像的讨论与对生成、毁灭、运动[②]和可见性的讨论结合起来，这就要求彻尼斯所谓的"独特且自身同一的特征"被所有这些性质（features）刻画表征。如果彻尼斯是对的，那么这个物理世界自身是不可理解的。因此我们不仅不应该而且也不可能指涉物

[①] 见 Cherniss（1954：117–118 n. 5）。

[②] Cherniss（1954：120–121 n. 9）论证 49e5 处的 $ἀεὶ\ περιφερόμενον$ 意指"永远循环反复"，而不是如我们所期待的"永远四处运动/always moving around"。关于 $περιφερόμενον$ 在柏拉图那里的通常意义，见 Ast, *Lexicon Platonicum*, 1835（3）：96。即便 $περιφερόμενον$ 有时意指"循环反复"，但我仍难以相信这是 $φέρεσθαι$ 的意义——柏拉图在 52a6，52c3 和 52e6 把它的不同理念与影像联系起来使用。

理对象。相反，所有我们的尝试性指涉都只是选取了一些规定性特征。

就柏拉图关于物理世界的看法，彻尼斯所给出的建议具有深远而令人不安的影响。但是我将把我的反驳限定在《蒂迈欧》的文本语境。首先，彻尼斯的理论要求：柏拉图三重划分中的第二类不是一类像火一样的现象，而是一类规定性特征。但是，就在划分（48e2–49a6）之前和划分之后，柏拉图都谈论火与其他这类东西。表面上看，我们应该预设他在划分前后谈论了两种不同种类的事物。但是，柏拉图并没有指出主题发生了转变。此外，关于被提到的前两个种类，亦即理念和影像，他说"我们认为在先前的讨论中已经足够充分"（27d）。在那里，第二类事物由永远生成而始终不恒是的东西构成。或许这些东西就是规定性特征；但是，柏拉图当时也没有表明这一点。如果前面的那些东西是普通现象，那么我们必须要假设，在前一个分类中的东西和在后一个分类——48e2–49a4 处的文本没有为这个分类提供任何清晰的说明——中的东西之间，发生了一个转变。[①]

经常有人批评彻尼斯，说他引入了除理念、现象和接纳者之外的第四领域：那些独特且自身同一的特征。[②] 如果彻尼斯预

[①] 48e2–49a4 处的文本解读为："相比于先前的那个［在 27d5 及后文给出］，我们的新起点需要一个更完善的对整体的划分；我们在那时区分了两类，但是现在我们必须另外阐明一个第三类。因为就我们已经说过的东西而言，先前的两类是足够的：一类被设定为范型的理念，是可理解的，永远保持同一的；第二类是范型的影像，具有生成，是可见的。但在那个时候，我们没有区分出第三类，认为两类就已经足够了。但是现在的论证看起来需要我们尝试用语言澄清一个既困难又晦涩的理念。"就我对这段话的理解，柏拉图只是在前面的理念和现象这两类之外，添加了接纳者。

[②] Gulley (1960:63–64); Mills (1968:154); Zeyl (1975:134); Mohr (1978:249).

设了前后两个分类（διαίρεσις）中的事物发生了转变，那么在我看来，这一批评是公正的。如果柏拉图致力于划分出四个领域，那么他始终坚持强调三个领域就会是非常奇怪的。如果彻尼斯认为柏拉图从一开始就在谈论规定性特征，那么他将面临更为严厉的反驳。关于前面的 γιγνόμενα（生成物），柏拉图认为它们始终不"恒是/恒在"（ὂν οὐδέποτε，28a1），并且始终不真地"恒是/恒在"（ὄντως οὐδέποτε ὄν，28a4）。但柏拉图在文本 49a6–b5 提出的、我们的段落旨在要解决的那个难题是：关于现象的火、水和其他诸如此类的东西，我们必须承认，使用可信且保险的语言辨别出哪一个真的是水而不是火，这是困难的。但如果柏拉图的回答是，我们不应该而且事实上也不可能用那些名称来称呼这些事物（现象之火、现象之水，等等）当中的任何一个；相反，应该把名称留给那些独特且自身同一的特征，于是得出结论，这些东西——在前面部分被否认具有任何真正恒是（恒在）的那些规定性特征——才真的是水或火，因为它们才是这些名称的恰切指涉对象。这不可能是正确的。实际上，真正是火的东西乃是火的理念，不是我们所看到的东西（无论是普通现象还是彻尼斯所谓的规定性特征）。柏拉图在 51b6–e6 对此进行了论证。

爱德华·李接受了彻尼斯的翻译并做了些改动，但不赞同彻尼斯所理解的一般图景。爱德华·李欣然接纳四重分类[①]，但是反对彻尼斯把影像看作是可变化的、空间上可定位的个体事物，而不是他自己称为"循环不变的特征"的东西。虽然这一方案避免了不受欢迎的分类转变问题，但是它却留给爱德华·李一

[①] Lee (1966:367–368).

个真正的麻烦,即作为第四领域的"不变特征"具有怎样的形而上学地位。令人费解的是,这些在其中注定发挥重要作用的东西竟然从柏拉图的分类之网中漏掉了。爱德华·李还面临一个更为严峻的反驳。现象是他称为"非实体影像"的东西。[①] 不同于作为实体影像的雕像——它们享有自己独立于原型的存在,《蒂迈欧》讨论的影像类似于镜子里的映像。依据爱德华·李,这样的影像不足以独立于原型,以致甚至不能拿来与原型作比较。[②] 但文本却不支持这种设想。柏拉图在 52a5 指出,可感觉的、生成的以及始终运动的第二类事物与理念"相似"($ὅμοιον$)。爱德华·李注意到了这个困难,但显然希望这不会削弱他的一般观点。[③] 但"相似"的使用并不是引发担忧的唯一来源。在同一个段落,第二类事物也被说成跟理念是同名的($ὁμώνυμον$),这就是说,与理念"具有相同的名称"。[④] 现在按照爱德华·李的论述,柏拉图在 49c7—50a4 的观点是,关于现象的"这个",我们不应该使用"火"这个名称,而是应该把这个名称留给那种

---

① Lee (1966: 353–360).
② Lee (1966: 361–364).
③ Lee (1966: 364).
④ 我赞同 G. E. L. Owen, "A Proof in the *Peri Ideon*", *Journal of Hellenic Studies*, 77 (1957), 重印于 Allen (1965: 293–312), 对柏拉图来说, $ὁμώνυμος$ 仅仅意味着"具有相同的名称"。它无需具有亚里士多德专属的 $συνώνυμος$ 之效力, 正如 Taylor (1928: 342) 所表明的那样(Cherniss 紧随其后, *Aristotole's Criticism of Plato and the Academy*, Baltimore, 1944: 178–179 n. 102)。Owen 正确地指出, 当柏拉图想要表达个别事物既在本性上(in nature)也在名称上(in name)与理念相似的时候, 他使用 $ὅμοιον$ 和 $ὁμώνυμον$ 给出了非常明确的论述, 就像他在此处所做的那样。关于理念和个别事物同名异义的类似主张, 比较《斐多》78e2 和《巴门尼德》133d3;也参见《智者》234b7,智者的影像在那里被类似地描述成与他所代表的存在者(beings)同名。

循环出现的、不变的特征,亦即恒久"这样的东西"。或许爱德华·李可以争辩说,后面的总结仅仅是描述性的,忽视了前面的规范性评注。但是,即使后面的段落是描述性的,"$\dot{o}\mu\acute{\omega}\nu\nu\mu o\nu$"和"$\ddot{o}\mu o\iota o\nu$"两者联合用于流变中的事物,这使得以下情形极不可能:先前的段落反对使用相同的名称来称呼那些与理念相仿的现象。①

以牺牲《蒂迈欧》自身内部的融贯性为代价,彻尼斯和爱德华·李二人化解了《蒂迈欧》和《泰阿泰德》之间的冲突。因此我提议,我们应该摒弃这种新翻译,而应该像传统解读那样去努力澄清这个段落。

IV

让我们从确定这一主张的含义开始:像火这样的现象应该被

---

① Mills(1968)和 Mohr(1978;1980)两人都接受了 Cherniss 解读的主旨,但是他们都以不同的方式试图表明这种解读不会让柏拉图承诺第四领域的东西。Mills 建议,名称"火"能被正确地应用于其上的"这样的东西"(the such)是理念自身,不是某个中间物。既然他与 Lee 一起认为我们面对的段落拒绝把"火"这个名称应用于现象之火,而且他论证现象(影像)不与理念相似,那么他也面临那个我用来反对 Lee 的相同反驳,亦即柏拉图在 52a5 明确指出,影像具有与理念相同的名称,并且与理念相似。现象有两个方面,作为"这个"(this)和作为"这样的"(such),Mohr 把这样一种学说归于柏拉图,让柏拉图既承认又否认我们能使用"火"来称呼现象之火。我们不能用任何东西来称呼"作为"生成物($\gamma\iota\gamma\nu\acute{o}\mu\varepsilon\nu o\nu$)的现象之火(除"接纳者"外),但是我们能用"火"来称呼"作为"理念之影像的现象之火。这样一种理论混合了超越的领域和生成物领域,而且它的确容许柏拉图关于现象可以说出相互矛盾着的话,但是我自己在《蒂迈欧》中并没有发现支持这样一种学说的文本基础。而且站在柏拉图的立场上,我认为他无须使得这些矛盾合理化。如果以传统的方式来解读文本,我们不会被迫转向这些毫无希望的补救方案。

称为"τὸ τοιοῦτον"（这样的东西）。52a4–7 处的总结指出，可感的、生成的、永远运动的现象具有相同的名称，并与理念相似；这一总结为理解前面段落的含义提供了钥匙。柏拉图并不反对把"火"这个名称应用于有形之火（physical fire）。相反，按照我的理解，他认为，这恰好就是我们"应该"称之为有形之火的东西。"τοῦτο"（这个东西）和"τὸ τοιοῦτον"（这样的东西）这两个表达式展现了在使用一个具体名称时所蕴含的差异。拒绝"τοῦτο"（这个东西）转而支持"τὸ τοιοῦτον"（这样的东西），并不是要禁止把名称"火"用于流变中的事物，而是反对这点：在把"火"这个名称用于流变事物的时候，将"火"**理解**为指定了这个名称的恰切指涉对象。正如我们在 51b–e 了解到的，这个恰切指涉对象应该是火的理念，它存在于可感的火之上。既然火的理念的名称是"火"，那么它的同名之影像的名称也是"火"。当我们把现象之火称呼为"火"的时候，我们把它称为"这样的东西"——也就是如同理念之所是这样的东西。现象之火配得上"火"这个名称，因为它与理念**相似**，分有相同的特征；但是就它不是理念而言，它不是"这个"，亦即不是理念自身，它只是"这样的东西"。

在我们面对这段文本中，柏拉图试图澄清：当我们跟着理念把专属于理念的名称"火"应用于现象之火的时候，我们意指什么；当我们使用一个特定名称来称呼任意一个现象的时候，我们意指"这样的东西、永远流转变化的相似者"。短语"ἀεὶ περιφερόμενον"（永远流转变化）得到了 52a6 处"πεφορημένον ἀεί"的呼应，① 而且后面出现的这个短语在这里清楚地表明，它

---

① 比较 52c3 处的 ἀεὶ φέρεται 和 52e4–5 处的 ἀεὶ φέρεσθαι。

表示持续的位置运动,并不是彻尼斯曾经论证①得出的永远循环往复(constant recurrence);"ὅμοιον"(相似)也在 52a5 处获得了呼应,而且我们从后文的语境中知道了它意指什么:"与理念相仿"。所以这个长短语的含义在于,当我们称现象之火为"火"的时候,我们辨别出了在某处运动的东西——但它却与理念分有相同的本性。考虑到它分有相同的本性,我们就用相同的名称来称呼它。但又考虑到它在运动,在其他方面是不同的,所以当我们称现象之火为"火"的时候,我们并不意指"这个",亦即理念自身,而是意指"这样的东西",亦即一个与理念相仿但又不同于理念的东西。

柏拉图接下来主张火是"τὸ διὰ παντὸς τοιοῦτον",我把它翻译为"总体上这样的东西"。或许看起来,"永远这样的东西"是对该短语的一种更为自然的翻译。如果柏拉图认为,在把现象之火称为"火"的时候,我们确定了某个**永远**与火相仿的东西,那么,与我们起初的预设相反,柏拉图并不认为类似于火的现象之物处在极端流变之中。它们永恒运动,却保持它们自己的特征。把这样的东西界定为"τὸ τοιοῦτον"应该是没有任何问题的,因为我们称为"火"的东西永远与理念相仿,是一个可能的指涉对象。但是,我不认为这是柏拉图的观点。纵观我们的文本,他强调现象事物之间不断相互转变。而且,在接下来的黄金类比中,我们要设想一个使用黄金塑造形状的人,他不停地把每一个形状重塑为所有其他形状。即便我们能够指出其中一个形状,它仍在发生改变(50b3–4)。因此,当我们称某个东西为"火"时,我们指称的对象并不总是与火的理念相仿:"它"可

---

① 见上文(55 页脚注②)。

能已经变成某个别的东西。按照我的理解，柏拉图的观点是，每当我们成功地把某个东西命名为"火"的时候，我们称为"火"的东西"总体上相似于"它所像的理念。

但是，如果我是对的，在把现象之火称为"火"的时候，我们指认的是"总体上"而非"始终"与火之理念相像的东西，那么仍然与《泰阿泰德》存在一个冲突。为什么既改变特征又在空间中运动的现象——而且确实变化和运动得非常迅速——就能免于遭受那些处于赫拉克利特式流变中的事物的命运？为了解决两个作品之间的这个困难，我们实际上既不需要欧文提出的重新调整作品的分期年代，也不需要彻尼斯给出的新译法。我们应该追问：在《蒂迈欧》的论述中，什么东西能够确保把变化着的现象界定为具有这样或那样的性质，尽管它仍有不稳固性？

V

一些评论者曾经认为接纳者提供了最终根据：可感之火之所以能够被界定为具有这样或那样的性质，是因为现象是恒常基底的形态转变。既然接纳者是恒常的，那么至少存在某个恒常载体可供我们指称，即使火一样的表象已经消逝。在紧接着我们刚才讨论的文本之后的段落，柏拉图提议给出一个更加清晰的说明。他把接纳者比作黄金，把生成的事物比作由黄金制成的东西：

> 但是我必须尽我所能把它说得更清楚些。设想有这样一个人，他用黄金塑造各种形状，并不停地把每一个形状都重塑成其他形状：如果有人指着它们当中的一个问道："这是什么？"，到目前为止，就真实性而言最保险的答案

是说"黄金",但是绝对不要把这些——三角形以及其他由黄金生成的形状——说成是 beings（恒是者）①，因为即使是在这个断言的过程中，它们也都在变化；而且，如果它们［诸形状］②愿意放心地接受［被称为］"这样的"，就该满足。同样的论述也适用于那个接纳所有形体的存在物。它必须被称为永远自身同一的东西；因为它绝不会背离自己的性能。（50a4–b8）

基于这个类比，有人可能认为接纳者是生成之物的质料，就像黄金是那些由黄金制成之物的质料一样。③ 于是接下来将会得出，正如把由黄金构成的各种形状称呼为"黄金"是最保险的称呼，把生成之火称呼为"接纳者"也是最保险的称呼。把一个形状称为"三角形"是被允许的，但具有较大风险，因为这个形状可能已经消失了；同理，把生成之火称为"火"也是被允许的，但也具有较大风险。把生成之火称呼为"火"是被允许的，正是因为它是恒常接纳者之形态转变。

---

① 我把柏拉图在此的观点简单地理解为，自 27d5 以来，他一直在反复重申：不同于作为永恒之物的 ὄντα（恒是者），变化着的可感事物是 γιγνόμενα（生成物）。

② 评论者们，尤其是对此——柏拉图在这里允许使用 "τὸ τοιοῦτον" 来指出变化中的形状——感到棘手的那些人，他们不遗余力地找到了某个不是形状的东西来做这个句子的主语，例如提问者自己［参见 Cherniss（1954：126–128 n. 19）；Lee（1971：223–228）；Mohr（1978：243，248）；还有 Zeyl（1975：143–146）］，或者黄金［参见 Mills（1968：156）］。既然形状曾是前面三个句子的主语，那显然它们也是这个句子的主语。如果我对前面那个段落的解读是正确的，那么这就好地解释了柏拉图应该重复他的这个主张：我们如何能够辨别出变化之物。

③ 这看起来是亚里士多德理解这个段落的方式。见《论生成和毁灭》329a13–24。

但请思考：这个黄金类比是如何与我们正在讨论的那个段落联系起来的？在引入这个类比的时候，柏拉图指出，他将尽他所能地给出一种更加清晰的陈述。因此，我们可能期待用这个类比来处理相同的问题。但是基于我对前面段落的分析，柏拉图没有说任何东西可以让我们得出，具有这样或那样一种性质的东西能够谓述某一"这个"。他的全部意思是，一个转瞬即逝的现象——在被某个特定名称称呼的时候——被称为"这样的东西"，并且，接纳者在被某个名称称呼的时候，被称为"这个"。因此，考虑到我已论证过的"τοῦτο"（这个）和"τὸ τοιοῦτον"（这样）的功能，在把接纳者称呼为"接纳者"的时候，我们把它称呼为"这个"——它才是这个名称的恰切指涉对象。"这个"和"这样"的用法与谓述无关。

在黄金的例子中，柏拉图继续论证指出，在流变的语境中，关于"这是什么？"的问题，最保险的回答是指涉恒常之物，比较有风险——尽管允许——的回答是指涉变化之物。柏拉图的类比把用来塑造各种形状的一种材料看作是永恒之物，这一事实不应误导我们认为：那个保险的回答挑出了关于黄金形状的某个永恒之物。这个例子关注黄金"中"的形状（50b2-3），但黄金绝不是形状之为"形状"的构成成分。而且，如果保险的回答和危险的回答都是对形状问题——甚至是对黄金构成的形状问题——的回应，那么，在这一段落末尾得出的那个类比将是没有任何意义的。柏拉图总结道："同样的论述也适用于那个接纳所有形体的存在物。它必须被称为永远自身同一的东西；因为它绝不会背离自己的性能。"这个得出接纳者永远是其所是的类比表明，这个例子自身必定被用来处理某种永恒之物，而非那些持续变化之物。因此，我们得出的一个显而易见的结论是，对问题"这是什么？"的保险的回答与"黄金"有关。实际上，黄金在想象出来的流变语境中是永恒之物，因此对问题"这是什么？"的保险的回答就是要提及它。黄金碰巧是变化着的黄金形状的构成成分，如果问题不是针对由黄金构成的形状，而针对整个流变的语境——在这一语境中诸形状在某个恒常基底中短暂出场而随后消逝，这一事实是无关紧要的。

我的解读使得黄金类比和关于接纳者所得出的这个结论有关。除此之外，从49c7到50b8的整个段落获得了一个整体的交叉结构。前面部分首先述说了辨别出变化中的现象的恰当方法，然后转向接纳者——流变世界中唯一可被恰当地称为"这个"的东西。在流变的世界中，只有接纳者才是其名称的恰切指涉对象。黄金的例子首先说明，回答问题"这是什么？"的保险的方法是提及永恒之物，因为不同于变化着的形状，它不改变自身的特征。这个例子还表明，那个更具风险的——尽管允许的——回答问题的方法是提及变化之物，亦即具有这样或那样一种性质的某个东西。

但是，如果我对黄金类比的解读是正确的，我们仍然面临我们最初的那个困惑。如果从这个例子得出的类比并不是说接纳者是流变事物的构成要素，而只是说在流变之中恒常的东西才是流变事物的构成要素，那么，接纳者就不可能为诸现象提供这样的恒常性，从而允许我们把"它们"（诸现象）称呼为某个东西。考虑到《泰阿泰德》中的那个论证，为何我们在此应该被允许把流变之物说成是"这样的东西"呢？

VI

答案是柏拉图还有一个故事要讲。《蒂迈欧》的核心部分描述了前宇宙状态，在其中相对恒常的若干形体的复杂结构是缺失的。柏拉图呈现这样一种宇宙图景乃是为了表明,"即使"缺乏这样的结构,我们"仍然"能够有意义地谈论诸现象。对语言可以应用于这样一个宇宙的合理辩护,确保了语言可以应用于我们所认识的这个高阶宇宙。那个把恒常性给予诸物理对象从而让语言能够抓住它们的东西,最终是它们的质料。但是物理对象的质料并不像许多人所认为的那样是接纳者。相反,物理对象的质料是一组始基(principles),而匠神发现它们已经出现在接纳者之中并且用它们来构建四种元素体。

新近的评论者倾向于把《蒂迈欧》的核心部分看作是完全独立于它的前后语境的。① 这是错的。我早先讨论了核心部分和它前面段落的关系,并且论证说,探讨必然性的作品就是研究前宇宙状态——匠神后来把秩序引入其中的那个最初状态。同等重要的是,人们不应该将《蒂迈欧》的核心部分跟其后面的部分割裂开来。在后面那些段落,从 53b 到 69a,柏拉图解释了若干元素体如何从一些更简单的成分构造出来,并且描述了复合物之间的转变。

对话核心部分的一些主张,要么预设要么展望了后面的论述。柏拉图在 48b5–c1 的反驳,亦即,甚至具有最少理智的人也不应该把火和其他传统元素看作是始基和元素,或者甚至看作音节(组合物),这十分清楚地预设了他自己后来对元素构造的论述。而且我们应该谨记,他在那时明确推迟了对 ἀρχαί (终极始基)的讨论。但是,当他在 53b 开启那个"不熟悉的"(unfamiliar)论述的时候,他最终揭示了他的观点。再者,柏拉图在 51a5–6 否认我们应该说接纳者是土或者气或者火或者水,否认接纳者是

---

① Lee(1966: 349–352),实际上论证指出,48e–52d 是一个独立的结构单元,应被看作是与上下文语境无关的。但他所引用的证据没有一个是有说服力的。一种能够在对话的各个部分之间建立起融贯性的解读才是更为可取的。

由这些事物生成的东西，也否认接纳者是"这些东西由之产生的来源"（ἐξ ὧν ταῦτα γέγονεν）。而且，柏拉图在 50c6 承诺要讨论那种既精巧又难以阐明的影像模仿理念的方式，这一承诺显然不是——像许多评论者所设想的那样——在回避问题[①]，实际上他在后来论述匠神构建若干物理形体时兑现了承诺。就像我们在开篇 28a4–29b1 已经知道的，匠神通过观看永恒的模型完成祂的工作。这正是祂做的事情，亦即给祂的那些质料以最佳的可能构造。

文本 54b5–c5 处也有一个引人注意的对这个问题的回指，柏拉图在这里改变了他在 49b7–c7 所呈现的那个图景。在前面的图景中，所有四种元素看起来都能够相互转化；但是现在，一旦几种元素体被恰当地构建之后，结果却是，只有三种元素体能够经历这样的转化。在后面的段落中，接纳者也没有被完全遗忘。在 57c3 阐明土、气、火和水向不同区域运动的文本中，柏拉图再次指涉它。[②] 而且后面的这次指涉具有重要意义。接纳者的作用没有被其他材料取代。相反，它的作用与若干物理形体的构建无关。

VII

在转向柏拉图后面的论述之前，让我们停下来思考接纳者

[①] Taylor（1928：324），和 Lee（1966：343 n. 5）主张柏拉图的陈述是在回避问题。Taylor 认为 Archer-Hind（*The Timaeus of Plato*，London，1888：177）的提议——柏拉图在 52c 实现了他的许诺——不可能是对的；我赞同 Taylor。影像从理念获得印记的那种既精巧又难以解释的方式，柏拉图在那里什么也没有说。Cornford（1937：182 n. 3），通过介绍 Archer-Hind 或 Taylor 的建议从而避免了这一困难。

[②] 参见 88d1–89a1。

所起的作用。许多评论者曾经把接纳者比作镜子,而且在我看来这个类比是恰切的。纵观《蒂迈欧》,柏拉图使用了成像的隐喻。理念是模型($\pi\alpha\rho\alpha\delta\epsilon i\gamma\mu\alpha\tau\alpha$),而现象是影像($\mu\mu\eta\mu\alpha\tau\alpha$)。影像是从属的东西:影像因某个别的东西才是影像之所是,亦即它是某个别的东西之影像。我在镜中的影像取决于我。这个影像是我的影像,因为我就是那个正在被映现的东西。因此我是这个影像的原因,因为我决定了这个影像是其所是。同理,理念是它的影像之原因。这种形式方面的致因性并不需要匠神,正如镜子所表明的那样。或许因为匠神最初是无关紧要的,柏拉图才把"生成物由之生成并与之相仿的"那个"理念"比作父亲(50d1–3)。然而,这种形式方面的致因性的确需要另外某个东西。就像如果没有可供我的影像投射于其上的反射镜面就不会有我的影像一样,因此,在没有任何东西来呈现影像的情况下,也就不会有理念的任何影像。这是接纳者的最主要功能。它不是影像的质料,它也不会决定影像是哪一种具体类型的影像。柏拉图给出了它存在的基本理据:

> (我们在做梦的情况下无法真实地说出)就一个影像而言,因为在影像中所形成的事物[①]是不同于事物自身的,它永远运动,是别的东西的仿本,所以合理的是,它在别的事物中生成,以某种方式依附于实在($o\vec{v}\sigma i\alpha$),[否则的话],它将什么都不是。(52c2–5)

[①] 我认为我对这一行文本的解读与 Cherniss 所论证支持的观点基本一致,"Timaeus 52c2–5", *Mélanges Diès*(1956: 49–60)。但是,考虑到我们关于影像之地位的不同看法(对他而言,影像是一种规定性特征,而对我来说,影像是一种可感对象),我们对这个段落的整体理解也相应地不一样。

因为影像不同于那个决定影像之具体种类的东西，所以，如果影像要成为影像，那么必定存在某个别的东西来呈现影像。因此影像的本质取决于理念，但它的存在取决于接纳者。① 柏拉图把影像称为理念和接纳者的"共同后代"（50d1-4），而且影像确实看起来具有这种双重依赖。

虽然镜子类比有助于说明没有匠神参与的形式方面的致因性以及这种形式的致因性需要依赖某个其他东西才发生作用，但是，这不是柏拉图明确使用的一个类比。他使用了大量其他类比来刻画接纳者的本性——保育员或母亲、黄金、香膏之基底、蜡或者其他可留下印记的软性物质、簸箕——没有一个是完全令人满意的。但值得注意的是，柏拉图在49a3一开始就告诉我们，接纳者是某个"既困难又晦涩的形式"，而且更为重要的是，在论证的过程中他引入这些类比来说明它的各种不同特征——保育员或母亲表示它的接受性和滋养能力，黄金表示恒常性，香膏之基底和蜡表示它的无特征性。但是，只有簸箕最好地例示了它作为空间的功能，事物位于其中，并按照它们自身的运动法则而运动。毕竟，柏拉图直到52a8才告诉我们接纳者就是空间（χώρα），因此，只有最后这个类比才需要预设这一特征。

VIII

从《蒂迈欧》53b开始的后面段落中，关于土、气、火和水的构建以及它们之间的转化，柏拉图给出了一种详细且颇具创

---

① 比较Cherniss（1954：130）和Lee（1966：356 n. 55）。

意的论述。整个分析基于两种类型的三角形①，等腰直角三角形（半个方形）和半个等边三角形。一组半个等边三角形构成三种正多面体的表面，正四面体被指派给火，正八面体被指派给气，正二十面体被指派给水。② 火、气和水，由同一类型的三角形构成它们之所是，因此它们之间能够互相转变。被指派给土的立方体，它的表面是由等腰直角三角形构成的。因此，唯独土不能转化成其他元素（54b5–c5）。

虽然柏拉图宣称他的说明仅仅是或然的说明，但是他对这一理论的保留意见似乎并不关乎说明的"类型"而是关乎他选取两类三角形作为 ἀρχαί（始基）。他在 53d6 说道："比这些三角形更为终极的那些始基，只有神和神所钟爱之人才能知道"，而且他在 54a4–b2 认为，相比于他的两类三角形，不管谁能挑出更好的东西用来构建物理形体，他都将获得最好的奖赏。更早些时候，在引入对前宇宙的论述时，他批评别人把火和其他传统元素当作始基，而且他也说过，甚至具有最少理智的人也不应该把它们当作"音节/组合物"层次的东西（48b5–c2），亦即当作终极简单物之简单复合物。因此传统元素与 ἀρχαί 之间还有些距离。虽然柏拉图把两类三角形当作匠神建构工作的 ἀρχαί，但他自己

---

① 55c4–6 表明匠神也构造了第五个图形用于"整体/the whole"，大概是指正十二面体，即第五个正多面体。但是，正如 Cornford（1937：218–219）所指出的，柏拉图必定已经知道正十二面体的五边形表面不可能是由他的两种基础三角形构建而来。所以，他或许也设想出了第三种类型的三角形。但我赞同 Gregory Vlastos, *Plato's Universe*（1975：94 n. 43）的猜想：柏拉图仓促提及（他没有建构它）第五种图形表明了对它的不确定。或许他仅是为了完整性（completeness）而加入它，并没有严肃认真地考虑过它的可能含义。

② 对柏拉图理论的一种富有启发性的重构，见 Cornford（1937：210–239）比较 Vlastos（1975：66–97）。

并没有承诺这两类三角形的终极性。尽管柏拉图不知道诸终极始基是什么——"神和神所钟爱之人才知道",但它们是匠神在接纳者中找到的东西,并用来服务于祂的构建。

实际上,柏拉图关于三角形之终极性的保留意见表明他相信:存在一些可供匠神使用的终极始基。重要的不是"什么东西"是基本的,而是存在一些终极简单物。无论这些东西最终是什么,它们都为物理世界提供了充分的恒常性,以致语言可以抓住它。因为 ἀρχαί 并不受制于《泰阿泰德》的限制。在这篇对话的相关讨论中,对话者认为特征和位置两者都不可能保持不变,于是出于这个原因,语言指称是不可能的。但在 182c9-11,苏格拉底说,如果事物"只"运动但不变化,我们就能把这些运动着的事物描述成具有这样或那样的性质($οἶα\ ἄττα\ ῥεῖ\ τὰ\ φερόμενα$)。《蒂迈欧》所设想的这种简单物就满足这一要求。因为这种简单物——尽管它们在接纳者中变动,依据"必然性"而结合与分离——不会在它们"自己的"特征方面发生变化,如果它们是终极简单物的话。它们是永恒的:一个简单物"总体上而且始终"与作为它的原因的理念相似。一个简单物——不管它是什么——将会被称为"这样的东西"($τὸ\ τοιοῦτον$)。它与理念相似,因为它分有与之相同的本质,但是它又不同于理念,因为它在空间之中不断变动。考虑到它的这个特性,一个简单物不能被称为"这个东西",而是被称为"这样的东西"。因此,我们用相同的方式来界说简单物和复合的物体。但接纳者中的那些终极内容始终与它们所模仿的理念相仿。

不管一组简单物是基于偶然性结合还是依据匠神的设计,特定的形态构造得出火,而其他不同的形态构造得出气、水和土。不管特定的组构持续的时间是长还是短,这个组构都是一组终极简单物的一种属性。这些简单物提供了所需的恒常性，以致对一个具有这样或那样的属性的复合物的指称——例如"火"——不会是空的。虽然把一个名称应用于一个复合物是危险的——因为组构可能已经发生变化，但是这个名称依然指称该组构曾是其属性的那组简单物。关于这组简单物，说它是火可能已经不再正确，但这个陈述仅仅是假的而不是没有意义的。正是借助把简单物组织成相对恒常的物体形体的匠神，我们关于各种物理形体的陈述才有可能是真的。然而，这一描述涉及我们当下没有讨论的"理性"的领域。至关重要的一点是，即使是在"必然性"的范围内，仍然存在足够的恒常性，以致关于物理世界的真陈述是可能的。

在匠神仿着永恒模型开始构建宇宙之前，唯一恰当地出现在接纳者中的影像，是祂在构建活动中将会使用到的、多种款式的简单物。柏拉图在 52d2–53b5 描述前宇宙时指出，在四种东西（土、气、火和水）构成的秩序化整体生成之前：

> 所有这些均缺乏比例和尺度；但是，当整体的秩序化开始形成的时候，首先是火和水和土和气，[然后]匠神使用若干形状和若干数来塑造它们，尽管拥有它们自己的一些"迹"（ἴχνη），却完全处于这样一种状态，就像匠神没有出现的时候一样。（53a8–b5）

我认为这一图景是这样的。在将宇宙构建成相对恒常的诸形体之前，存在着许多简单物的副本，它们在接纳者中变动，以偶然的方式结合与分离。在这个前宇宙状态，四种元素确实拥有它们自己的某些"迹"，因为简单物的随机结合物有时会产生出它们的一个相似物,尽管确定无疑的是,它们当中任何一个十足的相似物都会是极其罕见的。在他后面69b的总结中,柏拉图接受了这种偶然的构建。他在那里把处于无序状态的事物描述为缺乏合适的比例,除开由"运气"产生的情况(69b6)。而且他补充说,没有什么东西值得使用我们现在所使用的名称——例如"火""水"以及其他——来称呼它们。事实上他是对的,因为简单物的随机结合物缺乏那种后来由匠神所施加于其上的、复杂且稳固的构造。

IX

如果我关于柏拉图理论的说明是正确的,那么《蒂迈欧》和《泰阿泰德》之间的冲突就消解了。《蒂迈欧》提供了说明物理世界的基础,而且这并不与极端的赫拉克利特学说冲突。柏拉图仍然能够坚持他在《泰阿泰德》中所表达的观点:如果事物经受极端赫拉克利特学说所设想的那种变化无常,那么关于它们,没有什么东西能够被说出。如果一切都是极端变化无常的——既在空间中运动又改变其性质——那么我们所有的语言指涉的尝试都会失败。但是,既然我们有时的确成功地谈论了物理世界,那么就必须避免这一后果。在《蒂迈欧》中,柏拉图为关于物理世界的理论提供了一个可以避免此种后果的框架。如果物理对象是由这些在空间中永远运动却能保持它们专有特性的终极简单物构建而成,那么,我们关于物理世界的陈述,尽管很可能为假,但至少是有意义的。我们只是关于一套复合的简单物说错了话。如果我的说明得到承认,那么,柏拉图的理论不但为关于物理世界的假陈述而且也为关于物理世界的真陈述留出了空间。但如果是这样的话，我们应当重新思考柏拉图在《蒂迈欧》中不断重复的这个主张的意味：他只是在叙述一种或然的故事。①

作者简介：M. L. 吉尔（Mary Louise Gill），剑桥大学哲学博士，布朗大学哲学和古典学教授，主要研究方向为古希腊哲学与科学。

译者简介：张凯，哲学博士，黑龙江大学哲学学院讲师，主要研究方向为古希腊哲学。

---

① 我在匹兹堡大学和普林斯顿大学报告了这篇文章的若干前期版本。我在这些场合的讨论中获益良多。我尤其感谢 Alexander Nehamas 和 Steven Strange 所做的书面评论，以及 Alan Bowen、Joan Kung 和 Tim Maudlin 给出的若干有益批评。

作为技艺制品的宇宙

——柏拉图《蒂迈欧》中的科学与实在物[*]

T. M. 罗宾逊 / 文　宋佳慧 / 译

摘　要：围绕"宇宙是一件技艺制品"这一核心论断，T. M. 罗宾逊在本文中讨论了由《蒂迈欧》文本自身所引发的诸多问题，并给出了自己的阐释方法。面对字面解释还是隐喻性解释的争论，罗宾逊认为宇宙在字面意义上被理解为由匠神按照一个范式制作的产物同样具有重要的哲学意义。其中，匠神是形成宇宙的唯一动力因，隐含在对话中的"善的理念"则被削弱为其他一切理念的范式。宇宙的自我运动在《蒂迈欧》中是偶然的，不能直接借用《斐德罗》中的灵魂说来解释这篇对话中的宇宙灵魂。关于处在无序运动中的"前-质料"以及匠神将宇宙从无序引导向有序的动机，《蒂迈欧》中未提供详细的说明。并且，其论证可能存在着肯定后件的谬误。尽管如此，罗宾逊肯定了《蒂迈欧》宇宙论的深远影响，无论在大众信仰、当代知识论还是科学理论的层面上，现代宇宙论图景中都蕴含着丰富的柏拉图主义起源。

关键词：《蒂迈欧》　宇宙论　技艺制作　范式　动力因　灵魂运动

---

*　本文译自：T. M. Robinson, "The World as Art–Object: Science and the Real in Plato's *Timaeus* ", *Illinois Classical Studies*, 1993（18）: 99–111.

鉴于从《蒂迈欧》面世之日起关于它的阐释就充满了争议，我无须为提出一个全新的尝试做任何辩解；我将尝试考察"宇宙是一件技艺制品（art-object）"这个据传是这篇对话提出的论断，同时就自己对整篇对话的阐释方法给出一些简要论述。

首先，我的解释总体上依据《蒂迈欧》文本自身所呈现的一些线索，而非（尽管不排除）历代的众多评注；这些评注提出了各种观点，有的认为关于宇宙在时间上有一个开端的描述对于柏拉图而言只是出于教学目的而提出的[1]，有的认为这篇对话根本没有阐明柏拉图本人的观点，诸如此类。[2] 色诺克拉底认为蒂迈欧关于宇宙被设想为一个创造对象所发表的任何言论都只是出于教学目的，这个观点一段时间以来被许多人采纳，尽管不是被普遍接受，它却导致相当多的学者把匠神（the Demiurge）——被设想为这个宇宙的塑造者——描写成象征性的而不是实在的。[3] 而我本人将把下面这点作为一个合理的解释原则：蒂迈欧的话都

---

[1] 这个观点被亚里士多德归于色诺克拉底（De Caelo 279b32–80al = Xenocrates fr.54 Heinze），斯彪西波与提奥弗拉斯特可能也持有这种看法。关于这一依据的评价，参见 A. E. Taylor, *A Commentary on Plato's Timaeus*, Oxford, 1928: 66–70; H. Cherniss, *Aristotle's Criticism of Plato and the Academy* I, Baltimore, 1944: 423 n. 356; G. Vlastos, "The Disorderly Motion in the *Timaeus*（1939）", in *Studies in Plato's Metaphysics*, ed. by R. E. Allen, London, 1965: 383 ff.; L. Tarán, "The Creation Myth in Plato's *Timaeus*", *Essays in Ancient Greek Philosophy*, ed.by J. P. Anton and G. L. Kustas, Albany, NY, 1971: 404 nn. 140–143（克兰托尔，可能还有赫拉克利德斯·彭提乌斯，都被 Tarán 添加到支持这一观点的行列中）。

[2] 这一观点被泰勒所拥护（参前注）。

[3] 详见 T. M. Robinson, *Plato's Psychology*, Toronto, 1970: 101 n.20 和 R. D. Mohr, *The Platonic Cosmology*, Leiden, 1985: 40。最近坚持这一观点的人包括 E.Ostenfeld（参见本书第 82 页注释②）和 G.Carone, "Sobre el significado y el *status* del demiurgo del *Timeo*", *Methexis* 3, 1990: 33–49.

应按照字面来理解，除非在那些他明确表示不应该这样理解的场合（例如 34b–c）；理由很简单，柏拉图没有理由特意表明他想要让读者以某种（未加指明的）非字面方式来理解"整部"作品。由此，关于这篇对话的总体性解释以及宇宙是一个被塑造的技艺制品这个显而易见的主张在我看来至少跟一些流行的非字面解释具有同等的哲学上的吸引力。作为这种解释的一部分，我将试图在本篇文章中表明以下几点：（1）蒂迈欧（我认为他代表了创作这篇对话时的柏拉图）把宇宙理解为一个对象（制品），而不仅仅把它理解为一个概念；（2）宇宙被认为是由一位先于宇宙的匠师（在另一处类比中被称为父亲）按照一个先于宇宙的范式所"塑造"（在另一处生物学类比中称为"孕育"），而它被塑造的时间点实际上就是时间的开端；（3）前宇宙的质料［更好的表述是"先在质料"（pre-matter）］被用于形成这一作为技艺制品的宇宙，它处在永久且不可预测的海森堡运动（Heisenbergian motion）之中，这一运动在已形成的宇宙中仍然余存；（4）已形成的宇宙是一个技艺制品，它本身实际上是活着的——这是当时的通行看法，而在我们当代被复兴为"盖亚假说"；（5）这个宇宙作为充满活力的技艺制品（正如我们现在这样描述它），用知识论方面的措辞来说，它充其量是有辩护的真意见（这种意识状态在柏拉图看来算不上知识）的对象。

回到这篇对话，我们可以像柏拉图本人那样从一个形而上学与知识论的重要区分开始。他说："那么在我看来，我们必须首先进行这样一种区分：什么是永恒实在的、其存在并无开端的东西，什么是生成的、永远不实在的东西？"（27d5–28a1）。这句话的翻译很关键。如果 27d6–28a1 的正确读法是 τί τὸ γιγνόμενον μὲν ἀεί（什么是"永远"生成的东西？），那么"首先应该指出的"是我们显然得到了柏拉图的明白暗示：在随后的讨论中，他的兴趣在于一个由永恒的理念构成的世界——它们作为完美的范式性个体充当了包括这篇对话在内的多篇对话的形而上学基石——以及跟这个永恒的理念世界相对而言的"同样永恒的"（co-eternal）宇宙（无论他本人所叙述的"时间"之流指什么）。但是，正如惠特克（Whittaker）在一篇被严重忽视的多年前的文章①中指出的那样，几乎可以肯定 ἀεί（永远）并未出现在柏拉图的论证中。他只是在紧随其后的几行中为讨论进行铺垫，而且所讨论的不是永恒的理念世界以及永恒的生成世界的本体论地位，而是任何理念与任何感觉对象的本体论地位以及这两类东西对于（在他看来）全部感觉对象中最大的一个（也就是宇宙本身）所起的作用。

这点在紧接着的句子中立即得到了柏拉图的进一步强化，在其中感觉对象被描述为某种"生成与消亡"的东西，并且没有任何抄本显示出丢失了副词 ἀεί 的迹象。②当然，这并非表明柏拉图在《蒂迈欧》中已经放弃了《理想国》里"我们的宇宙是一个 genesis2（表示生成过程）的宇宙"的学说，只是说在当前的文本中他所描述的仅仅是 genesis1（表示开端）。

论证以两个短促的步骤展开。第一，它伴随着那个为《理想国》所有读者所熟悉的知识论主张：理念作为两种对象之一是"通过伴随合理说明的理性洞见而把握到的"（即柏拉图认为最严格意义上"可知的"），而感觉对象作为另一种对象是"与缺乏

---

① J. Whittaker, *Phoenix* 23, 1969: 181–185; and 27, 1973: 387–388. 参见最近的文章：J. Dillon, *AJP* 110, 1989: 50–72。

② 那些本应包含 ἀεί 类似含义的更多例子由于 ἀεί 的缺失而变得很显眼，例如 28a1, 37b2–3, 48e6–49a1。

理性的感觉相伴随的意见之对象"（28a1–4）。第二，论证还伴随着如下论断：（a）任何生成物必定由某种生成因（causal agent）所导致；（b）这一生成因在塑造过程中运用一个模型来充当他的范式；（c）只有两种模型是可能的，它们分别被描述为"以永恒和不变的方式实在的"（即理念）和已经"生成"的东西（即诸感觉对象）；（d）任何依照前一类模型产生的事物由于其模型的缘故而是"美的东西"（kalos），而任何依照后一类模型产生的事物则不是美的东西（28a4–b2）。

上述所有观点对于《理想国》的读者来说并不新鲜。以此为基础，柏拉图现在可以构建出一个关于宇宙的论证。在区分了永恒存在的对象和其存在有一个开端的对象之后，柏拉图立即将宇宙归为后一类（即，其存在有一个开端），理由是"宇宙可以被看见、被触摸到而且具有形体，所有这类东西都是感觉对象"（28b2–8）。

宇宙能够被合理地描述为一个感觉对象，所以它是某种生成物；柏拉图满足于这些理由，并据此毫不费力地提出一个生成因来解释宇宙的生成，而且他将这一生成因称为宇宙的"匠师和父亲"[①]。柏拉图随后坦言（28b8–c5），任何人都难以"发现"这位匠师，也无法向每个人"阐明"（或可理解为"令人满意地描述"）。

柏拉图用最后几个步骤完成了论证。像其他任何生成因一样，宇宙匠师也必须采用仅有的两种模型中的一种。并且，柏拉图称它必须是那个具有"永恒"本性的模型，理由是：a.宇宙

---

① 蒂迈欧并没有把这些称谓严格限制在动力因上。在50c，他将空间比作母亲，将永恒的理念比作父亲，而二者结合形成的宇宙则是它们的后代。

不仅是美的，事实上它还是"已生成的事物中最美的"；b. 宇宙的匠师是"生成因中最好的"。而"匠神不是善的且宇宙不是美的"这个相反假设则是"某种不可能以不亵渎神明的方式提出的"主张（28c5–29a6）。

柏拉图对匠神最初的行动的描写如下（康福德的译文，略有改动）：

    1. "因为祂希望一切事物都是善的①，尽善尽美，所以神接管了可见事物的整体（all that was visible）②——既然它并非处于静止中而是以一种不和谐且无序的方式运动着，神就努力将它从无序状态导向有序状态，③因为神认为有序状态在任何意义上都比无序状态更好。"

    2. "无论过去还是现在，创造最'美'（kalos）的事物之外的东西对于至善者来说是不可接受的。④于是，祂经过衡量发现，就自然而言可见的事物当中，没有一种无理智的产物作为一个整体会比拥有理智的产物作为一个整体时更'美'，而且理智不可能出现于任何缺乏〈预先存在的〉灵魂⑤的事物

---

① 这个词不会使《理想国》的读者感到惊讶，尽管它提出了一些直接的问题：如果有的话，善的理念在《蒂迈欧》的图景中扮演着何种角色，以及它与匠神及其活动之间可能的关系是什么。

② 这里的时态很重要。康福德的翻译很具有代表性，他将其译为"*is visible*"（斜体是我标记的），与他对柏拉图意图的理解相一致。

③ 此处的时态不是过去式，而是未完成式，强调了匠神在其任务中面临的困难。

④ 这里（紧接着上文）提到所有被匠神欲求的东西都是善的（*agathos*），表明柏拉图所说的 *kalos* 是更接近概念的东西，而不是简单的形体美，所以我保留了它的直译。

⑤ 字面含义为"离开灵魂"。

之中。基于这个推理，祂在建构这个宇宙时就把理智安置在灵魂之中，又把灵魂安置在身体之中，以便表明这样构造出的东西就自然而言尽可能是最'美'的和最好的作品。根据可能的解释，这……就是我们必须说的，这个宇宙乃是由神的先见而生成为具有灵魂和理智的真正意义上的生物。"

正如康福德所指出的（第34页），除了上述简短的解释所传达的内容以外，"这一对话没有提供更多关于匠神的信息"。因此，我们应该在这时暂停一下，对某种程度上已经告知我们的内容进行初步的评估。它可以被概括为如下形式：

1. 宇宙，就像它的任何组成部分或包含物一样，是一个感觉对象，因为它是可见的、可触的而且具有体积，所以它的实在取决于一个异于它的生成因。

2. 宇宙就像所有感觉对象一样拥有一个存在的开端和它的"制作者/父亲"。

3. 这位"制作者/父亲"所参照的模型是某种永恒的东西，以确保宇宙本身是善的（好的）；宇宙本身那毋庸置疑的善（好）为其模型的永恒本性提供了论据。

4. 匠神不仅是善的（好的），还是"生成因中最好的"，祂所塑造的宇宙不仅是善的（好的），而且也是已生成的"诸事物（诸宇宙？）中最好的"。

5. 与匠神（祂显然是"永恒存在者"）相对而言的东西不仅仅有诸理念，还有某种运动着的、无序的物质，它在某种程度上被匠神成功引向某种类型的秩序状态，从而产生出我们所了解的宇宙。

6. 没有理智的产物绝不会比拥有理智的更好，而且理智的运用取决于灵魂的〈先行〉存在。依照这一原则，匠神将宇宙制作成一个活的智慧生物，拥有灵魂、理智和身体。

让我们依次来考察这几点：

1. 泰勒（第 69—70 页）指出了康德在《纯粹理性批判》中所强调的一点：康德在很久以前就表明，由于假定宇宙是一个感觉对象，就像它的构成部分或者包含物显然是感觉对象一样，蒂迈欧的论证被严重削弱了。事实上，我们可以进一步思考，如果假定宇宙是任何类型的"对象"，而不是一个表示实存的事物的有限或无限总和的普遍概念，那么这类论证是否还会有效。柏拉图的实在论时常假设普遍词项指称某个实在物并徒劳地寻找这个假定存在的所指。

2. 鉴于把宇宙设想为感觉对象在哲学上有基础性的弱点，柏拉图下一步的想法就更加不牢靠：他认为宇宙像所有感觉对象一样由于自身之外的生成因而是"偶然的"，而且显然是"时间上"偶然的。[①] 但从解释的角度看，这点具有很大的价值，那就是向读者清楚地表明，将匠神等同于宇宙或等同于宇宙灵魂或等同于宇宙理智的那种还原主义的尝试永远不可能得到他的认可。[②] 如果宇宙、宇宙灵魂与宇宙理智都被理解为偶然的（正如它们确实被这样理解了），那么根据柏拉图的学说，无论匠神是

---

① 在本文中，对于"偶然的"和"非-偶然的"这两个术语，我将在它们历史悠久的宇宙论意义上而不是现在的逻辑意义上使用它们。我还会在较弱而非较强的意义上使用它们，即用以表达一种依赖关系，但没有求助于一个所谓的必然存在来解释一连串的存在者。正如蒂迈欧所描述的，实在物的基本前提——匠神、诸理念和空间——显然只是"材料"（*data*）；没有关于它们的所谓绝对（区别于假设）必然性的进一步主张。

② E. Ostenfeld, *Forms, Matter and Minds: Three Strands In Plato's Metaphysics*, The Hague, 1982: 246. 暗示匠神等同于宇宙灵魂中"同"的圆圈（the Circle of the Same）。

否被解释为虚设的，也无论宇宙是否为永恒的，它们将始终依赖于某种在先的本原来解释它们的存在。如果是这样的话，还原论者必须找到一个"所还之原"（reductee），它作为一个最低要求，明确被理解为"非—偶然的"。就我所知，柏拉图提到过的唯一备选项就是《斐德罗》和《法律篇》第十章里所说的那个永远自我驱动的灵魂。这一点将在后文讨论。

3. "永恒生物"作为被匠神用来塑造宇宙的模型，乃是一个清晰可辨的理念，尽管它在柏拉图之前的对话中未被指涉——在那些作品中这个理念的哲学地位无论如何是不清楚的。就像柏拉图的所有理念一样（除了善的理念），它的角色和地位是纯粹范式性的。正如匠神肯定是永恒的一样，这一模型也是永恒的，并且二者都没有被描述成其存在依赖于另一事物的偶然事物。所以，更激进的还原主义者将匠神与"永恒生物"（或任何其他）理念（或许"善的理念"除外）等同起来的尝试不可能把握到柏拉图的真实意思。

与柏拉图此处相类似的看法可以在《理想国》中找到，在那里，哲人王按照"善的理念"的模式着手建立一个善好的社会。但这并不是一个精确的类似物，因为善的理念在那里被认为似乎具有动能而不仅仅是范式性的原因，而在那种意义上哲人确实能被说成某个理念之存在的伴随因——只不过是在间接意义上说的。另一方面，在《理想国》中，匠神也被认为是动力因，这给柏拉图留下了一个只有无情地运用奥卡姆剃刀才能解决的问题。在《蒂迈欧》中这种剔除似乎得到了实行，其中匠神被认为是形成宇宙的唯一动力因，而"善的理念"（如果在其中的确被指涉的话）则被归结为其他一切理念的范式。

柏拉图关于宇宙及其范式的论点是什么？对我而言，这里存在两个主要问题：

（1）为什么"永恒生物"的理念之永恒不变的地位会确保宇宙是善的，而不是确保宇宙作为一个（偶然的）生物的地位，这点并不清楚。此外，蒂迈欧显然也选择赋予匠神以动力因与范式因的双重属性，它们此前被善的理念所享有（"祂希望所生成的万物尽可能拥有那些祂自己所具有的属性"）。

"善的理念"在《蒂迈欧》中明显持续存在，至少作为一个规范性的或范式性的理念而出现，而且这时候似乎仅仅在宇宙弱音（cosmic whisper）的层次上存在，这使事情变得更加复杂。在 46c7–d1 有一句常常被人忽视的话，其中蒂迈欧说："现在，所有这些事物都是附属原因，它们被神用来尽可能地协助成全（ἀποτελῶν）至善之理念。"我看不出泰勒以及他之后的康福德（他译为"为了达成可能的最好结果"）有什么好的理由看轻阿切尔–亨德（Archer-Hind）所发现的明显的可能性，即我们此处能够看到关于"善的理念"的暗示，只不过它现在扮演的是范式而非动力因的角色。①

（2）28a 和 29a 处的叙述表明，蒂迈欧要么使自己陷入了循环论证的怪圈，要么在无意中犯了肯定后件的谬误。28a 处的（假设性）论证是这样的：

> 如果一个匠师凝视一个永恒不变的模型，其制品将会是一个美的东西；如果他凝视的是一个已经生成的模型，

---

① 附在这一设想上的一个小问题是：倘若如此，柏拉图似乎会这样来结尾——宇宙之所以善是因为"三种"范式，即善的理念、永恒生物和匠神本身。如果这个问题被提出的话，柏拉图或许会这样回应：在制作宇宙的问题上，匠神的重要意义在于祂作为动力因的地位；被制作的宇宙的善是否以善的范式（善的理念、"永恒生物"的理念、匠神或以上三者）作为它的范例，并不重要。

将不会是美的。

如果蒂迈欧完成了这个论证的构造，那么以这个方式构造的论证将会是一个有效的论证（尽管不一定是完善的），并且会得出以下结论：

> 匠神所使用的模型实际上是永恒不变的。
> 所以，祂所制作的宇宙是美的。

事实上，我们必须等到29a才能看到蒂迈欧回到这一问题上，但这次他从宇宙那不言而喻的美以及匠神本身的善（相反的看法被视为对神的亵渎）转向去论证模型的永恒本性！他的论证展开了说就是下面这样：

> 如果宇宙是美的并且制作它的匠神是善的，那么所运用的模型就是永恒的；如果宇宙是丑陋的并且匠神是恶的，那么模型就不是永恒的。
> 这个宇宙是美的且制作它的匠神是善的。
> 所以，这个模型是永恒的。

但这当然不能够成立。28a处的论证尚未结束，29a处论证的第二个前提也不是基于论证或观察，而是出于对陷入亵渎的恐惧。即便第一个前提拥有充分的基础，但其结果（即所运用的模型是永恒的）依然远远不够明显，除非读者早已相信28a处开始但尚未完成的论证是有效的。但这个论证从未得到确证，更不用说试图证明"宇宙的模型是永恒的"这一关键前提。所以它给读者仅留下了一个尴尬的选择,要么谴责蒂迈欧按照上述思路规划(但未完成)28a 的论证——由此他陷入了一个糟糕的循环推理中,先是从模型的永恒性推出宇宙的美,然后又从宇宙的美推出模型的永恒性——要么谴责蒂迈欧这样来结束他的论证(很不幸是充满谬误的):

> 由匠神所制作的宇宙实际上是美的。
> 因此,祂的模型是永恒不变的,

以这个方式,或许蒂迈欧可以在结合起来的这些论证中免于被指责为循环推理,却依然犯了肯定后件的谬误。

当然,所有这一切都与蒂迈欧论证的有效性而非合理性有关。为了论辩(argumenti causa),即使前者被承认,"宇宙(对不亵渎神明的人而言)不言自明是美的"这一见解依然遗留下了某种不明确的哲学根据。

4. 鉴于上面提出的这些问题,蒂迈欧面临的更大阻碍似乎是他的进一步主张:"宇宙是已生成的事物中最美的"以及匠神是"最好的生成因"。当然,后一个主张从定义上来说可能是真的,匠神在诸神中充当首要且最好的角色,就像宙斯在奥林匹斯诸神中是首位的且最好的一样。而前一个主张本来可以建基于如下假设:美的事物(kala)的整体很明显要比它的任何组成部分都更美。但怀疑论者依然会要求蒂迈欧对以下几点给出解释:a. 为什么以及在什么样的确切意义上宇宙是美的而非丑恶的(同样,匠神为何被视为善的而非丑恶的),以及 b. 为什么"宇宙作为一个感觉对象在本体论和知识论上跟它自身的组成部分处于同等地位"这个观念不是由"合成谬误"(fallacy of composition)带来的不能成立的结果。

5. 与匠神相对立的还有另一个领域，它被蒂迈欧描述为"可见的东西整体——不是静止的，而是以一种不和谐且无序的方式运动着"。这就像匠神和诸理念一样，作为宇宙论意义上的材料（datum）出现，并且像它们一样被理解为非-偶然的；而宇宙论中的所有其他事物则是以偶然性的方式被描述的。由于在这个假定的前宇宙中不存在有形体的观察者，"可见的"一词或许使人感到惊讶，但从根本上看并不重要。早在《斐多》（79a6 ff.）中，柏拉图就明显把这个词作为"有形体的"的同义词使用。我们将回到整个问题上来，讨论前宇宙及其组成部分在蒂迈欧的万物规划蓝图中的作用与地位。现在只需顺便注意一下，在这个介绍性的阶段，最终将构成宇宙的这个东西（因为没有一个更好的措辞）被描述为处在——或许始终处在混乱的运动之中，并且这里没有暗示任何变动之物（alterum quid）来作为这种混乱运动最初或持续的来源。蒂迈欧也没有为此处的论证提供任何理由，来说明为何匠神要在这一刻而非其他时候进行干预，将混沌转为某种有序状态。

6. 作为一个显然拥有灵魂和理性的范式，① 匠神自然将同样

---

① Vlastos 正当地捍卫了这一观点，参见 "Creation in the *Timaeus*: Is it a Fiction?", *Studies in Plato's Metaphysics*, ed., by R. E. Allen, London, 1965: 407 以及 Cherniss（Appendix XI）。关于 Cherniss 立场的重申，参见 Tarán（395 n. 34）。相比之下，Hackforth（"Plato's Theism"，CQ 30 [1936]，*Studies*: 439–447）以及后来的 Mohr 在第 178–83 页认为最多可以断言的是匠神是努斯，而非蕴含灵魂的努斯。但这很难与 29e3 的陈述相吻合，那里说匠神"渴望一切事物都能尽可能地像祂自己"。尽管柏拉图在这个确切的背景下没有进一步说明事物通过欲求而被赋予特征的含义是什么，但当他在《法律篇》卷 10（897a 1–3）回到这个话题时，他清楚地表明，对他来说这实际上仍然是灵魂的若干特征之一，正如他在《理想国》中详细指出灵魂的三个部分（μέρη）一样。同样可以说，匠神在祂所构造的宇宙中（《蒂迈欧》37c7）（转下页）

的品质赋予祂的有序宇宙,虽然蒂迈欧恰好提供了一个(远非明显的)的假设作为理由,即没有理性的东西永远不会比拥有理性的东西更好(最好的可能产物当然是匠神的目标)。不言自明的是,只有生物才能够理性思考,于是蒂迈欧将灵魂(生命原则)的在场视作理性运作的一个不可或缺的条件,在这个意义上,灵魂即便不是在时间上先于理性,也在逻辑上先于它。这些主张本身就值得仔细研究。目前我们只需注意到,这里关于灵魂和理性的描述都清楚地表明了偶然性,因为它们都是匠神制作的直接产物。可以补充说,行星、太阳神、月亮神以及地球女神也同样如此;所有这些都被明确描述为匠神的直接制品。①

支持把这篇对话的创世叙述(包括所谓匠神的角色和地位)做非字面解释的一个核心论据是这个主张:尽管宇宙灵魂在匠神

(接上页)感到快乐(参见《法律篇》897a2)。只有在谈到灵魂"把所有东西都引导到一个正确且幸福的结局"(或相反情况)时,灵魂才会被描述为 νοῦν προσλαβοῦσα(把努斯当作帮手)或 ἀνοίᾳ συγγενομένη(与非理智结合)(《法律篇》897b2–4);快乐和欲望仅仅是灵魂的诸多明显特征中的两个,并未提及灵魂可能"带来"(ἀπεργάζεται 897b4)的性质。

① 尽管有这样的描述,但 Cornford(第 280 页)认为,蒂迈欧在对话的最后部分(69a ff.)模糊了匠神和祂所构成的诸神之间的区别,这进一步证明了归于两者的构造性力量具有神话特征。一个较为缓和且更有可能的解释是,蒂迈欧假设上述诸神始终关注并服从他们父亲的命令(42c6–7),并且任何时候都在执行匠神本人的愿望,所以他觉得可以自由地谈论他们或匠神的活动,他们之间在概念和实在层面上的关键区别早已被清楚地阐明。同样,当蒂迈欧被某种精神感发的时候,他会在一套标准的描述性过去式中使用一个生动的现在时态(例如,37d6 处的 ποιεῖ, e3 处的 μηχανᾶται);或者当蒂迈欧面临在可控范围内涵盖大量复杂领域的任务时,他会在这种情形下(53c–66d)放弃所有关于神制作的讨论。神不断倾向于细致的活动可能会耽搁更重要目标的完成——这类目标详细来讲指最初身体所包含的真实的几何图形、运动与静止的本质以及诸如此类的东西。

的制作过程中具有明显的偶然性，但在《斐德罗》中有一个主要论点——所有灵魂都是自我驱动的能动性，或自我推动的运动。[①] 对许多人来说，这表明蒂迈欧的真实观点是所有的灵魂实际上都是"非偶然的"，无论他的其他论述的明显主旨是什么，由此，匠神就成了一个多余的实体，祂的所有制作活动都极易被归给宇宙灵魂，或者也可以归给灵魂的理性方面。[②] 但在我看来，这一结论应该被抵制，理由有很多：

1. 正如我在其他地方讨论过的那样，《斐德罗》写于《蒂迈欧》之前这点远不够明显。如果《斐德罗》确实是较晚创作的，那么将其灵魂学说引入对较早对话的解释在方法上存在着风险，除非《蒂迈欧》本身对这个问题有明确的声明。

2. 就后一点而言，关键的证据在 37b5，蒂迈欧在那里谈到了"在自我推动的事物之内"发生的谈话。康福德正确指出[③]，这里指代的是"作为整体的天宇"，但他随后补充道："作为一个生物，天宇被它自身的自我推动的灵魂所推动。"在某种非技术性的意义上，这或许被认为是不言自明的；柏拉图就像他之后的亚里士多德一样，认为动物区别于植物的一个显著特征是它们自身推动自身（参见《蒂迈欧》77c4–5）。然而，这种自我运动仅仅是"偶然的"自我运动；人们需要一个明确的论证来表明，位于这种运动源头的灵魂本身就以一种"非偶然的"方式自我运

---

① 《斐德罗》245c ff.,《蒂迈欧》37b5。

② 参见本书第 76 页注释③。

③ Cherniss 在 "The Sources of Evil According to Plalo," *PAPS* 98, 1954: 26 n. 24 中指出了自我运动的灵魂，他还引用了 37c3–5 作为证据，特别是 ἄλλο πλὴν ψυχήν。但这仍然不够明确。这段话似乎更像是关于宇宙的，它表明宇宙"拥有"一个灵魂（参见 αὐτοῦ τὴν ψυχήν 37b7），接着描述了该灵魂的一对突出特征（37c5–7）。

动。在《斐德罗》之前的柏拉图著作中，我们没有明确发现这样的学说。①

就目前的段落而言，《蒂迈欧》用"被自身推动"这个措辞来描述宇宙，这个描述方式与《斐德罗》中描述灵魂的方式并无不同，但是从这里不能得出任何推论，因为他紧接着又澄清说，宇宙是"被推动的（κινηθέν）和活着的"；此处的被动语态是明确的，它肯定地证实了，宇宙的自我运动在蒂迈欧看来是偶然的。关于宇宙灵魂，它本身是不是自我运动的，如果是这样，它的自我运动究竟属于偶然的还是非偶然的类型，这点没有得到说明，甚至连暗示也没有。

事实上，蒂迈欧在这点上进行论证所需的只是一个可能自我运动的灵魂概念（如果只是在动物被说成是自我运动的通常意义上），但它无论如何只能偶然地自我运动，②这当然与他先前对宇宙灵魂的描述完全一致，因为它是匠神的直接制品。在较晚的对话中，柏拉图将回到灵魂的问题上，把非偶然的自我运动的性

---

① Cherniss（参见本书第 76 页注释①）在第 428 页认为，《蒂迈欧》的以下段落预先假定了一种灵魂自我运动的学说：37b5，77c4–5 和 89a1–5。但所有这些段落都可以毫不费力地用一种自我运动的偶然形式去解释；而对于《斐德罗》中那种更激进的、无所不包的非–偶然的自我运动学说，《蒂迈欧》中则没有任何暗示，甚至没有某种层面的假设。

② Cornford（95 n. 2）用来描述灵魂的短语"τὸ ἑαυτὸ κινοῦν"当然取自《斐德罗》，无论是否有宇宙灵魂在表面上代表它，在《蒂迈欧》中都找不到这个短语。在对话中，宇宙灵魂的运动唯独在两个地方被提及（37a6–7 和 37c6），而这两处用的是被动而非中动语态，正如 Cornford 自己的翻译也承认："每当［宇宙灵魂］与分散存在的事物或与其存在不可分割的事物接触时，她就会完全凭借自身'被推动'……"；而"当生育它的父亲看到它'被推动'并具有生命的时候……"。

质归于①所有（理性的）灵魂②，而这在《蒂迈欧》中似乎只是匠神灵魂的特征。

如果关于《蒂迈欧》的上述解释经得起推敲，我想我们就有了一个比人们习惯上认为得更具有现代性的宇宙论图景：

1. 用大爆炸理论替换匠神的干预，我们就有了某种与柏拉图的区分非常接近的观点，即他区分了两个东西，一是最终构成我们已知宇宙的那种**永恒持存**的"前-质料"；二是（他所认为的）在时间方面**永久持存**的这样一个已构成的宇宙。这种相似性甚至在大爆炸理论的振荡方面也成立，永久性很容易被调整为表示到某一给定的振荡结束时的持续时间。

2. 实在物的构成材料处在无开端的运动之中，它的基本成分被蒂迈欧称为最终将生成土、气、火、水四种元素的"迹"

---

① 但是，这种把非-偶然的自我运动的性质归于灵魂的观点似乎仅限于一个对话，那就是《斐德罗》。柏拉图注意到，如果他把所有（理性的）灵魂都变成非-偶然的，可能会对他的其他宇宙论和神学思想产生许多不可接受的影响，于是柏拉图又转回到《政治学》《斐莱布》甚至《法律篇》（从967d4-7的依据来看）中的早期观点，尽管他在同一对话的早些时候（896a1-2；参见896a6-b1）像《斐德罗》一样声称灵魂是"能够推动自身的运动"。具体详见 Hackforth（参见本书第87页注释①）第441-42页和 Robinson（参见本书第76页注释③）第6、8、9和10章。

② 正如 Hermias 所看到的，《斐德罗》245c处的论点仅指理性灵魂。同样重要的是，它指的是这种理性灵魂的整体，而《蒂迈欧》中却没有这样做；我们不能像 Tarán（394 n. 30）所论证的那样，说匠神所拥有的灵魂必然拥有与宇宙灵魂相同的成分，因此显然与它是同一的。（这个论点基于"柏拉图的灵魂学说是统一的"这一假设，但这显然是十分具有争议的问题）。描述宇宙灵魂的全部意义在于表明其偶然的自我运动及其"居间"的形而上学和知识论地位；相比之下，匠神是实在物的一个非-偶然材料，并不比其他那些非-偶然材料（即空间和诸理念）更"居间"。我们不知道蒂迈欧会对他的灵魂之构成说些什么，但似乎毋庸置疑的是，如果他要说明那种灵魂活动的细节，他会用我们所承认的"非-偶然的自我运动"来描述它。

（traces）。它作为一个整体受制于离心力和向心力规律，但其任何特定量子的运动路径都永远无法预测。发现海森堡（Heisenberg）在他学生时期曾仔细阅读过《蒂迈欧》是不足为奇的；因为我们不可能注意不到，尽管他对这部作品的许多部分提出了批评，但是他（或许是无意识地）从中获得了一些启发。

3. "宇宙是活着的"这一见解当下再次以"盖亚假说"的形式流行起来。和以前一样，现在这个观念遭到了批评，说它犯了合成谬误。人们不能像从命题"这本书充满了错误"中推断出"这本书本身就是一个错误"那样从命题"A 充满了生物"中推断出"A 本身就是一个生物"。

4. 感官世界充其量是有辩护的真信念的对象，这是当代知识论的一个普遍看法，也是柏拉图详细提出且从未放弃的一个观点。这个观点作为一个洞见保有它的效力，尽管柏拉图发明了自己的第二宇宙来解决他"认为"自己的理论引发的一个困难。

5. 宇宙不仅是活着的，而且还是一个活着的"技艺制品"，这即便不是科学的信念，也是非常流行的看法。柏拉图对这个观点的描述很特别，他作为相信关于技艺的模仿理论的人，需要一个范式以及一位制作者来解释这个技艺制品，就像解释任何其他技艺制品一样，而他选择的范式（他称之为"永恒生物"的理念）就像其他理念一样，它本身归根究底比它声称要解决的最初难题更成问题。这一理论实际上不需要关于技艺的模仿理论来支持它，正如柏拉图本人在《法律篇》中似乎看到的那样，它经常作为宇宙论的一个或另一个版本的附属品被提出来。但不管柏拉图的版本还是当代的版本，它都由于循环论证而存在着致命缺陷。

所有这一切实际上意味着，在大众信仰、当代知识论乃至科学理论的层面上，存在着比人们通常所认为的更多的柏拉图主义。过去，人们对《蒂迈欧》的内容有更多的了解，而且针对该对话的色诺克拉底式（隐喻式）阐释尚且没有剥去它的大部分更有意思的宇宙论主张，那时候人们可能会更清楚地意识到这点。一个更直接的诠释可以让我们更清晰地看到我们关于宇宙以及如何看待宇宙的某些最好和最坏的想法所带有的柏拉图主义起源，并且可以让我们以任何有利于启蒙的方式做出回应。

作者简介：T. M. 罗宾逊（Thomas M. Robinson，1936–2023），生前是加拿大多伦多大学古典学与哲学荣休教授。

译者简介：宋佳慧，复旦大学哲学学院博士研究生，主要研究方向为古希腊哲学。

"接受者"和"大与小"

——柏拉图"未成文学说"探微*

王 纬

摘 要: 柏拉图的"未成文学说"是近期中文学界关注的一个重要问题。顾名思义,我们并没有柏拉图"未成文学说"的直接文本,因此,理解该学说中的一些关键概念,如"大与小",是一个困难的工作。一直以来,柏拉图成文著作《蒂迈欧》中的"接受者"概念被研究者们当作理解"大与小"概念的一把钥匙。在本文的第一部分当中,笔者从亚里士多德《物理学》以及柏拉图《蒂迈欧》的相关文本出发,论证"大与小"不应被等同于"接受者"。在第二部分当中,笔者运用柏拉图《理想国》《斐莱布》中的相关文本,试图理解作为柏拉图形而上学基本元素的"大与小"究竟是什么。这个理解可以帮助我们从宏观上把握柏拉图晚期形而上学和亚里士多德形而上学的区别。

---

* 本文最初发表于《复旦学报》(社会科学版) 2020 年第 5 期,第 55—63+70 页。本文受教育部人文社科青年基金项目"亚里士多德必然性思想研究"(编号:19YJC720031)的资助。本文源于笔者 2017 年在北大古典中心做的一个讲座,感谢先刚教授和程炜教授的批评和建议。另外感谢 Klaus Corcilius 和 Thomas Johansen 对本文英文版本的批评和建议。

关键词： 柏拉图　未成文学说　大与小　接受者　亚里士多德

一　引子：《物理学》4.2——不同的"分有者"

柏拉图的"未成文学说"是近期中文学界关注的一个重要问题。① "未成文学说"（τὰ ἄγραφα δόγματα）这一名称来自亚里士多德《物理学》4.2对于柏拉图牵涉"一"和"大与小"的"二本原学说"的描述。在《物理学》4.2中，亚里士多德将作为柏拉图"未成文学说"核心概念的"大与小"（τὸ μέγα καὶ τὸ μικρόν）② 与其成文著作《蒂迈欧》中的"接受者"（ὑποδοχή，英译 receptacle）相联系。这成为后世学者从"接受者"概念出发理解"大与小"的缘起。根据这一思路，未成文学说中的"大与小"被理解成类似于《蒂迈欧》的"接受者"以及亚里士多德质

---

① 李伟：《重估"柏拉图未成文学说"的范式意义——评点先刚博士的〈柏拉图的本原学说〉》，《哲学分析》2016年第5期，第189—195页；谢文郁：《柏拉图真理情结中的理型和天命——兼论柏拉图的"未成文学说"》，《北京大学学报》（哲学社会科学版）2016年第2期，第39—51页；刘康：《柏拉图"未成文学说"与〈巴门尼德篇〉》，《清华西方哲学研究》2015年第1期，第157—185页；先刚：《柏拉图哲学中的"混合"问题》，《北京大学学报》（哲学社会科学版）2013年第4期，第59—67页；周采：《柏拉图的未成文学说与书写批判及其教育意义》，《清华大学教育研究》2011年第1期，第54—60页；先刚：《书写与口传的张力——柏拉图哲学的独特表达方式》，《学术月刊》2010年第7期，第42—48页；先刚：《国外柏拉图研究中关于"图宾根学派"的争论》，《世界哲学》2009年第5期，第9—18页。

② 简单说来，根据亚里士多德《形而上学》1.6的描述，柏拉图的二本原学说有三个信条：（1）"大与小"和理念共同构成可感事物；（2）"大与小"和"一"共同构成理念；（3）"大与小"和"一"共同构成数：理念就是数。在这个意义上，"大与小"（即"不确定的二"）和"一"（即善）作为最根本的形而上学元素，构成了其他的一切。该观点为新柏拉图主义者所继承。

料概念的某种原初存在物。①

本文的直接目的是反驳以上观点。笔者的讨论从《物理学》4.2 的相关段落开始。《物理学》第四卷的第一个议题是位置（τόπος）概念。亚里士多德在 4.2 中所关注的核心问题是，"位置"，在他自身的理论框架中，到底是质料性的还是形式性的？一方面，如果我们将位置理解为对于广延的规定，比如形体的界限，那么我们对于位置的理解是形式的；另一方面，如果我们将位置理解为缺乏任何规定性的纯广延，那么我们将位置理解成为质料。在讨论的过程中，亚里士多德援引柏拉图作为质料性观点的代表。柏拉图在《蒂迈欧》中将"位置"和"空间"（χώρα）概念等同（《蒂迈欧》52a–b 和 57c），而柏拉图的"空间"，在亚里士多德看来，是质料性的：

> 质料或不确定者正是这样的。因为把界限或范围的特性一去掉，留下来的就只有质料了。柏拉图也正是因为这个缘故，在《蒂迈欧》中把质料和空间等同看待，因为"分有者"（τὸ μεταληπτικόν）和空间是同一的。该篇对"分有者"所作的说明和在未成文学说里的说法不同（ἄλλον δὲ

---

① 这是中西学界的共识。中文的讨论见汪子嵩等《希腊哲学史》第二卷，人民出版社 2014 年版，第 944—952 页以及先刚《柏拉图的本原学说》，生活·读书·新知三联书店 2014 年版，第 296—300 页。西文的讨论见 J. N. Findlay, *Plato: The Written and Unwritten Doctrines*, Humanities Press, 1974: 77–78; Oliver Primavesi, "Second thoughts on some Presocratics", in Carlos Steel (ed.), *Aristotle's Metaphysics Alpha*, Oxford University Press, 2012: 225–264 at 248; Heinz Happ, *Hyle: Studien zum aristotelischen Materie–Begriff*, De Guyter, 1971: 85–135; K. Sayre, "Several References in Plato to the Indefinite Dyad", in A. L. Pierris (ed.), *Aristotle on Plato: The Metaphysical Question*, Part 1, Paperes, 2004: 217–238。

τρόπον…λέγων)，但他还是等同了位置和空间。(《物理学》4.2，209b9–15）[1]

亚里士多德指出，在《蒂迈欧》中，柏拉图将缺乏任何规定性——因而在亚里士多德意义上是"质料"[2]——的"分有者"（τὸ μεταληπτικόν：即《蒂迈欧》中的"接受者"[3]）等同于空间。以上的阐释历来没有争议，而有争议的是，亚里士多德接下来说，柏拉图在《蒂迈欧》中对于"分有者"的阐述和他在未成文学说中对于类似问题的阐述是"不同的"（209b13–4：ἄλλον δὲ τρόπον…λέγων ）。亚里士多德在这里说的"不同"究竟是什么意思？

在同一章的稍后段落中，亚里士多德明确指出他在上面一个段落中所说的未成文学说中的"分有者"（τὸ μεθεκτικόν）就

---

[1] 中译文参考亚里士多德《物理学》，张竹明译，商务印书馆1982年版，有改动，下同。

[2] 注意，对于亚里士多德来说，质料总是相对于形式而言的：如水和土是树木的质料，木材是家具的质料。因此，质料的"缺乏任何规定性"是相对于它所承载的形式及其缺乏而言的。

[3] 亚里士多德在《物理学》4.2 中用来指称"接受者"（ὑποδοχή）概念的"分有者"（τὸ μεταληπτικόν）在《蒂迈欧》中并没有出现过。就像 W. D. Ross 所指出的那样，亚里士多德的用词可能来源于对《蒂迈欧》中的一个表述——"μεταλαμβάνον δὲ…τοῦ νοητοῦ"（51a7–b1："分有可知者"）——的误解：根据上下文，这句话表达的意思应该是"分有可知性"，而非"分有可知的理念"。Harold Cherniss 也表达了类似的看法。见 W. D. Ross Ross, *Aristotle's Physics*, Clarendon Press, 1936：566 以 及 H. F. Cherniss, *Aristotle's Criticism of Plato and the Academy*, Johns Hopkins University Press, 1944：118。然而，不管怎么说，亚里士多德在这里用"分有者"一词指出的内涵和柏拉图在《蒂迈欧》中用"接受者"所指出的内涵是一致的：缺乏并且接受任何规定性，并且，柏拉图的确将"接受者"和空间等同。张译本在这里将"分有者"（τὸ μεταληπτικόν）直接译成"接受者"，虽然不准确，但是在义理方面并没有影响。

是"大与小":①

> 如果有必要谈谈离题话,那么柏拉图当然应该说明,理念和数为什么不在位置里,如果"分有者"就是位置的话——无论分有者是"大与小"还是如他在《蒂迈欧》中所写的质料。(《物理学》209b33–210a1)

在这里亚里士多德指出,《蒂迈欧》中的质料(即"接受者")和未成文学说中的"大与小"都可以被称为"分有者"。这个分有者无论是在《蒂迈欧》中,还是在未成文学说中,都被认为首要地通过分有"善"或者"一"而生成了理念和数。如果《蒂迈欧》所言为实,即接受者就是空间,那么我们必须认为理念和数为空间所接受,因而在空间之中。但是,即使柏拉图也不得不承认,虽然三匹可感的马在某个地方,马的形式或者三的形式却并不在任何地方。因此,亚里士多德认为,柏拉图《蒂迈欧》中对于"接受者"的理解——它是空间或者位置——无法被推广到对于本原意义上的分有者(即"大与小")的理解。

综合以上两段引文,亚里士多德在《物理学》4.2 中告诉我们,虽然柏拉图《蒂迈欧》中的"接受者"和未成文学说中的"大与小"都被称作"分有者",但是柏拉图对于二者的理解是不同的:《蒂迈欧》中对于"分有者"的空间化理解无法被推广到对于未成文学说的"大与小"的理解。但这并不是对《物理学》4.2 的主流阐释,以 20 世纪著名的古代哲学研究者彻尼

---

① 亚里士多德在这里用了另外一个词——τὸ μεθεκτικόν——来指代"接受者"。这个词的字面意思和 τὸ μεταληπτικόν 是完全一致的,柏拉图在他的对话中对于两个词的使用是完全可替换的,因此我把它也翻译成"分有者"。

斯（Harold Cherniss）为代表的主流研究认为，亚里士多德所谓的"说法不同"（ἄλλον δὲ τρόπον…λέγων）只意味着用词的不同。在切尔尼斯的看来，亚里士多德的意思是柏拉图用了两个不同的名字——"接受者"和"大与小"——来指称"分有者"，然而分有者的实质只有一个：位置或者空间。① 所有以《蒂迈欧》中的"接受者"来解释未成文学说中的"大与小"的学者都或有意识或无意识地持有切尔尼斯的看法。②

二 《物理学》1.9："偶然地不是"和"本质地不是"

为了进一步理解亚里士多德所转述的柏拉图未成文学说中的"大与小"概念和《蒂迈欧》中的"接受者"的异同，进而反驳主流观点，本文下一步的任务是考察亚里士多德《物理学》1.9。考察《物理学》1.9的原因在于，与《物理学》4.2不同，1.9的讨论聚焦于柏拉图派的"大与小"概念本身。亚里士多德在1.9中的任务，是继在1.7—1.8中详细阐述其三原则——"形式"（εἶδος）、"缺失"（στέρησις）③和"质料"（ὕλη）——之后，给出其"质料"概念与柏拉图派的相应概念——"大与小"——

---

① 见H. F. Cherniss, *Aristotle's Criticism of Plato and the Academy*, Johns Hopkins University Press, 1944: 120。在这里，Cherniss并没有注意到"理念和数"实际上特指未成文学说中从"一"和"大与小"中产生的理念和理念数。

② 这里笔者举Cherniss的例子只是出于他对于当代柏拉图阐释的影响。他对这个段落的解读与古代注释家辛普里西乌斯（Simplicius）和菲洛波诺斯（Philoponus）并无二致，有兴趣的读者可自行查阅。

③ 注意，用中文的"缺失"或者英文的privation来翻译亚里士多德的στέρησις有一定的局限性。这是因为，对亚里士多德来说，某个规定性（他所谓的广义的形式）的缺失并不是缺乏任何规定性，而是与这个规定性相反的那个规定性。例如，白的缺失不是没有颜色，而是与白相反的黑；热的缺失不是没有温度，而是与热相反的冷。

之间的区别。亚里士多德对于二者区别的讨论如下:

> 的确,另外有些人(即柏拉图派)已经理解到了这个自然(即质料),可是理解得不充分。首先,他们赞同事物可以由"不是"($\tau\langle\grave{o}\rangle\,\mu\grave{\eta}\,\langle\check{o}\nu\rangle$)绝对地生成,因为他们把巴门尼德的说法当做正确的接受了。……而我们说质料和缺失是不同的。我们主张,这两者中,质料只偶然地($\kappa\alpha\tau\grave{\alpha}\,\sigma\upsilon\mu\beta\epsilon\beta\eta\kappa\acute{o}\varsigma$)"不是",而缺失本质地($\kappa\alpha\theta'\,\alpha\grave{\upsilon}\tau\acute{\eta}\nu$)"不是";质料和实体相近,并且在某种意义上自己也是实体,而缺失则完全不是这样。但是他们把他们的大和小(无论是分开来还是联在一起)看作不是。所以他们的三元:大、小和理念,和我们的三元:质料、缺失和形式是非常不同的。因为虽然他们和我们有共同的理解,即都承认必须有一个自然作为基底而存在。但是他们把它当作一个——即使有人提出了"二",并把它叫做"大与小",结果还是一样的。因为他忽略了另外一个因素——缺失。前一个因素(即质料)作为形式的辅助因在事物的生成过程中持存,宛如母亲;而这一对互相对立的因素的另一部分(即缺失),由于人们太多地把注意力放到了它的否定性上,常常被人觉得似乎是完全不是的。(《物理学》1.9,191b35–192a14)

根据亚里士多德在这个段落中的描述,柏拉图派未成文学说的形而上学和亚里士多德本人的形而上学理论有两个共同点:(1)双方都认为"必须有一个自然"作为生成和变化"所基于"的东西($\delta\epsilon\hat{\iota}\,\tau\iota\nu\grave{\alpha}\,\dot{\upsilon}\pi o\kappa\epsilon\hat{\iota}\sigma\theta\alpha\iota\,\phi\acute{\upsilon}\sigma\iota\nu$);(2)双方都认为这个作为变化基底($\dot{\upsilon}\pi o\kappa\epsilon\acute{\iota}\mu\epsilon\nu o\nu$)的自然先在于变化的结果且不同于变化的

结果，因而，如果变化的结果"是"，则这个自然必然"不是"：①如当冷锅变成了热锅的时候，如果锅是热的，则它必然"不是"冷的。因此，双方也都认为这个作为基底的自然的存在方式是"不是"（τὸ μὴ ὄν）。然而双方对于基底在什么意义上"不是"的看法是不同的。一方面，柏拉图所认定的，其存在方式是"不是"的基底——"大与小"——是单一的："大与小"虽然看上去像是两个东西，并且被柏拉图本人称为"二"（δύας），但它之为"不是"的方式，在亚里士多德看来，和巴门尼德所谓的绝对变化所必须基于的绝对"不是"并无二致。另一方面，亚里士多德所认定的，作为"不是"的基底，是双重的——基底既"偶然地不是"（οὐκ ὄν κατὰ συμβεβηκός）又"本质地不是"（οὐκ ὄν καθ' αὑτήν）——前者是"质料"，后者是"缺乏"。亚里士多德认为正是对于基底的这个双重区分使得他可以自洽地解答巴门尼德提出的变化不可能的问题。这段话非常抽象，亚里士多德所谓的属于质料的"偶然地不是"和属于缺乏的"本质地不是"分别是什么？"大与小"的"不是"和这两种"不是"又有什么关系？

亚里士多德这里所说的"偶然地不是"和"本质地不是"，是指偶然地或者本质地"不是某个形式"（这里的形式应该被广义地理解成为任何范畴规定性，如质的规定性或量的规定性）。根据《物理学》1.7–1.8 中的论述，质料是在一对对立面——某个广义的形式及其缺失——之下持存的第三个原则（ἀρχή）或者自然（φύσις）。（1）质料"偶然地不是"形式是因为，就质料本身之所

---

① 首先，这个段落里的 τὸ μὴ ὄν 都应该翻译成"不是"而非"不存在"（张竹明译本）。其次，这里的"是"应该理解作谓词性的"是某个规定性"的省略。也就是说，如果变化的结果是某个规定性，那么作为这个变化的基底的自然在变化之前必然不是这个规定性。

是——基底——而言，它既可以是某个形式，也可以是其缺失。因而，质料不是某个形式仅仅是因为它作为基底，偶然地接受了这个规定性的缺失，它在本质上并非不可能接受这个规定性。举例来说，黑和白的基底——面——就其是"面"或者是"可着色的"而言，既可以是白色的面，也可以是黑色（即白的缺失）的面。某个面——如一张纸——不是白色的仅仅是因为面作为基底，偶然地接受了白的缺失，即黑：在这个意义上这张纸"偶然地不是"白色的。当我们把这张纸漂白之后，它就又变成了白色的，因此它在本质上并非不可能接受白这个规定性。(2)与此相反，形式的缺失"本质地不是"形式是因为，缺失就其"自身之所是"而言，就不是形式。举例来说，白的缺失——黑——就其"是黑"而言，本质上就不是白。当一张黑纸被漂白之后，黑就被毁灭了，因为"是黑"和"是白"在本质上互相排斥。

在"偶然地不是"与"本质地不是"的区分的基础之上，亚里士多德认为柏拉图作为基底的"大与小"本质地不是，即，它因其自身之所是就不是某形式。《物理学》1.8 的开篇考察了巴门尼德的"变化不可能"学说。亚里士多德认为，变化总是从"不是"中开始，而如果根据巴门尼德，它总是从"本质地不是"中开始，而"本质地不是"不可能变成"本质地是"（191a30–1），那么变化是不可能的。而在以上所引的《物理学》1.9 的段落里，亚里士多德认为柏拉图派的"不是"和巴门尼德的"本质地不是"直接地相关（191b36–192a1）。根据亚里士多德在之后段落中的描述，柏拉图的"大与小"之所以"本质地不是形式"，是因为它和形式直接对立。并且，正是因为"大与小"本质地不是形式，当它接受其对立面——形式——的时候，它就被毁灭了。

是否在变化之中毁灭这一点正是亚里士多德在《物理学》1.9

中所强调的他的基底理论强于柏拉图派的基底理论地方。在亚里士多德看来，基底之为基底必须具有持存性，因为正是基底的持存性使得变化的持续性和同一性得到了保证。亚里士多德的基底，在其作为质料，因而仅仅"偶然地不是"的意义上在变化过程之中持存；而柏拉图派的"大与小"，就像亚里士多德自己的"缺失"一样，因为本质地不是形式，在变化的过程之中必然地毁灭，因而不能成为变化所基于的那个东西，即基底。简言之，在亚里士多德看来，柏拉图派一方面认为"大与小"是存在和变化的基底；另一方面认为"大与小"是可以被形式毁灭的，他们的观点是前后矛盾的：

> 他们的观点的后果是对立面欲望它自身的毁灭。但是形式不可能欲望它自身，因为它并不缺少什么，它的对立面（即"大与小"）也不可能欲望它，因为对立面是互相毁灭的。（《物理学》192a19–21）

在这个意义上，亚里士多德认为他自己的"质料"，作为变化的持存的基底，优于柏拉图派的"大与小"。正是基于质料"偶然地不是"这个存在方式，变化才成为可能。柏拉图派的"大与小"被对立面毁灭，因而不可能作为变化的持存的基底。[1]

---

[1] 关于基底、对立和柏拉图派的"质料原则"，参见《形而上学》14.1中的讨论，特别是14.1，1087b4–9："一切对立面不能严格地称为第一原理；第一原理应该是和对立面不同的东西。可是，这些思想家（即柏拉图派）把两对立面之一作为质料，有些人就以'不相等'（他们认为'不相等'是'多'的本质）'一'的质料，而另一些人则以'多'为'一'的质料"。前者以不相等的'二'——'大与小'——来生成数，后者以'多'来生成数。"这里的译文参考吴寿彭先生的译本（商务印书馆1997年版），笔者改动较多。

三 质料、"大与小"和《蒂迈欧》的接受者

本节讨论《物理学》1.9 中的质料和"大与小"与《蒂迈欧》中的"接受者"之间的关系。第二节的开头已经指出,《物理学》1.9 的目的是阐明亚里士多德自己的质料原则和柏拉图的相关原则的区别和优势。从论证策略上来看,值得注意的是,在用词方面,《物理学》1.9 中对于质料原则的肯定性叙述刻意地模仿了柏拉图在《蒂迈欧》中对于接受者的描述。① 而在具体理论方面,亚里士多德仅仅批判了柏拉图未成文学说中的"大与小",并没有讨论与"基底—质料问题"有明显联系的《蒂迈欧》中的接受者。亚里士多德在这里明显的沉默恰恰可以说明,对于他来说,《蒂迈欧》中的接受者,作为基底,和亚里士多德自己的"质料"原则相类似,因而不是《物理学》1.9 的批判对象。这意味着接受者和"大与小"的存在状态在亚里士多德看来是不同的。用《物理学》1.9 中的话来说,基底和接受者"偶然地不是",而"大与小""本质地不是"。

亚里士多德在《物理学》1.9 中的沉默是合理的,因为从《蒂迈欧》的具体论述中,我们可以看到,柏拉图的蒂迈欧的确将"接受者"描述为亚里士多德所谓的"偶然地不是":

> 我们还注意到,如果各种各样的形式只来源于模式,那么,模式所压模于其上的材料就必须是<u>无形式的</u>,不具

---

① 《物理学》1.9 中的"宛如母亲"(191b14: ὥσπερ μήτηρ)刻意模仿了《蒂迈欧》中的"应该把接受者比做母亲"(50d3: προσεικάσαι πρέπει τὸ μὲν δεχόμενον μητρί)和"母亲即接受者"(51a5: μητέρα καὶ ὑποδοχὴν)。

有任何它后来所接受、所承载的形状；否则的话，它就不是合格的铸造材料。因为，如果它相似于任何形式，当相反的或全然不同的形式压印在其上时，它原有的形状就会造成妨碍而铸出一个坏件。因此，承受各种形式的东西本身是没有形状的。……同样，那个永恒地全方位地承受理性的不朽者之形象的"载者"，应该完全不具有任何形状。（50d–51a）[①]

根据蒂迈欧的阐述，"接受者"（即谢译文中的"承载者"）不具有任何规定性的原因在于，任何规定性都因其自身而和作为它的相反的规定性相对立，因而，任何规定性本质地不能成为它的对立面。与之相反，接受者恰恰是可以通过接受任何规定性而成为任何规定性的东西：接受者并不会本质地不是任何规定性（"承受各种形式的东西本身是没有形状的"）。因此，接受者在接受某个规定性 A 之前，只偶然地不是 A。通过以上的引文和分析，我们可以看出，蒂迈欧在这里对于接受者特点的描述，恰恰是亚里士多德在《物理学》1.9 中指出的他自己的质料概念对比未成文学书中"大与小"的优势之所在：质料偶然地不是，而"大与小"本质地不是。

这样，本文第一节的结论得到了《物理学》1.9 和《蒂迈欧》的支持，即在亚里士多德看来，柏拉图《蒂迈欧》中的"接受者"和未成文学说中的"大与小"有本质差异。《蒂迈欧》中的"接受者"类似亚里士多德的"质料"概念：它们的存在方式都

[①] 译文来自谢文郁先生翻译的《蒂迈欧篇》，上海世纪出版集团 2005 年版。

是亚里士多德所谓的"偶然地不是";这和"大与小"所对应的"本质地不是"在形而上学层面上有根本差异。

四 "大与小"和"缺失"

现在的关键问题在于:柏拉图的"大与小"所对应的"本质地不是"到底是什么?值得注意的是,亚里士多德在以上所引的《物理学》1.9,192a4–14 中,将"缺失"($στέρησις$)的存在状态描述成为本质地不是。① 于是一个显然的回答是将"大和小"所对应的"本质地不是"等同于缺失所对应的"本质地不是"。然而,某个形式的缺失仅仅就其"不是"作为其对立面的形式(即规定性)而言"本质地不是"(即,某个规定性的缺失就其自身而言就不是该规定性)。在这个意义上,当我们说某个形式的缺失"本质地不是"其形式的时候(如黑本质地不是白),我们必须同时说该形式"本质地是"该形式(如白本质地是白)。这样,一对对立的事物——某形式及其缺失——不可能同时本质地不是。这看上去是非常显然的。

但根据亚里士多德在《物理学》1.9,192a4–14 中对于"大与小"之为"不是"的阐述,"大与小""本质地不是"的方式和缺失不同。缺失及其对立,如上所述,不可能同时本质地不是,然而"大与小"作为一对对立,按照亚里士多德的看法,同时既整体地,也分别地不是:

> 但是他们把他们的"大与小"——无论是整体地还是分

---

① "我们主张,这两者中,质料偶然地'不是',而缺失本质地'不是'。"

别地（ἢ τὸ συναμφότερον ἢ τὸ χωρὶς ἑκάτερον）——看作是"不是"。所以他们的三元：大、小和理念，和我们的三元：质料、缺失和形式是非常不同的。因为虽然他们和我们有共同的理解，直至都承认必须有一个自然作为基底而存在。但是他们把它当作一个——即使有人提出是"二"（δύας），把它们叫作"大与小"，结果还是一样的。因为他忽略了另外一个因素——缺失。(《物理学》192a6–13)

"二"（δύας），作为一对自身对立的东西（就像它的名称"大与小"所指明的），如何可能既整体地，又分别地不是？即，它如何可能既整体地，又分别地和"一"或者"形式"相对立？①如果说某人的敌人的敌人即某人的朋友，那么某物的对立的对立难道不应该和它自身相同或者至少相似吗？②因为"大"和"小"同时都本质地不是"一"或者"形式"，我们不能说"大与小"这对对立里面的一个——比如说"大"——本质地和"一"相对立（像亚里士多德的"缺失"一样），而另一个——比如说"小"——偶然地和"一"相对立（像亚里士多德的"质料"一样）。那么，这样一对既整体地又分别地和一个确定的东西相对立的自身对立是什么？亚里士多德所描述的柏拉图的作为基础实在的"不是"，如果既不是质料也不是"缺失"，那么它是什么？

---

① 根据亚里士多德和古代注释传统的转述，柏拉图派"未成文学说"的二元是"一"和"大与小"，其中"一"和"大与小"互相对立。"一"又被称为理念，"大与小"又被称为"不确定的二""无定"或"不相等"。

② 亚里士多德在《形而上学》10.5 中，从自己的学说角度出发，考虑了"相等"和作为自身对立的"大与小"之间的对立。

五 作为基本实在的"大与小":
《理想国》和《斐莱布》

第一到四节根据《物理学》和《蒂迈欧》的文本,阐述了"大与小"和"接受者"以及亚里士多德的质料和缺失之间在存在方式上的异同关系。接下来,我们根据柏拉图的传世文献——柏拉图对话——进一步说明这个形而上学差异究竟何在。①

首先,让我们退一步,从哲学上思考柏拉图作为基础性实在的"大与小"可能是什么。这样做的时候,我们要考虑到,根据传统,"大与小"也被称作"不确定的二"($ἡ\ ἀόριστος\ δύας$)、"无定"($τὸ\ ἄπειρον$)或"不相等"($τὸ\ ἄνισον$)。②

在知识论的意义上,诸如"多少""长短""冷热"之类的相对概念是我们理解、描绘周遭世界的原初方式。当我们还没有确定的、公共的度量标准的时候,我们通过将某物描述为"比甲大""比乙小"来理解它的大小。③这样,"某物的大小"在这个原初语境中总是被理解成为一对对立——"大与小",并且,这一对对立被同时谓述于这个大小的承载者——这个承载者是"既

---

① 在方法论上,笔者假设柏拉图的"未成文学说"和他的成文学说并没有什么本质的矛盾之处,因此我们可以在柏拉图对话中找到和他的"未成文学说"相关的想法。

② "不确定的二"见《形而上学》M.7, 9 N.2, 3;"无定"见《形而上学》A.5, M 和 N 多处,以及《物理学》3.4,辛普里西乌斯《物理学注释》453, 27–8;"不相等"见《形而上学》M.7, 1081a23–5, N. 4, 1091a23–9,以及亚历山大《形而上学注释》55.20–56.35。

③ 和西文不同,中文用更原初的方式——"大小""多少"——来指代和理解数量。这从一个侧面体现出在没有客观公度的世界里,对于数量问题的原初回答是"比甲大、比乙小"。

大又小"。在《斐多》中，我们看到，西米阿斯被描述为既大（高）又小（矮），因为西米阿斯比苏格拉底高、比斐多矮（见《斐多》102b–c）。在没有客观公度的世界，我们只有通过比较的方式才能描述一个人的高矮。更进一步，在这个世界里，一个人的"大小"（即高矮）本身就是"比甲大、比乙小"。在这个世界里，虽然"大"和"小"是一对矛盾概念，但是它们总是共同出现、不会分离的。正是在这个意义上，柏拉图派用"大与小"（$τὸ\ μέγα\ καὶ\ τὸ\ μικρόν$），而非"大或小"（$τὸ\ μέγα\ ἢ\ τὸ\ μικρόν$）来描述他们的基础性实在。在"不相等"的意义上，某物的大小既和其他物的大小不相等（如西米阿斯的高矮和苏格拉底的高矮不相等），也就是自身不相等（西米阿斯的"高矮"本身就是一对互相对立的概念）。

被理解成为"大与小"，某物的大小也是不确定的（$ἀόριστον$）、无限定的（$ἄπειρον$），因为没有确定的界限（$ὅρος$）或极限（$πέρας$）或统一性将它限定为一个确定的数量。在这个意义上，"大小"作为一个整体和确定的数量或者规定性本身相对立。另外，"大""小"二者也分别和确定的数量相对立：对于西米阿斯的大小（即高矮）的描述，"大"是一种和确定的数量（如四丘比特长）相对立的描述方式。"大与小"既整体地也分别地在本质上不是任何确定的数量。

重要的是，以上的讨论不仅仅适用于"大与小"，它适用于任何相对概念。《理想国》卷七中的一个讨论显示出柏拉图的确这样思考知识论意义上的相对概念。在《理想国》卷七中，苏格拉底试图向格劳孔说明为什么在理想的哲学教育里，算术应该是第一门学科。苏格拉底的理由是，算术是一门带来理性（$νόησις$），并将人带向实在（$οὐσία$）的学问（见《理想国》卷

7, 522e–523a）。为了证明这一点，苏格拉底向格劳孔展示了感觉（αἴσθησις）的不可靠。苏格拉底指出，牵涉"软和硬""大和小"这类感觉性质的时候，我们的感官总是给予我们互相对立的感觉经验。对于一个感觉对象，触觉总是告诉我们它既是软的又是硬的，视觉总是告诉我们它既是大的又是小的。然而理性（νόησις），苏格拉底认为，可以将大和小分离看待，因而可以给我们对于世界的清晰的而非混杂的知识：

> **苏格拉底**（以下简称"苏"）：在认识这一类性质时，不是事实上所有的感觉都有缺陷吗？它们是像下述这样起作用的：首先例如触觉，既关系着硬，就必定也关系着软，因此它给灵魂传去的信号是：它觉得同一物体又是硬的又是软的。不是这样吗？
> ……
> **苏**：我们说过，视觉也看见大和小，但两者不是分离的（κεχωρισμένον）而是合在一起的（συγκεχυμένον）。是吧？
> ……
> **苏**：为了弄清楚这一点，理性（νόησις）"看"大和小，不得不采取和感觉相反的方法，把它们分离开来看，而不是合在一起看。
>
> （《理想国》7，523e–524c）①

苏格拉底继续论证道，在数量性谓词"一"和"多"那里，

---

① 译文来自郭斌和、张竹明译《理想国》，商务印书馆1986年版，笔者有改动。

视觉发现同一个事物既是"一"又是"多"又是"无限",因此,视觉带来的感性知识是混淆的、互相矛盾的。而算术,作为一门理性科学,和作为感性能力的视觉不同,可以带给我们对于这些概念的分离的和清晰的理解。因此,算术应该被包含在护卫者的教育之中。

以上是从知识论角度出发,对于《斐多》和《理想国》中关于感觉的相对性和矛盾性的讨论。值得注意的是,柏拉图并不刻意区分知识论和形而上学,对柏拉图来说,知识论所区分的感知对象和思维对象以不同的方式存在于世界之中。[1] 柏拉图在这个意义上继承了巴门尼德等同思维和存在的学说。[2] 在《理想国》卷六的末尾(506e-511e),苏格拉底指出理念(如"美本身")是思维的对象,而感性的多(许多美的东西)是感官的对象;善是使得诸理念获得其存在的根据,而光是使得诸可感对象获得其可感性以及生成的根据。在这个意义上,柏拉图将认识论意义上的不同对象还原成了存在论意义上不同的对象,并且为二者分别找到了彼此间存在论意义上不同性质的根据。[3] 如果对于柏拉图来说,知识和存在总有紧密的对应关系,那么感觉本身的相对性和矛盾性也就意味着存在着一类本身即为相对和矛盾的可感世界中的存在者,这类存在者和可知世界中的存在者不同:前者总是既长又短、既大又小、既黑又白;而后者是分离和绝对的长、

---

[1] 此处感谢 Klaus Corcilius 的建设性意见。

[2] 巴门尼德认为,(1)能成为思维和语言对象的东西必定存在(残篇2、3、6)。(2)作为思维对象的"存在"是不变的、无生灭的、是一;是唯一真实的东西(残篇8)。

[3] 更多的关于知识和存在之间的关系的讨论,参见《蒂迈欧》51d-e。在其中,柏拉图从努斯和真信念的区分出发,论证存在着和感性对象不同的理智对象,即理念。

短，大、小，黑、白。^①我们虽然不应该将《斐多》和《理想国》中的感性存在者和未成文学说中的"大与小"完全等同，^②但二者的相对性、矛盾性、不确定性和不相等性是如出一辙的。

如果我们考察柏拉图的后期对话，我们会发现更多在形而上学意义上讨论作为构成世界的基本要素的相对性概念的内容，这些相对性概念是和未成文学说中的"大与小"相关的。^③其中的经典段落是《斐莱布》的"方法论"部分。^④为了给快乐和知识一个更准确的定义，苏格拉底在方法论层面考察了存在问题（23b–27c）。在这里，苏格拉底将所有现存的存在者（πάντα τὰ νῦν ὄντα）分成四个类（γένος）：（1）"无定"

---

① 参见《斐多》102b–c：西米阿斯既大又小，因为西米阿斯比苏格拉底高、比斐多矮。然而"大本身"（即大的理念）不会既大又小，"小本身"（即小的理念）也不会既大又小。

② 理念论认为理念（大本身和小本身）是区别于感性存在者（既大又小的具体事物）的第二个原则，而"未成文学说"认为"一"，而非一对彼此矛盾的理念，是区别于"大与小"的第二个原则。

③ 包括《智者》中的"相同"和"差异"、《巴门尼德》中的"一"和"多"以及《蒂迈欧》中的"相同"和"差异"。关于《蒂迈欧》37a2–c5 有关作为思维对象和基础实在的"相同"和"差异"的探讨，参见 K. Corcilius, "Ideal Intellectual Cognition in *Timaeus* 6 37A2–C5", *Oxford Studies in Ancient Philosophy* 54, 2018: 65–94。

④ 在古代注释传统中，《斐莱布》的"方法论"部分被和"未成文学说"联系在一起。参见辛普里西乌斯《亚里士多德〈物理学〉注释》453, 27–454, 19。在其中，辛普里西乌斯为了解释亚里士多德在《物理学》2.4 中提到的柏拉图的"大与小"是什么，转引了波斐利的《斐莱布》（即《斐莱布注释》）："他（即《斐莱布》里的苏格拉底）将'更大'和'更小'（τὸ μᾶλλον καὶ τὸ ἧττον）、'强'和'弱'认作是属于无定的自然。因为当它们在事物之中以张弛的方式进展时，它们既不静止也不限定那些分有它们的东西：它们前进到无定的未定性之中（τὸ τῆς ἀπειρίας ἀόριστον）。'更大'和'更小'以及'大与小'（τὸ μέγα καὶ τὸ μικρόν）也是一样的情况，后者是柏拉图（在未成为学说中的）的术语。"

($τὸ\ ἄπειρον$),（2）"限定"($τὸ\ πέρας$),（3）二者混合所产生出的存在以及（4）混合物生成的原因。其中的前两类——无定和限定——被认为分别对应着"未成文学说"中的"大与小"和"一"。[①] 在下面这段引文里，苏格拉底以"更冷"和"更热"为例，试图将"无定"和"限定"区分开来：

苏格拉底（以下简称"苏"）：关于"更热"和"更冷"，首先看看你能不能（在其中）设想一个限定。或者，（如果你不能设想任何限定），那么"更多和更少"是不是在这两类（即"更冷"和"更热"）中，并且，当它们在其中的时候，它们不会允许任何界限的生成。因为当界限生成了，这两者也就结束了。

普罗塔科斯（以下简称"普"）：非常正确。

苏：那么我们同意，"更热"和"更冷"永远包含着"更多"和"更少"。

普：当然。

苏：那么，逻各斯向我们指明了这两者永远不能有界限（$τέλος$）。既然它们是无界限的（$ἀτελῆ$），它们就是完全无定的了（$ἀπείρω$）。

普：它们非常完全地是无定的，苏格拉底！

苏：……所有"强"和"弱"在场的地方，它们不让任何确定的量（$ποσὸν$）存在。通过给所有的行动加上相对于"更弱"的"更强"，或者反之，它们带来了"多与少"并销毁了确定的量。……因为一旦它们获得了确定的量，

[①] 见前注。

它们就不再是"更热"或者"更冷"。"更热"和"更冷"会一直前进、不会停留,而确定的量停留且取消了运动。根据这个论证,"更热"及其对立(即"更冷")是"无定"。

……

苏:你要(在"更热"和"更冷"之外)加上"更干"和"更湿""更多"和"更少"(πλέον καὶ ἔλαττον)、"更快"和"更慢""更大"和"更小"以及一切我们之前放在同一个类中的事物,这个类按其自然本性来说接受"更多"和"更少"(τὸ μᾶλλόν τε καὶ ἧττον)。

普:这类事物所属于的本性你指的是"无定"?

苏:是的。下面你将排在它们之后的那个本性是限定的类(ἡ τοῦ πέρατος γέννα)与它混合。

普:你说的是哪个类?

……

苏:包含着相等和二倍的那个类,以及任何使得对立面停止彼此的差异的东西(παύει πρὸς ἄλληλα τἀναντία διαφόρως ἔχοντα),这类东西通过将数(ἐνθεῖσα ἀριθμός)内置于万物的方式使得万物和谐(σύμφωνα)、可公度(σύμμετρα)。

(《斐莱布》24c—25e,笔者译)

在这里,作为无定的类的代表的"更热"和"更冷"以及作为其根底的"更多"和"更少"(τὸ μᾶλλόν καὶ ἧττον),二者所定义的关系,从确定性的观点来看,是运动的和游移不定的(24d);它们在没有确定的数量之前,是一对彼此差异和矛盾的对立面(25e)。在这个意义上,"更多和更少"既整体地又分别地不是任何的非相对的、确定的量。另外，和亚里士多德在《物理学》1.9中对于"大与小"的描述一致的是，①在这里，当界限生成时，更多和更少就消失了。因此，无定的类的存在状态和亚里士多德缺乏任何规定性的质料原则以及《蒂迈欧》中的接受者的存在状态不同。无定的类本质地和任何确定的量或界限相对立，而质料本质地并不和任何确定性相对立（即当质料获得任何确定性时，质料本身并不消失），因此前者本质地不是任何确定的量，而后者偶然地是或者不是任何确定的量。

和《理想国》段落的明确知识论旨趣非常不同的是，《斐莱布》段落讨论的是存在论问题。这里的第一、第二类存在者并不仅仅是我们认识世界所得到的可真可假的知识和信念，而是组成这个世界的所有存在者的最基本存在方式，或者这个世界的所有存在者所能划分成为的最基本类别。从存在论的角度出发，我们可以设想一个只存在这第一类存在者的"赫拉克利特主义"世界：在这个世界之中，（1）所有的"更多"必须是"更少"，所有的"更少"也必须是"更多"（这对应着赫拉克利特的"万物皆对立"）；（2）同样，"更少"本身和"更多"本身是游移不定的，即并没有一个确定的界限限定"更少"或者"更多"只可以适用于某个范围之内："更少"当然可以适用于某个比"更少"本身更少的东西（这对应着赫拉克利特的"万物皆流"）。因此，作为"无定的类"的代表的"更热"和"更冷"一方面和彼此互相对立；另一方面又和确定的量（πόσος）或者限定（πέρας）本身相对立。缺乏限定意味着柏拉图用"更多和更少"的本性所

---

① 即，"大与小"和它的对立面——"理念"或"一"——是互相毁灭的。

勾勒的"无定的类"是自相矛盾的、不确定、不相等的东西。用亚里士多德在《物理学》1.9 中的话来说，"无定的类"是本质地不是确定的量或者任何确定的规定性的东西，它不是那种既可以是 A 又可以是非 A 的纯粹可能性，而是那种其中包含着无数互相矛盾的性质的既是 A 又是非 A 的东西。①

以上对于《理想国》和《斐莱布》的分析勾勒出"未成文学说"中的"大与小"在什么意义上是那种亚里士多德所谓"既整体地又分别地不是"的东西。亚里士多德的质料是一种既可以承载形式，也可以承载形式的对立的东西，但是亚里士多德的质料不可能同时承载形式及其对立。与之相反，柏拉图的"大与小"是那种同时包含一对对立，并且与形式规定性相互排斥的东西。如果我们拿颜色的例子做一个比喻，亚里士多德的质料是一张纸，它既可以是白也可以是黑，但它不可能同时既白又黑；而柏拉图的"大与小"或"无定的类"是黑和白这对矛盾本身。对于亚里士多德来说，一张纸获得确定颜色的过程是质料获得形式的过程，而对于柏拉图来说，确定的颜色是对于互相矛盾互相斗争的颜色性质的确认和仲裁。在这个意义上，亚里士多德在《物理学》1.9 中对于柏拉图派的"大与小"的攻击是一种"形而上学攻击"：二者对于作为世界基础的存在的设想是完全不同的。而在亚里士多德看来，《蒂迈欧》中的接受者在这场形而上学斗争中站在了他的质料原则这一边，因而他并没有在《物理学》1.9 中攻击《蒂迈欧》中的接受者，并且在《物理学》4.2 中特别

---

① Constance Meinwald 在 C. Meinwald, "Prometheus's bounds: *Peras* and *Apeiron* in Plato's *Philebus*", in Jyl Gentzler（ed.）, *Method in Ancient Philosophy*, Oxford University Press, 1998: 165–180 中详细讨论了为什么《斐莱布》的"无定"意味着对立和矛盾。

指出，接受者和"大与小"是有区别的。这恰恰是柏拉图的"未成文学说"的传统阐释者们没有看到的。

结　论

本文通过论亚里士多德的《物理学》、柏拉图的《蒂迈欧》《理想国》《斐莱布》以及其他相关文本，反驳了流行的对于柏拉图未成文学说中的"大与小"的解释。根据这种解释，"大与小"是某种"或大或小"的可接受任何规定性的基础存在，因此"大与小"等同于柏拉图《蒂迈欧》中的"接受者"，并且在实质上类似于亚里士多德的质料概念。本文从《物理学》1.9所讨论的"本质地不是"问题切入柏拉图的"大与小"概念。通过对《理想国》和《斐莱布》的讨论，本文指出，"大与小"——作为一对相对性对立和矛盾——本质地不是任何形式或确定性。因此，"大与小"和仅仅"偶然地不是"某形式的质料迥异，也因而和《蒂迈欧》中的"接受者"不同。

作者简介：王纬，复旦大学哲学学院副教授。

柏拉图《泰阿泰德》"梦论"的描述与亚里士多德的质形复合定义*

吕纯山

摘　要：柏拉图在《泰阿泰德》中用很长的篇幅讨论了一个苏格拉底的"梦"，即构成复合物的可感的首要元素，既没有描述也不可知，复合物才是可描述而可知的。柏拉图还认为贯通各元素而达整体的"路径"是可能的描述之一。虽然这些讨论最后因为第三个有关知识的定义被否定而不了了之，但在笔者看来，柏拉图在讨论中所蕴含的真知灼见却被亚里士多德充分地吸收进了他的质形复合定义方式之中，即元素为质料，路径为形式。因此，笔者认为，亚里士多德《形而上学》ZH卷中的质形复合定义思想未尝没有受到柏拉图的《泰阿泰德》中元素与路径思想的积极影响。

关键词：元素　复合物　定义　描述　形式

引　言

著名的德国古希腊哲学史家策勒有一句话形容苏格拉底、

---

* 本文首发于《哲学与文化》2022年第582期，收入本刊时个别字句略有修订。

柏拉图和亚里士多德三人在哲学史上的贡献："在希腊哲学历史发展的全盛时期，苏格拉底是孕育的胚芽，柏拉图是盛开的花，亚里士多德是成熟的果实。"①在笔者看来，这句话准确刻画了三代伟人在西方概念哲学发展史上的地位，在对事物的"是什么"（$\tau\acute{\iota}\ \acute{\epsilon}\sigma\tau\iota$）和本质（$\tau\acute{\iota}\ \mathring{\eta}\nu\ \epsilon\mathring{\iota}\nu\alpha\iota$）即定义对象及其方式的追求之上也是如此。本文无法全面论及他们在"是什么"、本质、分类法定义等重要问题上的异同之点和发展之路，只把论述的重点集中于柏拉图的《泰阿泰德》②中苏格拉底的"梦论"与亚里士多德在《形而上学》ZH卷所讨论的由形式与质料构成的复合定义之间的继承关系上。在笔者看来，亚里士多德所提出的由质料和形式所构成的定义理论，生动地体现了柏拉图哲学与亚里士多德哲学"花与果"的关系：前者提供并讨论了丰富而新奇的理论，但很多问题并没有结论；而后者慧眼独具，消化吸收了其中的很多真知灼见，合理地使前者的理论落实为掷地有声的学说。

一 柏拉图《泰阿泰德》中的"梦论"

柏拉图《泰阿泰德》的主旨在于给知识下定义，给出了知识是感觉、知识是真信念、知识是带有描述的真信念这样三个定

---

① ［德］爱德华·策勒：《古希腊哲学史（第二卷）：苏格拉底与苏格拉底学派》，吕纯山译，人民出版社2020年版，第35页。

② ［古希腊］柏拉图：《泰阿泰德》，詹文杰译，商务印书馆2015年版。参考的希腊文本是 E.A. Duke, W.F. Hicken, W.S.M. Nicoll, D.B. Robinson and J.C.G. Strachan, *Platonis Opera*, Tomvs.I, ΘEAITHTOΣ, London: Oxford University Press, 1995；英文译本是 John M. Cooper (ed.), *Plato: Complete Works with Introduction and Notes*, Indianapolis/Cambridge: Hackett Publishing Company, 1997；德文译本是 F. Schleiermacher, *Platon Werke*, Bd. 6, Darmstadt: Wissenschaftliche Buchgesellschaft, 2005；译文或有修订，下同。

义，但都在详细讨论之后最终被一一否定。不过，虽然这三个定义都被否定，但柏拉图未尝没有给出引发后世得以长足发展的定义理论。在讨论第三个定义时，柏拉图用很长的篇幅描述了一个苏格拉底的"梦"——构成事物的首要元素（πρῶτα στοιχεῖα）[①]是可感而不可知的，无法被描述，只有复合物（συλλαβή）才是可知而可以被描述的，以下我们简称"梦论"。用柏拉图的原话说就是："元素是无法描述且不可知的，而是可感的；复合物才是可知而可说明的，可以在真信念中得到认信"（202b），"元素是不可知的，复合物这个类才是可知的，……就像语言文字中的字母和音节"（202d–e）。柏拉图还用苏格拉底的希腊名字 Σωκρατής 为例进行说明，认为单个的字母都没有描述，只有整体才有，因为，"音节是这些字母复合起来以后形成的一个整体（μία ἰδέα）"（203c），"或许我们应该设定音节不是那些字母，而是由它们产生的一个整体（ἓν εἶδος），它拥有自己的统一性（ἰδέαν μίαν），与那些字母不同"（203e）。因此，他得出结论："让我们像刚才说的那么设定：音节是由榫合在一起的若干字母形成的一个整体（ἕν τι εἶδος），对于语言文字而言是这样，对于其他各种东西而言也是这样。"（204a）后文还举出马车的例子：如果有人问马车是什么，有人或许能说出轮、轴、车身、栏杆和轭，但是要达到对马车的完整描述，"除非某人在真信念之余还

[①] 元素（στοιχεῖον）在前苏格拉底、柏拉图和亚里士多德哲学中都指一种内在于事物的最初组成部分，即万物本原，如月下世界的火气水土四元素，以及构成天体的以太，这是这个词最典型的意义；另，无论在柏拉图还是在亚里士多德哲学中，元素还指复合物的组成部分，如音节的字母，个别事物的质料和形式。亚里士多德经常把本原、原因和元素在同一意义上使用，但元素是内在于事物的，而动力因则外在于事物。《形而上学》哲学辞典卷中，Δ3 的内容就是专门对元素的阐释。

能够完全列举出那个东西的各个元素，否则他不可能带有知识地做出说明"。（207a）总之，"梦论"强调，组成事物的元素可感而不可知，对复合物的描述必须把所有的元素完全罗列出来，这样，复合物才是可知的。在详细讨论了苏格拉底的"梦论"之后，柏拉图回到正题，给出"描述"的三种选项：第一，"通过由动词和名词组成的语言让自己的思想显示出来"；（206d）第二，"贯通各元素而达整体的路径（ὁδός）"；（208c）第三，"能够说出所问的东西区别于其他所有东西的某个标识"。（208c）在笔者看来，其中的第二个选项的确对苏格拉底"梦论"有进一步发展，否定了需要完全列举构成事物的所有元素的做法，而提出了"路径"说，即对贯通各元素而使之成为整体的"路径"进行描述，却也并没有说明这一"路径"究竟为何。

关于这个"梦"，我们看到文本中的表述其实很模糊：苏格拉底用了"以梦还梦""我似乎从某些人那里听说"（201d）这样的字眼，似乎强调了后面要讨论的内容只是道听途说，仅表达一种可能的说法以供大家参考。研究者都肯定这一理论不是柏拉图本人的学说，但究竟是哪一学派的学说，则众说纷纭。如格思里（Guthrie, W.K.C.）认为它"很明显不是柏拉图的。它有一个诡辩的环，极相似于亚里士多德用他自己的术语所描述的安提司泰尼及其追随者。在《形而上学》1043b28，他说，根据他们那些人的说法，你不可能定义一事物是什么，只能说它像什么"[1]。泰勒（Taylor, A.E.）也认为元素理论并非来自柏拉图，同时他否认其来自原子论者，而认为"考虑恩培多克勒的学说可

---

[1] Guthrie, W.K.C., *A History of Greek Philosophy: Vol. V. The Later Plato and the Academy*, London: Cambridge University Press, 1978: 114–115.

能比较合理，这一学说容许有真正的化学的合成物。……因而我倒倾向于认为这一理论是那一类的某个毕达哥拉斯信徒创造的，这类人在公元前 5 世纪较晚的时期试图在他们自己的学说中容纳四根说和恩培多克勒的生物学"①。查普尔（Chappell）认为，"梦论"很可能属于柏拉图所批评的某种经验主义者："这种经验主义者遇到某个巨大的难题，即，……怎么样能够从单纯的感觉材料出发构建可以被称为表述或者意谓的东西。对柏拉图而言，当感觉经验按照各个理念给予的那些结构得到组织，这些感觉经验就变成可理解的，也是可被表达的。"②戴维·赛德利（David Sedley）却认为："与其认为梦论代表某位具体的思想家，不如更保险地说，它其实是为整个先前的还原论分析传统做了一个总结。"③……研究者众说纷纭，对"梦论"来自哪一学派并无定论，但可以肯定的一点是，它并非柏拉图本人的学说，柏拉图是以第三者的口吻转述了这一学说。不过也并不意味着他没有接受其中的思想，如他在后文提出"贯通各元素而达整体的路径"（208c），就是基于"梦论"改进后的说法。

二　首要元素（πρῶτα στοιχεῖα）

那么，"梦论"中所提到的"首要元素"究竟指什么呢？对

---

①　［英］A. E. 泰勒：《柏拉图——生平及其著作》，谢随知、苗力田、徐鹏译，山东人民出版社 1990 年版，第 474 页。

②　Chappell, T., *Reading Plato's Theaetetus*, Indianapolis: Hackett, 2005: 205–208. 转引自詹文杰《柏拉图知识论研究》，北京大学出版社 2020 年版，第 324 页。

③　［英］赛德利（David Sedley）：《柏拉图主义的助产士——柏拉图〈泰阿泰德〉中的与显白之辞与言下之意》，郭昊航译，华夏出版社 2020 年版，第 230 页。

这一概念的澄清，不仅有助于我们理解后文柏拉图提到的对第三个知识定义的第二个选项，更能让我们明确亚里士多德的质形复合定义理论与《泰阿泰德》的渊源。我们且看文本的表述。柏拉图说元素是"我们和其他东西都由之复合而成的东西"，（201e）可感而不可知，只能被命名，不可被描述；这些元素构成了复合物，后者才是可知而能被描述的，具有统一性；元素还需要有使之成为整体的东西或贯通路径才能成为复合物。赛德利对《泰阿泰德》中的元素有比较详细的讨论，却得出了一个令人诧异的结论，我们就以他为主要的对话对象。他联系亚里士多德的思想，提出元素或是普遍的类概念属，或是事物的组成部分，[①]并认为后者又有四种可能性，一是如字母这样的音节的元素，二是数学上的元素，三是火、气、水、土四元素，四是任何复合物中组成部分如构成床的木块。[②]那么究竟是哪一种呢？他首先转述斯蒂芬·门恩（Stephen Menn）的观点，后者认为元素是定义中概念性的部分，即作为普遍性共相的东西，包括属在内。[③]但赛德利否认了这种看法，在他看来，"根本无法想象，苏格拉底竟在头脑中有普遍之物思想的情况下，……认为元素可感"[④]。其次，在他看来，字母是元素的一个范例，但他把它归入概念性组成部分，因为"尽管不能陈述单个字母的元素，但能够陈述单个字母的类"[⑤]。关于第三种观点，他认为："普遍之物只可被命名，而不可成为定义和知识的对象这种观念，在柏拉图那里没有明显可

---

① 赛德利（2020：221 注 9）。
② 赛德利（2020：221-222）。
③ 赛德利（2020：222-223）。
④ 赛德利（2020：223）。
⑤ 赛德利（2020：223）。

与之相照应的思想。……我极力主张一种最为自然的理解，……梦论本质上是一个还原论，通过把事物分析为不可再分的物质组成部分来理解事物。"①同时，赛德利肯定亚里士多德有相似的解释："从亚里士多德那里，可以得到对梦论的唯物主义解释的有力确证。……他也首先从字母下手，在相同的意义上将它们作为组成部分的元素的例证，并直接将之与物质性构成要素相比较，……知道某物的关键是将它分析为其终极的组成部分。"②总之，赛德利详细分析了亚里士多德的元素理论之后，肯定了苏格拉底的"梦论"实质上是一种还原论，其中所说的元素是指物质性的不可再分的火、气、水、土四元素，是事物最基础的构成。

关于"梦论"的作用，赛德利认为："苏格拉底基于自己在对话第一部分中对经验主义的批判性分析，在梦论中详细表述了前苏格拉底自下而上认识世界的整套程序，即由仅从经验中得出的基本元素开始，进而知道这个世界。"③"苏格拉底已经看清，前苏格拉底唯物主义作为理解世界的基础时现出了怎样的谬误，并相应地加以拒斥。他的洞见，即对物质世界进行还原论式分析并不能收获知识，确定了前苏格拉底时代的终结，也为柏拉图主义铺平了道路。"④简言之，赛德利把苏格拉底的"梦论"看作是前苏格拉底自然哲学家的唯物主义学说，并认为柏拉图在这里是一种"拒斥"⑤的态度，因为把事物进行结构分析并进行还原，并不能得到知识。而且赛德利也不愿意接受柏拉

---

① 赛德利（2020：224-225）。
② 赛德利（2020：225）。
③ 赛德利（2020：228）。
④ 赛德利（2020：228 注 9）。
⑤ 赛德利（2020：228 注 9）。

图在晚期对话中会对这类学说感兴趣，并认为拒斥唯物主义为柏拉图主义铺平了道路。

赛德利还认为柏拉图在《泰阿泰德》206e6–208b12 中提出了"第二元素理论"①，并称之为"修订了的元素理论"②，"新理论中诸如车轮条幅之类关于'元素'的例子，都是形式层面可定义且具有功能性的部分，因此不能完全照应于梦论中那些物质性的基本组成部分，我认为后者是只能在直接感觉中被给予的"③。他猜测这种理论并非来自阿那克萨戈拉和恩培多克勒式的前苏格拉底哲学家，而是来自早期原子论者，并称之为"结构式的元素理论"④，并把它与柏拉图在《蒂迈欧》中的由三角形构成的"体"相比较："《泰阿泰德》中修订了的元素理论在精神上同《蒂迈欧》的物理学极为接近，……与前苏格拉底式还原主义的梦论不同，《蒂迈欧》中的物理学将混合物体分解为会在某种方式上可知的终极'元素'，这些元素在整体中定然有一种形式和一个结构性的功能。"⑤我们看到，赛德利认为柏拉图在《泰阿泰德》中提出了两种元素理论，他肯定"梦论"中的元素是恩培多克勒这样的前苏格拉底哲学家提出的火、气、水、土四元素，并认为柏拉图拒斥这一理论；同时又认为柏拉图提出了"第二元素理论"，还进一步极有可能是德谟克利特的原子论，且近似于《蒂迈欧》的火、气、水、土四元素理论，因为它具有一定的结构，是结构性的元素。

---

① 赛德利（2020：239）。
② 赛德利（2020：243）。
③ 赛德利（2020：242）。
④ 赛德利（2020：243）。
⑤ 赛德利（2020：244）。

然而，对于赛德利的解释，笔者完全无法苟同。首先，赛德利用亚里士多德哲学中提到的元素理论来解释柏拉图这里的元素，本身就令人质疑，更重要的是，柏拉图并没有把所谓元素和马车这样的事物的元素分开讨论。柏拉图虽然用了"首要元素"这样的字眼，但他首先定位的是构成复合物的东西，元素是与复合物相对应的，其范例是组成音节的字母（亚里士多德在《形而上学》Z17也分别把音节和字母复合物和质料或元素的范例），构成马车的各个零部件，构成一个名字的众字母等，却没有任何一处提到火、气、水、土这类元素。总之，文本不仅没有暗示有两种元素理论，而且还用"这应该是我们前面说过的"（207b）、"第二种是刚才讨论过的"（208c）等语言来说明理论的一以贯之。即使我们承认有他所谓的"第二元素理论"，且元素与《蒂迈欧》中结构性的"体"相类似，但在笔者看来，后者之中的元素仍旧是火、气、水、土四元素，与文本中提到的马车等例子并不匹配，更何况亚里士多德本人在《论生灭》《论天》等文本中也专门讨论过火、气、水、土四元素理论。

其次，说柏拉图拒斥前苏格拉底物理主义也是没有根据的，毕竟，公认为是其晚期著作的《蒂迈欧》不是详细讨论了可感的火、气、水、土四元素吗？且柏拉图在《泰阿泰德》后文提出"贯通元素的路径"这一说法时，并没有否定"元素"。虽然柏拉图在大部分对话中甚少谈及物质对象，"质料"（ὕλη）也是亚里士多德正式引入哲学之中的，《蒂迈欧》中的"接受者"（πανδεχές）/"接纳者"（ὑποδόχη）①也并非质料，然而，理

---

① 柏拉图《蒂迈欧》中的"接受者"或"接纳者"被等同于亚里士多德的基底（ὑποκείμενον）或质料，是注释史上非常著名的观点，但也一直有争议。在笔者看来，虽然亚里士多德用基底称"接受者"，但他的（转下页）

念的摹本和接受者相结合生成四元素的变化模式未尝没有给亚里士多德后来形式与质料的复合提供思想上的启迪。因此，虽然"梦论"可能是别人的说法，但是，柏拉图提出的"贯通各元素而达整体的路径"的思想未尝不是在"梦论"基础上的发展和思考，可以说，他有条件地肯定了这一学说。因此，与其说其是"两种元素理论"，不如说后者是对前者的响应和发展。比如，他说："除非某人在真信念之余还能够完全列举出那个东西的各个元素，否则他不可能带有知识地做出说明。这应该是我们前面说过的。"（《泰阿泰德》207b）他一方面肯定了这一学说对"元素"的描述，另一方面强调这一学说需要"完全列举"各元素。当然，从他后文给出"贯通路径"的说法可知，他对于"完全列举"是不太满意的。正如詹文杰所指出的："描述表示关于事物的全部基本要素的列举。……但……全部要素只是……必要条件……；有知识的人还需要掌握更多的东西，比如……贯通各个要素的路径，这个路径就是把各个要素关联起来的原则。"[①]因此，柏拉图给出了自己的解决思路——给出一种贯通元素的路径。比如 Θεαιτήτος（泰阿泰德的希腊文）这个名字的正确书写，就不仅要能够罗列出所有字母，而且要符合正确的顺序，而顺序就是贯通各字母元素的路径，只有正确的顺序才能保证是描

（接上页）基底与质料并不完全同义且各自都有多重含义。而且，从柏拉图的分离的理念和"接受者/接纳者"到亚里士多德哲学中的形式和质料，需要经过复杂的变化，两对概念并不直接对应。相反，在笔者看来，倒是柏拉图的理念的摹本与"接受者"的复合模式或许被亚里士多德直接继承了，而且柏拉图的"接受者/接纳者"或许更多是模式上的而非存在论上的，因此亚里士多德那里的变化模式（缺失、形式和质料/基底）中的而非存在论上的质料或基底可能才相似于"接受者/接纳者"。

① 詹文杰（2020：326–327）。

述而非仅仅是正确信念。只是，颇为遗憾的就是，除了这样的例子，"路径"究竟是什么？如何给出对它的普遍描述？它是不是 εἶδος？柏拉图没有给出进一步的说明。

然而，在笔者看来，如果我们联系亚里士多德哲学，"路径"是形式而"元素"是质料的理论简直是呼之欲出了！当然，复合物作为种是否包含质料，给亚里士多德的《形而上学》Z 卷造成了极大的困难。事实上，亚里士多德本人也在两种不同层次上使用"元素"一词："一个东西，必然或者是元素，或者由元素构成。"(《形而上学》Z17，1041b21) 如果用亚里士多德的哲学术语来区分的话，赛德利把这里的元素理解为作为四元素的"最初质料"（πρώτη ὕλη）[①]，而在我们看来，这里的元素指的是"终极质料"（ἐσχάτη ὕλη），也就是与形式复合为质形复合物的东西，这也与文本中所提到的元素和复合物的区分相对应。

赛德利认为"第二元素理论"可能是有结构的原子论和《蒂迈欧》中的"体"理论。虽然我们无法同意柏拉图在这里提出另一个元素理论的看法，但他对原子结构的猜测，在我们看来还是颇有道理的。德谟克利特的原子只是由于形状、位置和次序的不同而构成了不同事物，后来的亚里士多德也以此来说明这种差异就是形式的差异。然而，《蒂迈欧》中四元素的"体"的结构，在笔者看来很难被理解为贯通各元素的"路径"。因为柏拉图的火是正四面体，气是正八面体，水是正二十面体，而土是立方

[①] 质料（ὕλη）指万物由它而来、消亡时又复归于它的可触摸的东西。亚里士多德的质料是多层次的，有最初质料四元素火气水土、同质体、异质体以及同质体和异质体构成的终极质料，即与形式构成复合物的那种质料；还有变化模式中的和知识论上的质料。本文涉及的争议在于，《泰阿泰德》中的元素究竟是与亚里士多德哲学中的最初质料，还是终极质料相对应？

体，而各个可感的、不同的体是由不可感的理念之摹本与同一个作为理念的"接受者/接纳者"构成的，后者如何与《泰阿泰德》中可感的元素画等号，始终是一个难题。文本并不支持我们如此猜测，反而（如《蒂迈欧》82c-e）支持我们认为的这些元素构成骨骼或肌肉，构成后者的才是特定的方式或结构。因此，无论"梦论"还是第二选择，元素本身并不被设定有一定的结构，虽然柏拉图没有提及元素和复合物究竟区别在哪里，但也肯定是一种"路径"贯通了各元素而生成复合物。或者应该这样说，就每一层次的元素或质料而言，都有其特定的贯通路径，与亚里士多德那里的元素或终极质料，甚至存在论上每一层次的质料一样，都不与性质或形式相分离而存在，但《泰阿泰德》与《蒂迈欧》所说的元素的确是在不同层次的意义上说的，可以分别类比于亚里士多德的终极质料和最初质料，而对于后者，柏拉图的表述的确是晦涩而容易令人误解的。

事实上，在笔者看来，亚里士多德对《泰阿泰德》思想的把握或许更符合柏拉图的想法，如果我们注意到他在《形而上学》Z 17的说法的话。既然柏拉图本人已经暗示不再寻求"完全列举"，而是求取贯通元素的"路径"，换言之，求取质料何以构成整体的东西，亦即原因，而这就是亚里士多德在《形而上学》Z 17中的思想。在 Z 17 中亚里士多德的宗旨在于论证形式是实体，是原因，也就是质料或元素之所以构成统一的复合物的原因："出于某物，以这种方式构成的复合体，其整体作为一而存在，但不同于聚合。"（1041b12）在这里，亚里士多德在几个重要的观点上发展了苏格拉底的"梦论"。首先，不强调对所有元素的全部罗列；其次，提出了形式是贯通各元素、使质料成为一个作为整体的个别事物的原因的观点；最后，强调元素之外的原因，亦即"梦论"中元素与复合物之间的区别。如砖瓦、石块是元素和质料，何以成为一个房屋整体？原因就在于形式，并不需要把构成房屋的所有元素都罗列出来。（参见 1041a26–28；1041b5–6）如某一躯体何以是人？就是因为具有某一灵魂，毕竟人是躯体和灵魂复合而成的。（参见 1041b7）亚里士多德总结道："所以，我们寻求的是使质料成为某物的原因，这个原因就是形式，也就是实体。"（1041b8–9）形式使质料成为一个整体，与路径使元素成为整体是同样的道理。当然，我们在前文明确柏拉图在《泰阿泰德》中把 εἶδος 作为个别事物的类概念，倾向于知识论的讨论——虽然也提及整体、统一体或统一性等意义，却尚不明确——，而亚里士多德在《形而上学》Z 17 中强调的形式是使质料成为一个整体的原因，而"整体"就是一的意义之一，[①]是与数目的一相同的意思，也就是个别事物的意思。因此，在我们看来，这正是学生对老师的理念何以个别的一种解释和发展，也是对老师思想中隐含的对存在论上事物形式的个别性的进一步明确化，同时也是克服理念分离的一个步骤。

同样地，亚里士多德也以音节和字母为例来说明（参见 Z 17，1041b12–14；1041b16–17；1041b31–32），明确构成音节的除了元音和辅音之外，还有其他的东西，也就是柏拉图所说的贯通各元素的路径。只是令我们颇为诧异的是，柏拉图在《泰阿泰

---

① 如亚里士多德在《形而上学》I 1，1052a15–30 所说："一有多种意义；……，被概括为四种。连续……运动更不可分割、更单纯；是一个整体而且有特定形状和形式的东西是更高程度的一；特别是，如果一物由于本性而具有这种〔形状和形式〕，……，如果它在自身内有是其连续性原因的某物。……运动在地点和时间上都不可分的；……以这种方式成为一的事物或者是连续的或者是整体的，而其他为一的事物则是其描述为一的事物。"笔者译自 W. Jaeger, *Aristotelis Metaphysica*, London: Oxford University Press, 1957。

德》中始终没有把自己的理念置于思考之中，这一点也反映出这一文本中的 εἶδος 始终是种/类概念，亚里士多德则更强调其在个别事物中的个别性和分离性。另外，亚里士多德又提出肌肉和组成它的火和土等最初质料，作为复合物和元素的范例，模拟于音节与字母，把火、气、水、土真正地与"元素"对应起来："肌肉也不仅是土和火，或者热和冷，而是另外的东西。"（1041b20）亚里士多德在这里明确了与元素一起构成复合物的是形式，这一观点既是对"梦论"的发展，也是对"贯通路径"说法的发展。在他看来，肌肉并不等于火和土，如果构成肌肉的除了火和土之外，还有其他元素，就要步入无穷，因此构成元素统一性的并不是元素，而是使一些东西成为肌肉、另一些东西成为音节的原因（其他情况也是这样），这就是个别事物的第一实体、原因和形式，也就是柏拉图所说的"结构""秩序""构成方式"等："因为骨髓、骨、肉和肌腱都由上面提到的体构成，血液也是如此，只是构成它们的方式有异罢了。"（《蒂迈欧》82c）"其中那拥有最精细平滑三角形的部分，则一点一滴地渗入骨，浇灌骨髓。一般地，当结构是按这种秩序形成时，就是健康。"（82d–e）因此，在笔者看来，亚里士多德用的肌肉和火、土作为复合物和元素的范例的做法，也或许受到柏拉图《蒂迈欧》语焉不详的说法的启示。

三 与亚里士多德质形复合定义的关系

那么，贯通各元素的路径理论，究竟会发展成怎样的定义理论呢？研究者多联系亚里士多德的分类法定义理论来猜测这一理论的发展。比如内哈马斯（Nehamas, A.）认为，为某个对象提供描述就是把这个对象放置在它所属的那个具有特定结构的整体领域中并且确定它在其中的位置,而这种意义上的描述就是关于整个具有结构的对象领域的内在关联路径的描述。① 但在笔者看来,这一解释不仅把"描述"的内容窄化,遗漏了对差异的描述,而且所说的"关联路径"究竟是什么,"整个具有结构的对象领域"又指什么,也语焉不详,似乎又暗示了某种种属关系的描述结构,但何以是种属关系而不是事物本身呢?无论是第二个选项"路径",还是第三个选项"差异",柏拉图强调的都是构成事物的一个因素,是和元素构成复合物的成分。格思里认为亚里士多德"在《形而上学》1043b28 说,根据他们那些人的说法,你不可能定义一事物是什么,只能说它像什么:'所以有一种实体有可能存在定义和描述,如复合物,不论是可感实体还是理智实体,但构成它们的最初的东西,却是不可定义的,因为定义就是依据某物来解释他物的描述。'他的希腊评注者解释了他们的困境。'人'是一个名称,我们可以说他是一种理性的道德的动物,但这又仅仅是一连串名称。甚至'动物'能被进一步分解为多个名称,我们最终就会有一种无法如此再进一步划分的单个的、元素性的实体。这将是不可定义的,我们不可能用只是被描述为由本身不可定义的元素构成的事物去下定义,或解释其本质"②。格思里对于《形而上学》1043b28 以下的一段话的引用和阐释,只提取了符合他自己理解的部分,其实接下来的文本就是:"看起来定义的部分一方面就像是质料,而另一方面就像形状。"(《形而上学》H3, 1043b31,这里的"形状"指的就是形

---

① Nehamas, A., "Episteme and Logos in Plato's Later Thought", *Archin für Geschichte der Philosophie*, 66.1(1984: 11–36). 转引自詹文杰(2020: 331)。

② Guthrie, W.K.C. (1978: 114–115).

式——笔者注）换言之，亚里士多德提出了定义中两个部分——形式和质料——的关系，是一者对另一者的描述，这一思想不仅在 H6 即可得到证明，而且亚里士多德强调的恰恰是形式和质料本身无法定义，但它们构成的复合物则可以，对形式和质料的描述分别就是构成定义的两个部分。格思里却在这里想到了"人是有理性的或有德性的动物"这样属加种差的定义方式。且不说亚里士多德从未如此定义人，他在这段话的前几行也才批评了"人是两足动物"这一定义，更重要的是，"人"和"动物"何以是不可定义的元素？这是脱离上下文的一种理解，亚里士多德在《形而上学》H 卷文本中提到的复合物，是质料和形式的复合物。当然，格思里可能并未意识到亚里士多德在这里提出了一种专门针对质形复合物的定义方式。

赛德利也提到亚里士多德的质形复合定义，这一观点与我们倒是一致的。他遗憾柏拉图没有进行另一种选择："他为什么没有想到如下所示的……选择呢？复合物是其元素的总和加上一些形式的组成部分——排列、结构、功能等等诸如此类。这里补上的组成部分与亚里士多德的形式多多少少相一致，他将形式与质料相结合来实例化。……为什么这种思想没有在此浮现出来呢？"[①] 不过，他马上否定了这样的看法，甚至认为复合定义会使得"梦论"崩溃："因为在把形式的组成部分当成一种元素的情况下，就会有一种元素不能被可靠地描述为不可知的；而在形式组成部分不是一种元素的情况下，列举一物的元素对认识该物而言终究还是不够充分。整个梦论都有赖于把元素限定为一种

---

① 赛德利（2020：236 注 9）。

仅通过感知获得的基本组成部分。"①在他看来，用质形学说来解释，如果"把形式的组成部分当成一种元素"，就不会有不可知的元素；而如果形式部分不是元素，那么列举元素而不提形式，也是不充分的。因此，他认为"梦论"的成立基于把元素限于可感的组成部分，回到四元素身上。但在我们看来，前一种假设是不成立的，形式没有组成部分；而后一种假设，仅列举质料而不提形式，不符合任何哲学史的说法，"梦论"的追求是完全列举元素，而这是不可能的。

因此，从《泰阿泰德》的"贯通各元素的路径"，联系《形而上学》Z17和H2，得出由形式和质料构成的定义也是顺理成章的，毕竟在形式和质料的存在关系上，形式是对质料的谓述。事实上，柏拉图在《泰阿泰德》208c除了说过"贯通各元素而达整体的路径"，还说到"任何把知识界定为带有描述的正确信念的人都要在这三者中选择一种……第三种……就是许多人都会说的：能够说出所问的东西区别于（διαφέρει）其他所有东西的某个标识"。他还在208d说："正如刚才说过的，如果你掌握了一个东西区别于其他东西的差异（διαφοράν），那么，就像某些人说的，你就掌握了它的描述。"还有208e、209a、209d、201a等处也表达了相似的思想。换言之，差异就是他所说强调的要给出描述的对象——也就是亚里士多德的形式（εἶδος）。亚里士多德在《形而上学》H2提起原子论者的观点，认为相同的原子或质料在形状、位置和次序上有所不同，这样也造成了万物的不同。因此在他看来，在质料的结合上就有不同。它们或者是混合，或者是捆绑，或者是黏在一起，或者是钉在一起，或者是多

---

① 赛德利（2020：236–237）。

种方式结合,还有的差异表现在或者位置的不同,或者时间的不同,或者地点的不同,或者属性的不同,或者数量的不同……总之,这样的差异可以模拟于实体中形式的差异。例如我们给门槛下定义——门槛就是以某种方式放置的木料和石块,给房屋下定义——以某种方式放置的砖和木料,差异就是形式。这样看来,二人的"差异"概念或许也相关。当然,或许亚里士多德的差异和形式概念更有存在论和知识论之间的紧张关系,有个别和普遍之间的张力。

不过,亚里士多德是否直接接受柏拉图《泰阿泰德》的元素、路径与差异学说而形成自己的质料和形式复合定义理论,在笔者看来是否定的,他的思想也经过了复杂的发展。《泰阿泰德》强调复合物是可知的,而描述是给予贯通各元素的路径和差异的,"复合物会是某种绝对不可划分的一个种/类($\epsilon\tilde{\iota}\delta o\varsigma$)"(205c),这样,定义所描述的就是种、路径和差异,但究竟是否需要包含元素呢?亚里士多德显然在《形而上学》Z 和 H 卷给出了不同的答案,前者强调虽然存在的是质形复合物,但定义对象只能是普遍的形式,后者则认为对质料的描述也是定义应该包括的内容,因此,至少从 Z 卷到 H 卷是有发展的,更不必说还有接受者、基底、质料之间,以及理念、形式、种、普遍的质形复合物之间复杂的发展关系。

结 语

虽然最终因为"描述"和"正确信念"都是对事物差异的描述,以至于"带有描述的正确信念"成了同义反复,使《泰阿泰德》这一对话以对知识定义的失败而告终。不过,如果我们忽略同义反复的遗憾，而仔细考察一下这一定义之下的三个选项——定义是一种陈述，贯通各元素的路径，对差异的标识——并没有随着柏拉图对第三个知识定义的否定而被否定，至少，在笔者看来，亚里士多德继承并发展了这些思想：针对质形复合物，有专门的不同于分类法的定义，就是包括"形式／路径／差异"和"质料／元素"作为统一的两个部分的描述；元素也并非最初质料四元素，而是终极质料；这样，质形复合物的定义就是对现实的形式和潜在的质料的描述。在笔者看来，可以说《形而上学》ZH卷所关注的，就在于如何克服理念的分离，不脱离质料的形式在什么意义上是个别的，在什么意义上是普遍的，定义对象是形式、单纯的种还是被发展的普遍的质形复合物。甚至，前文提到的《泰阿泰德》203c–204a 的 ἰδέα 或 εἶδος 究竟是"整体"还是"统一性""统一体"或者"种／类"的模糊性也在《形而上学》ZH卷被发展为作为实体的个别事物、个别的形式、本质和种／类等而变得更为丰富和清晰。

作者简介：吕纯山，哲学博士，北京语言大学一带一路研究院副研究员，主要研究领域为古希腊哲学。

灵魂作为内在形式：亚里士多德对灵魂与身体的质形论理解[*]

田书峰

摘 要：亚里士多德对灵魂与身体关系的理解模式是质形论的（hylomorphic），灵魂作为形式是潜在地有生命的自然躯体（σώματος φυσικοῦ）的现实性。但是，有学者指出这会导致潜在地有生命的身体就是现实地有生命的身体的矛盾，这也就是阿克瑞尔难题（Ackrill's Problem）。本文通过对《论灵魂》和《形而上学》中一些核心文本的分析，尝试证明亚里士多德并没有发明两种质形论来解释人造物和生命体，而是认为生命体是在一种完美的意义上展现出质料和形式的必然结合，而人造物是在一种有限的意义上展现出质料和形式的偶有性结合。这其中的原因在于人造物的形式是外在于自身的，源于有此技艺的专家心灵，而生命体的灵魂作为形式是内在于身体之内的；因而，与之相应的质料的潜在性也就有所不同，人造物的质料是适合于实现其功能的切近质料，而生命体的质料则是潜在地能够进行生命活动的自然

---

[*] 本文最初发表于《哲学研究》2022 年 11 期，第 97—107 页。本文系国家社会科学基金一般项目"亚里士多德《论灵魂》译注和研究"（16BZX061）的阶段性成果。

躯体，灵魂作为自然躯体的内在形式就是现实活动，是其生命活动的原因与本原。

关键词：质形论　灵魂与身体　同名异义　潜能　现实性

在关于灵魂与身体或身心问题上，亚里士多德选择了一条在原子论者的物理主义解释与理念论者的二元主义解释之间的路径，即灵魂与身体的基本关系模式是质料形式论（hylomorphism）。一方面，他严厉地批判原子论者将灵魂视为元素或来自元素的做法；另一方面，他也不赞同柏拉图等理念论者的主张，即认为灵魂与身体是完全不同的两种存在或实体，灵魂是永恒不死的和先存的，而身体则是可死的和变易不定的，因而身体之于灵魂犹如监狱与囚徒的关系。亚里士多德对灵魂与身体的关系的质形论的理解的优势在于，它既能摆脱原子论者的还原主义之草率，又能避免柏拉图式的二元论之分离，因为灵魂是自然躯体的形式，是潜在地有生命的自然躯体的现实性（ἐντελέχεια），灵魂如若离开身体便没有实现之场域，而身体如若没有灵魂便没有实现之可能。所以，对于亚里士多德来说，灵魂与身体不可分地构成了一个现实地存在着的有生命的实体，二者的关系既不是原子论者的还原为元素的一元架构，也不是柏拉图意义上的两个不同实体的二元模式。但有学者指出，这会导致在人造物那里的形式质料的结合是偶然的，而在生命体这里的灵魂与身体的结合是必然的，并且亚里士多德给出的灵魂定义会导致潜在地有生命的身体就是现实地有生命的身体的矛盾，同名异义原则更是将这种矛盾凸显出来。（Ackrill：p.126）接下来，我从三个方面展开对这个问题的回应：第一部分主要论述亚里士多德对灵魂与身体关系的质形论的理解模式；第二部分论及现当代学者对"阿克瑞尔的难题"所进行的回应与反驳,并指出这个疑难预设了亚里士多德有两种不同的质形论;第三、第四部分证明亚里士多德并没有发明两种不同的质形论来解释人造物和生命体,而是在生命体这里所呈现的质形论才是真正意义上的质形论,而人造物这里的质形论是一种派生的或类比意义上的质形论,虽然亚里士多德经常用人造物来说明生命体的实体性,但生命体才是真正的实体。原因在于生命体的灵魂作为形式内在地寓居于自然躯体之内($τὸ\ εἶδος\ τὸ\ ἐνόν$),是其本原和原因,灵魂就是现实性,就是现实活动,而人造物的形式来源于外部,来自有此技艺知识的专家的心灵。

一 灵魂与身体的质形论关系

亚里士多德对灵魂与身体的关系的基本的理解模式是形质论的,从《论灵魂》II 1对灵魂的三个定义中我们可以清晰地看到他对灵魂与身体关系的质形论理解:①

(1)尝试性定义:因此,灵魂必然作为在潜能的意义上具有生命的自然躯体②的形式而是实体($ἀναγκαῖον\ ἄρα$

---

① 本文中所有关于亚里士多德的《论灵魂》的引文皆由笔者根据罗斯(D. Ross)编订的希腊文文本翻译为中文,并且参考了科尔西里乌斯的德文译本(cf. Corcilius)和什尔兹的英文译本(cf. Shields, 2016)。文中出现的其他有关亚里士多德著作,英文版参见伯恩斯(J. Barnes)编译的《亚里士多德全集》(cf. Barnes),希腊文文本则参考了贝克尔(I. Bekker)编订的《亚里士多德全集》(一般称为柏林科学院版)(cf. Bekker),其中《形而上学》《物理学》也参考了牛津大学克拉伦登出版社出版的希腊文版本(一般称为OCT版),由罗斯(D. Ross)修订。(cf. Ross, 1936; 1961)

② 在关于普遍的灵魂定义中,我更倾向于将"$σώματος\ φυσικοῦ$"或"$σῶμα\ φυσικὸν$"译为"自然躯体",因为,这不仅包括人的躯体,还指动物甚至植物的躯体,但如果专门指人的时候,我会译为"自然身体"。

τὴν ψυχὴν οὐσίαν εἶναι ὡς εἶδος σώματος φυσικοῦ δυνάμει ζωὴν ἔχοντος ）。(《论灵魂》II. 1，412a19–21）

（2）更确切的定义：所以，灵魂是潜在地具有生命的自然躯体的第一现实性，[①] 这样的躯体应该就像有器官的那样（διὸ ἡ ψυχή ἐστιν ἐντελέχεια ἡ πρώτη σώματος φυσικοῦ δυνάμει ζωὴν ἔχοντος. τοιοῦτον δὲ ὃ ἂν ᾖ ὀργανιόν）。(《论灵魂》II. 1，412a27–29）

（3）最终的普遍定义：如果我们必须要说出关于每种灵魂的共同（普遍）的东西，那么，它应该是有器官的自然躯体的第一现实性（εἰ δή τι κοινὸν ἐπὶ πάσης ψυχῆς δεῖ λέγειν, εἴη ἂν ἐντελέχεια ἡ πρώτη σώματος φυσικοῦ ὀργανικοῦ）。(《论灵魂》II. 1，412b4–5）

在第一个定义中，亚里士多德将灵魂定义为实体（οὐσία），因为灵魂是潜在地有生命的自然躯体的形式（εἶδος）。亚里士多德在《形而上学》第七卷第 17 章中认为，形式是质料之所以成为某个个别物或个体的原因，当亚里士多德说灵魂作为形式是实体时，他是说灵魂是自然躯体之所是的原因，即灵魂是

---

① Ἐντελέχεια（拉丁文：actualitas；英文：actuality, entelechy）中文可译为"现实性""完满现实"或"实现"等。从词源学上来看，它可能由"ἐντελής"和"ἔχειν"组成，但是，ἐντελέχεια 并没有动词的形式，这表示它并不是从动词衍生出来。一个传统的看法是，ἐνέργεια 表示动态的实现活动、目的是达其完满状况；而 ἐντελέχεια 更多的是指活动的结果、静态的完满状况（perfection）。(cf. Index Aristotelicus，S. 253）陈康先生认为，ἐντελέχεια 与 ἐνέργεια 皆有动的意义和静的意义，它们在意义方面是无差别的，差别在于这两个术语所蕴含着的动静的意义的衍生方面，ἐνέργεια 由动的意义发展到它的静的含义，而 ἐντελέχεια 则由静的意义发展到它的动之含义。（参见陈康，2011：426–434）我在这里强调 ἐντελέχεια 的静之含义。

有生命潜能的自然躯体之所以属于人的种或成为具体的个别实体（τόδε τι）的原因。（参见《形而上学》VII. 7，1032b1 以下，特别是 1041b7-9）在其他另外两个定义中，亚里士多德主要将灵魂视为潜在地有生命的或有器官的自然躯体的第一现实性（ἐντελέχεια），潜在地有生命的或有器官的自然躯体与质料相对应，而首要的现实性则与形式相呼应。因为质料是潜能或潜在的实体，而形式才是使潜在的成为现实的实体的原因，形式就是现实性，就是现实活动。（参见《论灵魂》II. 1，412a2-11）按照亚里士多德在《形而上学》VII. 7-9 中有关实体的理论，只有形式才构成具体个别实体的是其所是或本质（τὸ τί ἦν εἶναι），也只有形式才构成现实活动，灵魂就是如此这般的躯体的是其所是或本质。（《论灵魂》II. 1，412b9-13）亚里士多德在《形而上学》IX. 8 中非常清楚地表达出这一点：

……在那些其生成物不同于使用的事物中，其现实活动（ἐνέρεια）存在于被制作的东西中，例如建造活动在被造的房屋中，纺织活动在被纺织的产品中，其他事物也是如此。总而言之，运动在被运动的东西中。但是，在那些除了其现实活动以外并不存在一个产品的事物中，其现实活动就存在于（主体）自身之内，比如，观看就在观看者中，思想活动就在思想者中，生活或生命就在灵魂中，幸福由此也是这样，因为幸福就是有着某种性质的生活。因此，豁然明了的是，实体与形式就是现实活动（ἡ οὐσία καὶ τὸ εἶδος ἐνέργειά ἐστιν）。（《形而上学》IX. 8，1050a30-b2；译文根据苗力田译本，有改动，下同）

这一段再为清楚不过地阐明了实体和形式归根结底就是实现活动,生活或生命就在灵魂中,而幸福也是一样。很明显的是,亚里士多德在对灵魂与身体的质形关系中似乎更突出作为形式的灵魂的优先性,但这并不表示他忽略身体的重要性,恰恰相反,亚里士多德借此证明了灵魂不是身体或躯体性的存在,并且灵魂的功能——如感觉、情感、对快乐和痛苦的感受、想象等——离开身体是无法实现的,正因为灵魂是非躯体性的存在,它才能够和有空间广延的身体共在一地。

另外,亚里士多德也用质形论来解释灵魂的三种最主要的生命活动或能力(即营养能力、感觉能力和思维能力),比如他将情感($πάθη$)定义为"寓居于质料中的概念"($λόγοι\ ἔνυλοί$)(《论灵魂》I. 1, 403a26),因为所有的情感属性都是与身体混合在一起的,但是辩证学家(dialectician)只把握到情感的形式因,而自然主义者(naturalist)只顾及情感的质料因,所以前者把"愤怒"界定为对报复的欲求,抑或诸如此类的事情,而自然主义者则将其定义为在心脏周围的血液和热能的沸腾。辩证学家或自然主义者各执一端,难免有所偏失。但对亚里士多德来说,情感中所蕴含着的形式或概念必须是寓居于有着如此这般的特定属性的血肉中的,二者不能分开,就像房屋之原理或形式作为遮风挡雨的庇护处所必须在石头、砖瓦和木料中才能实现。(参见《论灵魂》I. 1, 403b1–19)无独有偶,亚里士多德也是借用质形论来解释灵魂的最为特殊和复杂的思维能力的,他在《论灵魂》III. 5中提出了主动理性($νοῦς\ ποιητικός$)和被动理性($νοῦς\ παθητικός$)的说法:

> 因为在整个自然中,一方面存在着每一类事物的质料

(这就是那所有在潜能的意义上［δύναμις］存在的东西），另一方面是这些事物的原因和制作者（τὸ ποιητικόν），由此，它制作一切，就像技艺与其质料的关系那样，这种差异或区别必然出现在灵魂中。如此，借助于可以成为一切（τῷ πάντα γίνεσθαι），存在着一种理性，另外借助于制作一切（τῷ πάντα ποιεῖν），存在着另外一种理性，一个像某种习性，另外一个像光……（《论灵魂》III. 5，430a10–25）

我们暂且将主动理性与被动理性的关系以及主动理性的本质是什么以及可否分离的问题搁置一边，（关于理性灵魂的分离问题，参见田书峰：177–194）这里很明显的是，亚里士多德也是借用质形论来解释人的理性能力。被动理性对应于质料，可以成为一切，意即可以接受一切可理解的形式或概念，就像有些质料可以接受不同的形式而成为不同的个别物，主动理性对应于形式或主动地起作用者，就像光，将一切潜在地可见的颜色成为现实地可见的颜色。

二 阿克瑞尔难题与灵魂定义

从上面的分析中，我们可以看到，亚里士多德不仅用质形论来解释灵魂与身体的关系，并且用质形论来解释灵魂的主要能力。亚里士多德好像相信灵魂与身体的形质关系看起来是合情合理的和清楚自明的，所以他也没有给出理由。但阿克瑞尔（J. L. Ackrill）指出，灵魂定义中的质形论蕴含着一种疑难，根据亚里士多德的《论灵魂》（II. 1412a22–29；412a28 以下；412b4 以下），灵魂是潜在地有生命的自然躯体的现实性，这也就是说，作为质料的自然躯体必然是有生命的或有灵魂的，一个没有或失去了灵魂的自然躯体或其部分，就只是在同名异义的意义上是其躯体和部分了。（cf. Ackrill：126–127）亚里士多德在《论灵魂》和《形而上学》中先后举出过斧子、眼睛和手的例子来说明同名异义的原则，① 斧子的本质在于能够砍切，这就好像是斧子的灵魂，如若丧失了这种本质，那么斧子便只在同名异义上是一把斧子了；对于身体的部分（如眼睛和手）来说也是这样，如若眼睛失去了视觉或手不是活生生的手时，它们也就只是同名异义上的、如画像上的或用石料做成的眼睛和手了，对于人造物和身体部分来说是如此，对于整个身体也应该是如此。（参考《论灵魂》II. 1, 412b10–27）这种看法并不难理解，因为亚里士多德认为所有事物都可以根据其功能活动被定义（参见《天象论》390a10–15；《论动物的生成》II. 1, 734b24–31；《政治学》I. 2, 1253a19–25），如果一物失去了与其特性相符合的功能，那么它也就只是在同名异义的意义上被称为此物了。

按照阿克瑞尔的看法，人造物的先存质料可以被想象为没有形式的，在等待接受某种形式，而生命物的躯体必然是富有灵魂的（ἔμψυχος）或潜在地有生命的（δυνάμει ζωὴν ἔχοντος），因为没有生命潜能的躯体就只是同名异义上的躯体了。这个疑难最早由阿克瑞尔提出，所以学者们将其称为"阿克瑞尔的难题"。（cf. Cohen；Whiting；Burnyeat；Shields, 1993；Matthews；esp.

---

① 亚里士多德在《范畴篇》中这样定义同名异义："如果仅仅事物的名字是相同的，而事物的定义是不相同的，那么，我们就将其称为同名异义的（ὁμώνυμα）。比如，人和画像上的人都是动物。他们仅仅有相同的名字，但是，其定义则是不同的，因为如果我们若要说出对于二者来说动物各是什么时，我们就会给出两个不同的定义。"（《范畴篇》I. 1–5）

Carraro）这导致灵魂与身体不像人造物的形式与质料那样，各有属于自身的不同的模态特性（modal properties），因为有生命的身体就必然是有灵魂的。这样一来，单纯地可以作为生命体的质料的身体，在有灵魂前（before ensouled）与有灵魂后（after ensouled）都不可能存在，并不像雕像的质料——铜——那样，可以被单独提取出来而被想象为没有形式的。（cf. Shields，1993：13）一个潜在地有生命的身体，就一定是被赋予了灵魂的身体，也就是潜在地能够进行生命活动的身体，因此也就不可能具有不同于其灵魂的模态特性，因为没有了生命的身体便不再是某个人的身体了。① 所以，按照阿克瑞尔的理解，亚里士多德所说的"潜在地有生命的自然躯体"事实上就是"现实地拥有生命的躯体"，因为潜在地拥有生命就是有能够进行生命活动的能力，比如营养能力、感觉能力和位移运动等。他使用一词来表示这样的躯体（参见《论灵魂》II. 1，412b1），即，这样的躯体是有器官的，能像工具一样起作用或发挥功能，一个没有生命的躯体肯定是做不到这一点的。所以，潜在地拥有生命和现实地活着没有本质上的区别。（cf. Shields，1993：19）这种不对称归根结底就是因为灵魂与身体在时间上要必然地重叠在一起（temporal overlap）。（cf. Shields，1993：21）

当代学者们从不同角度对阿克瑞尔的难题进行了回应。门恩（S. Menn）认为，亚里士多德在《论灵魂》II. 1中所给出的灵魂定义是名称定义（nominal definition），这种定义只是给出了灵魂之其然，而没有给出灵魂之所以然，所以这几个定义都有某

---

① 有些现当代学者恰恰在这里看到了一种类比的断裂，即灵魂与身体的联结关系与一般人工产品的形式质料关系并不对称。（cf. Söder and Weber，2009：130-148；Ackrill：132）

种粗略性或模糊性，灵魂就是这些实体所拥有的类的意义上的形式（generic form）。（cf. Menn：83–117）虽然亚里士多德确实在《论灵魂》中给出的灵魂定义是一个粗略的共同的普遍定义（参见《论灵魂》413a9–18），甚至认为这一普遍灵魂定义就像三角形的定义那样，并不是任何存在之物的独有或专有定义（《论灵魂》414b20–30），但是这个普遍定义仍然被视为对灵魂本质的一种把握，是关于灵魂的知识。查尔顿（W. Charlton）基于《形而上学》VIII. 6将"潜在地"（ἐν δυνάμει）与"现实地"（ἐν ἐνεργείᾳ）理解为同一的（参见《形而上学》1045b7–22）；如此，灵魂作为潜在地有生命的躯体的形式就是躯体的潜能的实现（fulfillment），这些潜能就是可能性，灵魂就是这些可能性的实现，并不是这些可能性之外的东西的实现。（cf. Charlton：178）同样地，约翰逊（K. Johansen）也认为"潜在地有生命的躯体"事实上就是指能够被规定的，因为质料在其自身并不是"这一个"，他基于《论灵魂》414a14–28认为，灵魂并不能是任何质料的实现，必然是那有着特定潜能的躯体的实现；并且，他从目的论的视角来理解"潜在地有生命的躯体"，即这样的躯体是灵魂的工具，也只有有生命的躯体才是灵魂的工具。（cf. Johansen：218–220）这种策略虽然弥合了潜能与现实之间的本质不同，但是在概念上来说，"潜在地有生命"并不等同于"现实地有生命"。卡拉柔（N. Carraro）基于上述学者们的回应而另辟蹊径，对阿克瑞尔的观点进行了直接反驳，他的观点可以归结为如下两点：（1）种子和胚胎虽然都是有生命的，但是，它们仅仅有着潜在的灵魂，而非现实意义上的灵魂。（2）有潜在的灵魂与现实地进行某些生命活动（如营养和感知活动）并不构成内在的冲突，尽管胚胎吸收营养、生长和有某些感知，但仍然还只是有一个潜在的灵魂，即潜在地拥有营养灵魂和感觉灵魂，因为胚胎进行这些活动的方式并非像一个已经发育成熟的生命体所进行的方式那样，它们仍然有待于发育成自己所要属于的那个种。(cf. Carraro: 274–303) 但如果灵魂以一种潜在的形式存在于种子和胚胎中，那么阿克瑞尔所说的"潜在地有灵魂"就必然等同于"现实地有灵魂"，因为胚胎有潜在的灵魂，并不是现实的灵魂。仔细分析，我们会发现卡拉柔的这种观点不但适用于生命体，也适用于人造物，因为我们也可以说在木料或石块中存在着潜在的雕像形式，并且潜在地存在于石块中的雕像并不是现实的雕像，就像潜在地存在于胚胎中的灵魂并不是现实的灵魂。当然，雕像存在于石块中的潜在性与灵魂存在于胚胎中的潜在性是不同的，因为前者的潜在性需要外在的动力因和形式因才能成为现实的雕像，而后者的潜在性并不需要外在的原因才能实现出来，其动力因和形式因就内在于胚胎自身之内。①

由此看来，似乎存在着两种质形论，人造物与生命体的质形论，而阿克瑞尔的疑难就是基于这种预设才能成立。的确，如果我们把二者仔细地进行比较就会发现，在人造物和生命体这里的质形论确实有所不同，就像卡拉柔总结的那样，人造物的质料可以没有实体的形式而存在，而生命体的质料是潜在地有生命的工具性躯体。但是，我们并不能基于这种差异而证明存在着两种完全不同的或互不相容的质形论，与其说这是两种不同的质形论，

---

① 曹青云的策略是将"潜在地有生命的自然躯体"理解为一个人有知识意义上的二阶上的潜能，而非一阶上的在种或类上的潜能。(参见曹青云: 19–27) 这种解决办法将人造物的质料与生命体的质料视为两个层次上的潜能，但问题是二阶上的潜能与一阶上的现实活动等同。所以，使用潜能概念的两个层次来解释，并不能证明为什么人造物与生命体的质料有这两个层次，所以我认为这种不同是因为人造物和生命体的形式之存在方式不同，人造物的形式来自技术师的心灵，而生命体的灵魂作为形式就内在地寓居形体之内。

不如说生命体在一种完美或必然的意义上呈现出形式与质料的结合，而人造物则在一种有限或偶性的意义上呈现出形式与质料的结合。就质料来说，人造物和生命体的质料都必须是切近或终极质料（ἐσχάτη ὕλη），即有实现其功能之潜能的质料，人造物的质料是能作为工具来使用的物体（ὀργανικὸν σῶμα），而生命体的质料必须是潜在地有生命的自然躯体（φυσικὸν σῶμα）；就形式来说，人造物的形式来自有此技艺的专家的心灵，而生命体的形式内在于其身体之内。所以，如果我们能够说明阿克瑞尔所预设的前提并不成立，那么，其难题也就不攻自破了。

三 切近质料与自然躯体

一如上述，人造物与生命体并非展现出两种完全不同的质形论，而是人造物在有限和偶性的意义上呈现形式与质料的结合，生命体则在绝对和必然的意义上呈现形式与质料的结合。就质料来说，不论是人造物，还是生命体，二者所需要的质料都不能是随意择取或没有规定的；相反，这些质料总是在功能上被限定的，即只有那些适宜于实现该形式所要求的功能或灵魂的生命活动的质料才可以是人造物和生命体的质料。人造物所要求的质料是能作为工具来使用的物体（ὀργανικὸν σῶμα），而生命体所要求的质料必须是潜在地有生命的自然躯体（φυσικὸν σῶμα）。[①]亚里士多德称这样的质料为"切近质料"（《物理学》

---

① 同名异义原则与亚里士多德从一物是否能够执行相应的功用或功能来界定一物的本质也息息相关，无论是人工产品，抑或是有生命的躯体部分无一例外，如若该物丧失了其功能，那么，它就只是徒有其名，而无其实了。（参见《天象论》390a10–15；《论动物的部分》640b18–23；《形而上学》1029b23–1030a17；《尼各马可伦理学》1098a7–8）

II. 9，200a10–15），例如，适合于斧头的质料必须是铁或其他能够用来砍切的坚硬的金属，而非纸、木或塑料之类的东西；同样地，适合于动物或人的质料必须是能够进行基本的生命活动的自然躯体，虽然在某种意义上来说，人的身体是由水、火、土、气这四种基本元素构成的，但如果说由四种元素任意组成的部分在潜能上就是人的话，就是错误的。（参见《形而上学》IX. 7，1049a1–35）[①] 因为这四种元素并不能直接接受人的形式，而只有那些有器官的、能够进行生命活动的自然躯体才可以。亚里士多德在《形而上学》中这样说道：

> 人、马这样应用于诸多个别事物的词，并不是实体，而是普遍，而是些由这一原理和作为普遍的这种质料所构成的复合物。就个体而言，苏格拉底是由切近质料（ἐκ τῆς ἐσχάτης ὕλης）构成的，其他事物也莫不如此。（《形而上学》VII. 10，1035b29–32）

生命体的切近质料就是潜在地有生命的自然躯体，一个很好的例证是：亚里士多德在《论动物的生成》和《论动物部分》中认为，血液是有血动物以及其躯体部位的先在质料（preexisting matter）（参见《论动物的生成》I. 19，727b31–33；《形而上学》VIII. 4，1044a32–b3）和切近食物（ἡ ἐσχάτη τροφή，《论动物的部分》II. 4，651a13–15），因为血液是有生命的征象，

[①] 亚里士多德谈到个别物什么时候潜在地存在和什么时候不是，如土并不是潜在的是人，因此质料也需要满足一定条件才可以说潜在的是某个个别物，只要人们愿意而又没有什么阻碍，就从潜在的存在变为现实的存在，或者这些质料无须增加什么、减少什么、改变什么，就是潜在的存在。

是潜在的血肉，就像石头是潜在的房屋（参见《论动物的部分》III. 5，668a13–27）。① 换言之，那潜在地有生命的自然躯体也就是在其自身有内在的运动本原的躯体：

> ……当然，灵魂不是这样的躯体的本质和原理（τὸ τί ἦν εἶναι καὶ ὁ λόγος），而是某种特定的自然躯体的（本质和原理），**在它自身之内就拥有运动与静止的本原**（ἀρχὴν κινήσεως καὶ στάσεως ἐν ἑαυτῷ）。(《论灵魂》II. 1，412b16–18)

自然躯体在这里是指那些在自身之内就拥有运动与静止之本原的躯体，亚里士多德在《物理学》192b6–15 非常清楚地说明了这一点，没有了生命的躯体当然还是躯体，但已经不是一个活着的动物或人的躯体了，因为在它之内没有了运动与静止的本原。尸体并没有重新获得另外一种新的形式，它更多的是一些元素的堆聚物（conglomerate）。而有生命的自然躯体潜在地能够进行基本的生命活动，"我们说生命不仅是凭靠自身能够摄取营养，而且还包括生长和衰亡。所以，所有那些有生命的自然躯体应该是实体，且是在复合物意义上的实体"（《论灵魂》II. 1，412a14–18）。并不是所有在自然中出现的事物都是有生命的，在自然物（τὰ φυσικά）中，有些是没有生命的，比如掉落的树叶、山川、湖泊等。亚里士多德在这里所说的自然躯体是有生命的自然物，最基本的生命活动就是生长和衰亡、感觉活动、想象等。由此可见，尽管人造物和生命体都需要一种在功能上被限定

---

① 如果一种质料还需要被转化为另一种更有精确性或有复杂结构的质料，那么就不是产品的终极质料。（参见《形而上学》IX. 7，1048b37–1049a3，1049a8–12）

的切近质料,但是生命体所要求的切近质料是潜在地有生命的自然躯体,即在其自身有运动和静止之本原的躯体,而人造物所要求的质料并不是能运动的或有生命的先在质料,因此,就质料来说,生命体在更加完美的意义上呈现出质形论。

另外,与阿克瑞尔的论断不同的是,事实上,灵魂与身体可以具有不同的属于各自的模态特性(modal properties),不管二者是否在时间上必然地重叠在一起。亚里士多德多次强调灵魂是非质料性的(immaterial),是不同于躯体的东西,他明言道:

> 因此,那些持有如下看法的人是正确的,即他们认为,灵魂既不能没有躯体($μήτ'$ $ἄνευ$ $σώματος$),亦不是某种躯体($μήτε$ $σῶμά$ $τι$)。因为灵魂并不是躯体,而是某种属于躯体的东西($σώματος$ $δέ$ $τι$),所以,灵魂寓于躯体之中($ἐν$ $σώματι$ $ὑπάρχει$),且存在于某种有着特定属性的躯体之中。(《论灵魂》II. 2,414a19–21)

我们可以找到灵魂与身体所拥有的各自不同的特性(cf. Shields,1988:103–137):(1)灵魂在其自身不能被运动(参见《论灵魂》I. 3),而有广延或体积的躯体可被运动(参见《论天》268b15–16);(2)灵魂作为躯体的形式是不可生成的(non-generable),而有器官的躯体则是生成的(参见《形而上学》VII. 8,XII. 3);(3)灵魂是不可以被分割为不同部分的(参见《论灵魂》411b27),而有广延的躯体可以(参见《物理学》219a11,237a11);(4)灵魂既不是任何一种元素,也不是来自某种元素(参见《论生成与毁灭》334a10–11),而有器官的躯体则是这样。甚至我们可以找到灵魂与身体更多的其他彼此相反的特性，但是我认为，这种差异的形而上学基础就是灵魂的非质料性（immateriality）和不可被还原性（irreducibility），灵魂不可被还原为身体，身体也不是灵魂，就像形式不能被还原为质料，质料不是形式。亚里士多德在《形而上学》VII中说，音节并不同于构成音节的字母，同样，肌肉并不同于构成肌肉的成分火与土。因为，解散或拆分之后，音节与肌肉便不复存在，但是字母、火与土仍然存在，因此音节并不是其构成成分，而是存在着别的东西，同样肉并不是火与土，而是还有别的东西。（参见《形而上学》VII17，1041b13–19）灵魂与身体的形质结合虽然不可分离，但是，我们仍然可以基于灵魂的非质料性在概念上或定义上找到诸多不同的属于各自的模态特性。

四　灵魂作为内在的形式

上文我们就质料进行了分析，接下来我们就形式来进行分析，为何生命体在完美和必然的意义上呈现出形式与质料的结合。人造物的形式与生命体的形式之间的最大区别就是后者的形式——灵魂是内在于生命体之内的，亚里士多德称之为形式的内在性或内在寓居性（τὸ εἶδος τὸ ἐνόν，immanence of the form），而人造物的形式则是外在的。（参见《形而上学》1037a29以下）因此，也只有生命体的灵魂才完美地展现出形式的内在性，展现出形式与质料的不可分离性，这并不表示这是两种不同的质形论，而是在生命体这里的质形论才显示出质料与形式的完美的、必然的和不可分离的结合。亚里士多德有时认为只有生命体或生命物才是实体，将灵魂称为第一实体，也就是那在自身之内有运动与静止之本原的生命体才是真正意义上的实体（参见

《形而上学》1041b28–31，1043b19–23，1042a7–8，1043a5–6，1070a5–20；《物理学》192b32–34），而学者们对于人造物是否是实体这个问题一直意见不一，至少学者们认为人造物的实体性地位是有争议的。（cf.Shields，2008：129–150）生命体的实体性从如下两个方面可以得到证明：（1）灵魂作为形式内在地寓居于躯体中；（2）灵魂作为形式是自然躯体的动力因和目的因，是有器官的自然躯体能够进行生命活动的原因或本原。

就第一点来说，人造物的形式与质料所展现出来的不可分离性只是在一种有限的意义上来说的，虽然其形式表现为这般质料或部分的某种结构、形状、秩序，是质形复合物，但是，人造物的形式并不是源于人造物本身，而是源于有此技艺的专家，存在于制作者的灵魂中：

> 所有生成于技艺或技术的东西，它们的形式都在（制作者）的灵魂中（ἐν τῇ ψυχῇ），我所理解的形式是指个别事物的本质（τὸ τί ἦν εἶναι）和第一实体（τὴν πρώτην οὐσία）。（《形而上学》VII. 7，1032a32–b1）

按照亚里士多德的理解，我们需要作出如下区分，言说生成才有意义，即生成物要么正在生成的过程中，要么处于生成过程已经完成的状态——是这样或那样的生成物。只要一个生成物还在生成的过程中，就仍尚未获得该形式，形式是质料的生成过程所趋向的完成或终止状态，只有当制作者完成了最后的雕刻功夫或放上最后一片瓦，一尊雕像或一座房屋才算告成，所以雕像和房屋的形式的完成有赖于制作者的雕刻或建筑活动的结束，并不是雕像或房屋的形式使这些质料保持为这样，而是制作者的建筑或雕刻活动。事实上，房屋在建好之后，其形式就开始遭受损毁，雕像在矗立之前，就开始承受风吹日晒的侵袭了。我想强调的是，并不是在生成过程中的质料使得房屋或者雕像达致完成的状态，而是建筑和雕刻的活动。但是，在生命体这里情况正好相反，他们或它们一旦开始存在，其生命活动就已经属于其自身了，因为生命体的形式就内在地寓居于自然躯体中，这一形式就表示一种完成的结果状态。亚里士多德使用　一词来表示灵魂是内在的形式，就是这个生命体的生成过程的结果或潜在地有生命的自然躯体的发展目的，所以，生命体的灵魂就内在地存在于自然躯体之内，而非存在于自然躯体之外。

其次，我们从对人造物和生命体的定义中也能看出来，具体的人造物或质形复合物是无法被定义的，因为实体的定义中只能包含形式的部分，质料不能作为定义的部分而被包含其中，所以，如若要对人造物下定义，就需要将其普遍化，将在数学上可以描述的形式从质料中抽象出来，比如铜球的球形或三角形；（参见《形而上学》VII. 11, 1036b32–1037a5）如若不进行抽象，而是将其视为与质料不可分离的个别物来进行定义，那么，它们或者不是真正的球形，或者还会因为别的可感成分（比如某个确定的地点）的掺入而导致其同一性受损。所以人造物的形式只有作为抽象的数学形式而存在，但是，在生命体这里恰好相反，其形式内在地寓居于质料中，不能和质料分离，因此在对生命体进行定义时，不能脱离其质料。正是基于此，亚里士多德将灵魂称为第一实体：

> 灵魂显然是第一实体（οὐσία ἡ πρώτη），而身体是质料。

人或者动物是出于作为普遍的两者而构成的。而苏格拉底和柯里斯库斯（个别实体）就有两重涵义了，如若灵魂就是苏格拉底；因为我们既可以将他们理解为灵魂，也可以理解为具体的复合物。如果他在单纯的意义上来说就是这个灵魂和这个身体，那么，就像普遍者（τὸ καθόλου）那样，个别物（τὸ καθ' ἕκαστον）也是（由两者）组合而成。（《形而上学》VII. 11, 1037a5–10）

所以，有生命的形式并不像人造物的形式那样可以从其质料中抽象出来，因为在亚里士多德看来，有生命的实体撇开其运动是不可能被定义的：

> 因为生命体是有感觉的存在，不能撇开运动（ἄνευ κινήσεως）来定义它，所以，也不能离开具有一定属性的部分来定义它。并不是具有任何性质的手是人的部分，而是那能够执行其功能，即作为活生生的（ἔμψυχος）手时，才是部分；无生命的（μὴ ἔμψυχος）手就不是部分。（《形而上学》VII. 11, 1036b28–32）

由此可以看出，对生命体进行定义并不是借助于抽象和普遍化，不能撇开运动来定义它，也就是不能脱离其能够运动的躯体部分来定义它，这与之前所说的自然躯体有着内在的运动与静止的本原是呼应的，生命体的定义中必定也将其质料包含其中，因为生命体的灵魂作为形式不能完全从其质料中抽象出来，被想象为独自存在的纯粹形式，而是就存在于每个具体的活生生的自然躯体中。① 我认为这也恰恰是人有尊严和位格的形而上学基础，也是每个个体能形成自己的独立人格的精神基础。而人造物的形式作为普遍的从质料中抽象出来的形式更多地存在于制作者的灵魂中。正是基于这个理由，亚里士多德将有生命的第一实体或灵魂称为内在的形式：

> 第一实体是内在的形式（τὸ εἶδος τὸ ἐνόν），组合体由此（形式）和质料构成，被称为实体。（《形而上学》VII. 11, 1037a29）

但是，我们该如何来理解灵魂的这种在质料中存在的内在寓居性呢？首先，生命体的形式的内在性并不像属性依附于或存在于某个载体或主体中（ἐν ὑποκειμένῳ εἶναι）那样，因为他在《范畴篇》中已经表明这种"在载体中"只是针对实体的偶有属性，而不适用于要被定义的形式；其次，形式的内在性也不是表示部分在整体中，尽管亚里士多德将复合实体称为或"组合体"（σύνολον）或"出自二者"（ἐξ ἀμφοῖν），但这并不表示形式

---

① 但是，这与亚里士多德在《形而上学》VII. 11, 1037a26–28 中所说的"与质料一起就不可能有定义"的说法相矛盾，对于这种矛盾，弗莱德和帕奇希（M. Frede und G. Patzig）在自己的著作中认为这两种说法有着不同的动机或意向，"生命体离开其质料部分是不能被定义的"是说这种定义是关于与质料连在一起的或不可分的实体，而"与质料一起是不能被定义的"是说质料部分并不是定义的组成部分，否则就会损伤到被定义的对象的内在一体性。(cf. Frede und Patzig, SS. 211–214) 海纳曼（R. Heinaman）更是通过自己的策略而将这种矛盾直接取消。他认为，第一种说法是关于那些离开质料就不能被定义的个别物，而这种定义就严格来说就不是定义；第二种说法是关于纯粹形式或本质的定义。(cf. Heinaman, 283–298) 这两种解决方案都没有将灵魂作为形式的内在性与独特性凸显出来，灵魂作为生命体的内在形式就存在于作为质料的自然躯体中，这形式就是生命体的现实活动，是其本原与原因。

与质料好似两个互补的部分共同构成一个整体，因为形式与质料在种上是不同的，就不能互相融合，不能拆分为同一个整体的部分。（参见《形而上学》V. 28，VII. 17）最后，我认为，灵魂作为形式寓居于血肉中的这种内在性（immanence）可以通过原因（αἰτία）与本原（ἀρχή）的概念来理解，灵魂是自然躯体的形式因、运动因和目的因。在人造物那里，其形式因、运动因和目的因都源于外部，而非源于人造物自身。（《形而上学》VII. 7，1032b1, 24）但是，在生命体这里，其原因与本原不假外求，反求诸己，就在自身之内，亚里士多德很清楚地说：

> 灵魂乃是有活着的躯体的原因和本原（αἰτία καὶ ἀρχή），原因和本原能以多种方式被言说出来。灵魂根据不同的三种区分方式同样是原因：灵魂是运动的源始，灵魂是何所为（οὗ ἕνεκα），灵魂作为有灵魂的躯体的实体是原因。灵魂作为实体是原因，这一点不言而喻。因为实体是所有存在的原因，对于生命体来说，生命就是这种存在，而灵魂则是这些生命或生活的原因和本原……非常明显的是，灵魂作为何所为是原因，就像理性总是为着某个目的（ἕνεκά του）而起作用，自然就是以这种方式来运作的，在（自然）这里，这就是目的。在生命体这里，灵魂就是在自然意义上的这样的（目的）。因为所有自然躯体（τὰ φυσικὰ σώματα）都是其灵魂的工具（ὄργανα），就像动物（的躯体）与植物（的躯干）也是这样，因为它们也是为了灵魂的原因（ἕνεκα τῆς ψυχῆς）而存在。（《论灵魂》II. 4，415b8–20）。

灵魂是活着的躯体的形式因，因为灵魂是躯体的本质；灵魂是活着的躯体的动力因，因为灵魂通过选择和思想来推动躯体，[1] 灵魂是躯体的内在的运动原因；灵魂是活着的躯体的目的因，因为躯体就像灵魂的工具，它们为了灵魂的原因而存在。简而言之，灵魂作为内在的形式就是我们赖以生活、赖以进行感觉和思维活动的本原（参见《论灵魂》II. 2，414a12–13），既然是自然躯体的内在形式和内在本原，就不能在与其质料分离的情况下来被定义。亚里士多德在对灵魂的定义中也多次重复强调灵魂是潜在地有生命的现实性（ἐντελέχεια）或现实活动（ἐνέργεια）（参见《形而上学》VIII. 3，1043a35），他在《形而上学》中简洁明了地说，实体和形式就是现实活动（《形而上学》IX. 8，1050b2），形式作为现实活动在灵魂这里完美地展现出来，草木之生长繁茂、百鸟之鸣啭歌唱、动物之繁衍生息、人类之劳作发明无不彰显着灵魂作为内在形式是这些生命活动的原因与本原。

五 结论

阿克瑞尔的难题预设了人造物和生命体分别对应着两种不同的质形论，人造物的质料可以没有实体的形式而存在，但生命体的质料却必须是潜在地有生命的自然躯体，所以这会导致"潜在地有生命"就是"现实地有生命"的难题。但是，通过上述分析和论证，我们发现亚里士多德并没有发明两种完全不同的质形

---

[1] 亚里士多德认为灵魂是不动的动者（unmoved mover），它推动躯体进行运动，但是它在其自身并不被运动。同时，他也反对自然主义者或原子论者的机械论和决定论（determinism），而为人的行动之自由进行辩护。（参见《论灵魂》I. 3，406b25；《尼各马可伦理学》III. 5，1113a10；VI. 2，1139b4）

论来分别解释人造物与生命体,而是在生命体这里的质形论在一种完美的意义上展现出质料和形式的必然结合,而在人造物那里的质形论则在一种有限的或派生的意义上展现出质料和形式的结合,亚里士多德经常在类比的意义上使用人造物来解释生命体的质形论。这其中的原因就在于,人造物的形式是外在于自身的,来自有技艺知识的专家的灵魂,而生命体的灵魂作为形式则是内在于自身之内的。因此,与之相应的质料的潜在性也就有不同,人造物的质料的潜在性需要技艺专家才能实现出来,而生命体的质料的潜在性的实现之本原则在自身之内,灵魂作为内在形式是生命体的现实活动的原因与本原。

作者简介:田书峰,德国慕尼黑大学哲学博士和古希腊语文学博士(辅修),中山大学哲学系副教授,主要研究方向为古希腊哲学、中世纪哲学和基督教思想史。

爱比克泰德的"选择"概念*

陈 玮

摘 要:"选择"(prohairesis)被认为是爱比克泰德哲学中最重要的概念之一,但是关于它究竟具有何种重要性,存在着不同的观点:一种观点认为爱比克泰德的"选择"是"意志"乃至"自由意志"概念的最初模型,另一种观点则认为他对这个概念的发展与运用和自由意志问题并无关联。本文将考察爱比克泰德《对话录》中关于"选择"的界定、阐述与运用,表明"选择"作为一种特殊的理性能力,是如何与"赞同"和"在我们的能力范围之内"等关键概念相结合,共同说明不受强制和妨碍的"自由"是如何可能的。在此基础上,本文试图表明,爱比克泰德的"选择"概念指向的是斯多亚式的道德理想,而非自由意志。

关键词:选择 赞同 自由 自由意志 爱比克泰德

作为哲学史上最重要也最困难的问题之一,自由意志问题涉及人类自我认识和自我规定的两个基本问题:第一,人类个体在整个世界的结构中处于何种地位,是否具有不被预先决定并做

---

* 本文最初发表于《意志自由:文化与自然中的野性与灵魂》,《伦理学术》(2022年秋季号总第013卷)上海教育出版社2023年版。

出不同选择的自由。第二，人类行动的本质是什么，人类能否且如何为自己的行动负责。有学者认为，希腊化时期的斯多亚学派对这两个问题都做出了回答：一方面，他们在整体上强调"自然"和"神意"对于整个宇宙具有普遍的决定作用，承认"命运"在根本上决定了人类的行动和生活；另一方面，他们坚持认为，个体凭借理性能力可以且应当发展出正确的认识与判断，形成恰当的情感与品格，并且能够为自己的选择和行动负责。斯多亚哲学的上述主张被看作古代相容论的典型代表，既承认当下的世界是被预先决定的，又坚持认为，处于这个世界当中的个体在某种意义上依然具有自主选择和行动的自由。①

不仅如此，有学者进一步认为，我们探讨自由意志问题所需要的概念工具，例如"意志""自由"和"选择"等，都可以在斯多亚哲学中找到思想来源。比如弗雷德（M. Frede）就在其《自由意志：古典思想中的起源》（*A Free Will: Origins of the Notion in Ancient Thought*）一书中指出，晚期斯多亚学派的代表人物爱比克泰德（Epictetus）所使用的"选择"（*prohairesis*）概念在某种意义上为我们提供了"意志"乃至"意志自由"的最初模型。② 不过，在这个概念溯源的问题上也存在争议，比如博布齐恩（S. Bobzien）认为，爱比克泰德的"选择"概念在含义和用法等方面都不同于后世哲学中普遍运用的"意志"概念，更不能与"自由意志"相等同，甚至拒绝承认爱比克泰德是在相容论

---

① 参见 T. O'Connor and C. Franklin, "Free Will", *The Stanford Encyclopedia of Philosophy* (Summer 2022 Edition), Edward N. Zalta (ed.), URL = <https://plato.stanford.edu/archives/sum2022/entries/freewill/>.

② ［德］迈克尔·弗雷德：《自由意志：古典思想中的起源》，［美］安东尼·朗编，陈玮、徐向东译，生活·读书·新知三联书店2022年版，尤其是第三章和第五章。

的框架下讨论选择和自由等问题。① 基于上述争论，本文将考察爱比克泰德在《对话录》(Discourses)中对"选择"(prohairesis)的论述，呈现他引入和使用这个概念的典型情境，分析该概念的哲学内涵，并试图由此说明，爱比克泰德的"选择"概念所指向的不是自由意志，而是伦理层面的道德理想。

一 "选择"的含义和典型情境

一般认为，"选择"(prohairesis)概念在爱比克泰德的哲学当中占据核心地位。② 尽管在爱比克泰德之前，亚里士多德已经在其伦理学研究中引入了"选择"，将它定义为某种由思虑(deliberation)引导的欲求(wish/boulêsis)，指向那些处于我们能力范围之内的事物，并且始终关于实现目的的手段而非目的本身。③ 亚里士多德试图诉诸这个概念来说明，行动者在什么条件下、在何种意义上要为他所做的行动负责，④ 而在亚里士多德之后，直到爱比克泰德这里，"选择"才真正获得了至关重要的地

---

① 参见 S. Bobzien, *Determinism and Freedom in Stoic Philosophy*, New York: Oxford University Press, 1998: Ch.7。
② 参见[德]迈克尔·弗雷德：《自由意志：古典思想中的起源》，[美]安东尼·朗编，陈玮、徐向东译，生活·读书·新知三联书店 2022 年版，第 55 页；以及 R. Dobbin, *Epictetus Discourses Book 1*, New York: Oxford University Press, 1998: 76。
③ 参见[古希腊]亚里士多德《尼各马可伦理学》III. 2–3, VI. 2, 1139a31–b13。也有英译者将这个概念译作"决定"(decision)。
④ 参见[德]迈克尔·弗雷德《自由意志：古典思想中的起源》，[美]安东尼·朗编，陈玮、徐向东译，生活·读书·新知三联书店 2022 年版，第 32—34 页。亦参见 F. E. Peters, *Greek Philosophical Terms: A Historical Lexicon*, New York: New York University, 1967: 163。他认为亚里士多德对于 *prohairesis* 的使用令其关于道德的讨论超出了（苏格拉底式的）理智的范畴，而扩展到"意志"(will)的范畴。

位,得到了进一步的澄清和界定,并作为一个关键性的概念工具,被用来刻画理性行动者的心理机制和决策过程,以此说明一个具有理性能力的人何以能够在物理或身体条件完全被决定的情况下,依然要为自己的行动负责。正是在这个意义上,爱比克泰德被认为是继亚里士多德之后,第一位真正将"选择"这个概念加以哲学化并赋予其重要含义的人,[①] 而这也是他超越早期斯多亚学派、为希腊化伦理学的发展所作的贡献之一。

事实上,爱比克泰德对"选择"的引入和使用有其特定的情境,通常都伴随着对于"什么是我们能够决定的事情"的追问和辩论。例如,在《对话录》的开篇、第一卷第1章《论我们能力范围内的事物和能力范围之外的事物》中,爱比克泰德设想了一个场景,其中明确提到了"选择":

(T1)

"把你知道的秘密说出来。"

"我不会说,因为这由我决定。"

"那我就把你锁起来。"

"老兄,你说什么?把我锁起来?你能锁住我的双腿,但是就连宙斯也无法战胜我的选择(*prohairesis*)。"(《对话录》1.1.23)[②]

[①] 参见 R. Dobbin, *Epictetus Discourses Book 1*, 76,他同时指出爱比克泰德是在亚里士多德的意义上而不是在早期斯多亚学派的意义上使用 *prohairesis* 这个术语。

[②] 本文所使用的《对话录》引文基于 Epictetus, *Discourses, Fragments, Handbook*, Robin Hard trans., New York: Oxford University Press, 2014 的英译本译出,同时参考 Dobbin, *Epictetus Discourses Book 1* 的英译、王文华的中译本,以及吴欲波等人的中译本。

这个片段向我们呈现了爱比克泰德运用"选择"概念的经典情境。在这段对话中，他先是假设有某位不讲道理且蛮横凶残的统治者对谈话者做出了判决——判他监禁、流放甚至斩首，接着向我们指出，尽管判决的理由和具体形式都不是我们所能决定的，不属于我们的能力范围，但我们依然能够决定两件事情：第一，如何接受处决，例如是哀号还是微笑，是恐惧还是平静地接受。第二，如何回应一些具体的、具有道德含义的行动要求，例如背叛和泄密。在爱比克泰德看来，在某些涉及具体行动的时刻，个体即使面对外部的强制和威胁，也依然可以选择采取或拒绝某个行动，正如引文中所说，"我不会说，因为这由我决定"。不仅如此，即使是宇宙中最高的、最神圣的力量，比如宙斯，即使这种力量能够最大限度地压制个体的物理存在（例如身体完整或行动自由），也无法压倒个体基于内在能力做出的选择。由此，爱比克泰德简洁明确地宣称，某些选择是属于理性行动者能力范围之内的，并且一旦做出就不可能被任何外部力量所压制或更改。基于此，有观点认为，爱比克泰德在这里用 *prohairesis* 所表达的，不是一般而言的、泛泛的选择，而是某种"道德选择"甚至"意志"，这也是为什么各种译本在翻译这个术语时，大都将其译作了"道德选择""意愿"甚至"自由意志"。[①]

[①] 参见［德］迈克尔·弗雷德《自由意志：古典思想中的起源》，［美］安东尼·朗编，陈玮、徐向东译，生活·读书·新知三联书店2022年版，第55页及以下。在各种译本的处理中，Dobbin 将 *prohairesis* 译作 "moral choice"（道德选择），王文华译作"意愿"，吴欲波等译作"自由意志"，Hard 译作 choice，本文按 Hard 的译法，译为"选择"。

二 "选择"作为不可挫败的理性能力

事实上,爱比克泰德的"选择"概念有两种重要的含义:首先,它不是指一个简单的动作(比如行动者 X 选了 A 而不是 B),也不是某种仅限于特定时刻的认知状态(比如行动者 X 在 T1 时刻认为 A 比 B 更好);相反,选择是"心灵或理性的一种能力,做出选择和决定的能力"①,并具有伦理内涵。在《对话录》第二卷第 23 章,爱比克泰德对于选择能力进行了非常详细且雄辩的说明,其要点可以概括如下:第一,它能够认识自身,知道自身具有何种价值(2.23.9)。第二,它能够认识其他各种能力(例如视觉、听觉、认知和表达等),知道它们各自具有的价值(2.23.11)。第三,它是其他一切能力得以施展的基础,它决定了何时、以何种方式、在何种程度上使用其他能力(2.23.9–13)。第四,它是"一种高于其他所有能力的能力"(2.23.20),是最优秀的能力(2.23.27)。第五,它不可能被其他任何事物所压制和阻碍,而只有在它自身堕落的时候才能阻碍自身(2.23.19)。由此,爱比克泰德将选择能力与善和恶、德性和恶习联系起来,主张"仅凭选择自身就会产生恶习,仅凭选择自身就会产生德性"(2.23.19),"如果一个人的选择得到正确的引导,他就会成为一个好人;如果得到糟糕的引导,他就会成为坏人"(2.23.28)。所以,爱比克泰德常常用 prohairesis 来表示道德品格,有时甚至用这个词代替 aretê 来指称道德上的卓越或者

---

① [德]迈克尔·弗雷德:《自由意志:古典思想中的起源》,[美]安东尼·朗编,陈玮、徐向东译,生活·读书·新知三联书店 2022 年版,第 60 页。

好品德。①

其次，选择能力一旦形成，就成为一种非常稳固的、不可挫败的心理能力。这里所说的"不可挫败"有两重意思：第一，相对于其他内在能力和倾向（比如欲望和偏好）而言，选择是不可能被压制、阻碍或败坏的。第二，相对于任何外部力量而言，选择是不能被限制、更改和压倒的。前者排除了内在强制的可能性，承诺了一种统一的、以理性为主导的灵魂结构或者心理模型。后者则为某种所谓相容论立场提供了心理学基础。这两重意思分别涉及斯多亚学派的另外两个重要概念，即"赞同"（assent/*synkatathesis*）与"在我们的能力范围之内"或"取决于我们"（up to us/*eph' hêmin*）。

就内在的"不可挫败"而言，爱比克泰德认为，对于真正具有并发展了选择能力的人来说，"选择"之外的一切心理活动和力量，包括欲望、偏好、倾向和各种情感状态在内，都无法对选择构成挑战、冲击或是压制。因为选择能力的获得意味着能够（恰当地）对印象给予赞同。在爱比克泰德所设想的心理能力当中，赞同是具有理性的人类才具有的能力，是人与动物的区别所在。大致而言，动物与人都可以通过感知器官而获得对于外部世界及其间事物和事件的印象（impression/*phantasia*），动物不加反思地使用这些印象来进行基本的生存活动例如吃、喝、交配等，人则要对这些印象加以理解和反思，对其内容进行判断，并"从中选取、删减和补充某些印象，由此进行不同的组合"（1.6.10），再根据逻辑原则排除其中可能存在的矛盾，形成进一步的认识。在此基础上，人会对具体的印象形成判断与确认，根

---

① 参见 Dobbin, *Epictetus Discourses Book 1*, 228。

据其真与假、对与错给予赞同或不赞同。这些经过赞同（或不赞同）的印象构成了选择的基础，而经过这个过程之后，在这一层面上形成的选择，也就排除了灵魂内部发生矛盾与冲突的可能——尤其是欲望或激情与理性之间的矛盾与冲突。举例来说，爱比克泰德对于美狄亚杀子复仇的例子所做的评论就体现了这个主张。他认为，当美狄亚为了向丈夫报复而杀害自己的孩子，并将这一过程描述为"正确的理性认识（杀害孩子是邪恶的）被激情（杀害孩子可以发泄愤怒、向丈夫复仇）压制而做出了错误的选择"，她的这个说法其实是错误的，因为美狄亚的问题并不在于其灵魂内部发生了理性与激情的冲突且激情最终压倒了理性，而是在于她错误地赞同了那个不应赞同的印象，从而在判断什么是最重要的事情上面犯了根本的错误（1.28.7–9）。由此可见，在爱比克泰德看来，理性行动者在进行选择和行动的过程中，其灵魂是始终保持一致的，而行动者运用理性能力、在赞同的基础上所做出的选择，其自身就排除了内在不一致的可能，因为选择的能力"本性上就是免受任何阻碍与强制的"（1.17.21）。所以，其他任何认知能力、心理状态以及情绪波动都无法对选择构成威胁和阻碍，从内在的角度来说，选择能力及其产生的结果是不可挫败的。

另一方面，面对外部因素，选择之所以是不可挫败的，则是因为它和"取决于我们"或者"在我们的能力范围之内"这个条件有关。在爱比克泰德的论述中，"在我们的能力范围之内"通常是以复数形式出现的（*ta eph'hêmin*），与早期斯多亚学派，尤其是克里西普斯常用的单数形式（*to eph'hêmin*）不同，[①] 爱比克泰德

---

① 参见 Bobzien, *Determinism and Freedom in Stoic Philosophy*, 332。

用这个词组着重强调那些我们有能力控制和决定的事物,而且他的指代往往非常具体而细微,会精确区分一个行动的条件、情境、动机、展开和后果等。例如他写道:"谁告诉你走路是你自己的事、可以不受任何阻碍?在我看来,我要说的是,只有你想要走路的冲动才是不受阻碍的。但是当它涉及运用我们的身体,涉及身体的配合,那你早就知道了,这些都不是你自己的事。"(4.1.73)

有了这样精确的区分,爱比克泰德进而提出,"在我们的能力范围之内"、由我们所决定的事物包括了赞同、意图以及对于某个行动的拒绝。① 比如他说:"有人能阻止你去赞同真理么?没有。有人能强迫你接受谬误么?没有。所以你看,在这个方面,你有选择的能力,它不受任何阻碍、强迫和妨害。"(1.17.22–23)再比如,在他看来,暴君可以锁住一个人的双腿,砍掉他的头颅,但是"[暴君]不能锁住什么、不能砍掉什么呢?——你的选择能力"(1.18.17)。简言之,所谓"在我们的能力范围之内",其实就是在我们的选择能力可以发挥作用的范围之内;所谓"由我们决定"的事物,也就是我们的选择能力可以达到的事物。但是,我们的选择范围究竟有多大,到底有哪些事物可以由我们选择呢?对此,爱比克泰德界定的范围其实是非常有限的。

首先,如前文所述,根据爱比克泰德,我们可以选择和决定的事物不包括我们实际做出的行动,比如该行动如何展开、能不能成功、以何种方式结束,等等。其次,我们无法选择和决定的事情不仅包括显赫的声名、震天的权势和可观的财富,甚至还包括一些十分日常的、基本的外在善,比如健康、美貌、土地、

---

① 参见 Bobzien, *Determinism and Freedom in Stoic Philosophy*, 334。

奴隶、衣服、房屋、马匹、妻子、子女、兄弟、朋友等，就连一个人自己的生死和行动自由都不在可以选择的范围之内（4.1.66–67）。同时需要指出的是，爱比克泰德并没有表明，我们可以选择"做出一个不同的选择或行动"（to do otherwise），这也就意味着，爱比克泰德并没有考虑类似于"自由意志"这样的问题，他所考虑并且强调的仅仅是，理性行动者所能决定的范围仅限于对所获得的各种印象采取何种态度——赞同或是不赞同，以及是否将某个印象看作善事物，进而当作生活的目标。当然，在他看来，这样的选择也足以令一个人为自己的行动负责。

既然"取决于我们"的事物是如此稀少，而我们的能力范围又是如此狭窄，那么，如果我们只在能力范围之内进行选择，只对取决于我们的事物产生偏好、倾向和欲望，那么这种选择在很大概率上都是不受阻碍和不可挫败的：

（T2）
"有人能强迫你去欲求你不想要的东西吗？"
"没有。"
"能为你设置目标或制定计划，或者一般来说，能为你处理那些你所获得的印象吗？"
"也不能，但是如果我有了一个欲望，有人能阻碍我去实现那个欲望。"
"如果那个欲望是朝向你自己的东西，而且不受任何阻碍，那他又如何能够阻碍你呢？"
"他当然不能。"（4.1.74–75）

爱比克泰德的这个说明或许由于界定过分狭窄而不能令人

完全信服，但他确实由此得出结论认为，选择能力不可能遭到阻碍和压制，选择的结果也不可挫败，并在此基础上提出了对于"自由"（*eleutheria*）的定义：

> （T3）一个人如果按照他所希望的那样去生活，如果他可以不受限制，不受阻碍，不受强制，如果他的动机不受妨害，如果他实现了他的欲望并且没有陷入他想要躲避的事物当中，那么他就是自由的。（4.1.1）

如果我们不考虑（T2）当中的条件限制以及此前有关"选择"的论述，会发现（T3）非常接近后世哲学关于意志自由的讨论，例如弗雷德就曾经这样评价爱比克泰德的哲学："在这里，我们有了第一个实质性的'自由意志'概念。这个概念是指这样一种'意志'：世界上没有任何权力或力量能够阻止它做出为了获得好生活而需要做出的选择，也无法强迫它做出任何会妨碍我们获得好生活的选择。"①

这种解释和评价会给人造成一种错误的印象，以为是爱比克泰德首先创造并使用了"自由意志"的概念，并由此发展出一种相容论立场。于是很自然地，这个评价引发了争论。例如，博布齐恩反对将意志自由的概念追溯到爱比克泰德这里。她认为，首先，爱比克泰德所设想的"自由"从来都不是指那种在两个选项之间进行抉择的能力；相反，他对自由的定义必须结合他对"在我们的能力范围之内"的定义加以理解。其次，这种自由

---

① ［德］迈克尔·弗雷德：《自由意志：古典思想中的起源》，［美］安东尼·朗编，陈玮、徐向东译，生活·读书·新知三联书店 2022 年版，第 95 页。

概念除了保留了其原有的政治意涵，即指那种与受奴役的状态相对的自由人身份和状态，同时还更多地具有伦理意涵，指一种与受到内在心理强制相对的、不受束缚和阻碍的状态。最后，这种自由只属于斯多亚式的"圣人"(sage)，因为他们具有智慧，不受激情和错误欲望的宰制，处于内在的或者说心理上的自由状态。① 不仅如此，博布齐恩还正确地指出，爱比克泰德式的自由并不构成道德责任的前提，因为一方面，尽管愚蠢的人没有这种自由，但他们也要为自己的行动负责；另一方面，尽管圣人拥有这种自由，但他们并没有多种选择，而只有一个选择，即正确的选择。也就是说，对于拥有自由的圣人而言，"做出不同的选择和行动"的可能性并不向他开放。②

简言之，根据博布齐恩的观点，爱比克泰德乃至整个斯多亚学派都没有形成真正意义上的"自由意志"概念，更没有进入相容论的理论范畴，他们对于选择和自由的讨论，与其说是为了说明道德责任，不如说是为了确立某种可供道德学习者在日常生活和练习中实际使用的伦理规范与原则。③ 而当爱比克泰德为"在我们的能力范围之内"这个条件赋予伦理层面的重要性时，他也并不是在所谓的自由选择或者相容论的框架下考虑问题，而仅仅是在考虑如何对道德原则加以应用，如何指导研究哲学的人从事伦理实践，从而在复杂甚至艰难的情境中以恰当的方式做出正确的选择。④ 也正因如此，在前文引用的（T1）之后，爱比克

---

① 参见 Bobzien, *Determinism and Freedom in Stoic Philosophy*, 341–342。

② Bobzien, *Determinism and Freedom in Stoic Philosophy*, 338, 341.

③ Bobzien, *Determinism and Freedom in Stoic Philosophy*, ch.7, 尤其是 7.2.4 认为爱比克泰德并没有引入"自由"概念来处理相容论问题，这项工作是在殉道者游斯丁（Justin Matyr）那里完成的。

④ Bobzien, *Determinism and Freedom in Stoic Philosophy*, 337–338.

泰德在强调选择无法被外在的力量——即使是宙斯的神意——压倒之后,立即指出:"这些就是从事哲学的人应该时刻铭记的想法,是他们应该每天记录的想法,是他们应该用以训练自己的想法。"(1.1.25)

三 "选择"的伦理内涵

至此,我们可以看到,爱比克泰德通过以下步骤完成了对于"选择"概念的界定与构建:首先,他将"选择"定义为一种特殊的理性能力。接着,通过发展"赞同"和"在我们的能力范围之内"这两个概念,他分别从内在和外在两个方面说明了选择能力在什么意义上是不受强制和不可挫败的:从内在方面来说,他通过"赞同"来整合灵魂内部的各个部分,排除了理性和欲望之间可能出现的矛盾与冲突,从而排除了理性被欲望压倒并出现心理强制的可能性。从外在方面来说,他大幅收缩了"取决于我们"的事物范围,使其仅仅涵盖赞同和选择能力所能达到的领域。最后,他综合运用以上概念,设想了一种主动并恰当地运用理性能力、内外都不受强制和阻碍的整体心理状态,并称之为"自由"。而我们已经看到,经过上述构建,这种自由已经不再意味着"能够做出不同的选择和行动",而是与智慧和美德等真正重要的生活目标结合起来,具有了重要的伦理内涵。

如果以上论述大致符合爱比克泰德对于"选择"的设想和使用,那么,我们或许会自然地提出两个问题:第一,"选择"作为一种特殊的能力,它的来源究竟在哪里?第二,如果说选择确实是不可挫败的,其最终原因又是什么?对于这两个问题的回答涉及斯多亚学派有关宇宙论、灵魂学说和道德哲学的整体思想，已经超出本文所要讨论的范围。但是，如果我们要尝试提出一个初步的解释思路，那么答案或许应当包含以下三个要素，即：（1）神意、自然、人的理性之间的等同，这是整个斯多亚哲学体系的理论基础。（2）持久且充分的哲学训练与道德实践，这是斯多亚哲学对于日常生活的关注和承诺，也是该学派的一个重要特点。以及（3）对于善和恶的恰当认识和正确的生活目的。之所以需要从这三个方面来进一步追究这个概念，其原因在于，爱比克泰德所设想的"选择"对内对外都是不可挫败的，并不是因为他精心设置了有限的、仅存在于我们能力范围之内的可选择对象，而是由于选择自身所蕴含的必然性与正确性：必然性来自斯多亚学派所承诺的、理性与自然、神意和宇宙总体秩序的统一性；正确性则一方面源自这种统一性，同时又涉及伦理层面的重要性。正是这种伦理层面的重要性——而不是讨论人究竟有没有以及如何有意志自由——才构成了爱比克泰德发展和运用"选择"概念的最终目标。

事实上，这种伦理层面的重要性几乎贯穿了整部《对话录》，并且从开篇就与神意紧密联系在一起——理性能力、正确运用印象的能力来自宙斯的赠予，而且正是这种能力（以及对它的尊崇、依循和充分且出色的运用）令人得以摆脱各种束缚和负面的情绪影响（1.1.10–12）。也正是在全书开篇的（T1）当中，爱比克泰德只用了短短几句话就成功地将宙斯赠予的这种能力发展成一个甚至足以与神意相抗衡的"选择"概念，并由此发展出一个标准来区分圣人和愚人：即使在物理条件都被决定的情况下，圣人也能够平静地接受当下的境况和即将到来的命运，不将其视作善或恶，愚人则错误地将这种外部变化看成是善或恶，并为此或悲或喜，感到不安甚至恐惧。圣人不会由于物理条件的变化或者身体遭受折磨而改变自己的判断和行动选择，愚人则会屈服于外部力量的威胁和压制。因此，爱比克泰德所说的这种选择的自由，从一开始就指向了个体的道德理想，即无论何时何地都要始终保持内心的平静和恰当，不偏离理性和自然本性为其所设置的标准与尺度。

最后，我们可以再看一个经过发展的典型情境：在《对话录》第一卷的结尾，爱比克泰德又记述了一段简短的对话：一个人面对一位地位显赫的权贵，内心中则在回答神提出的问题：

（T4）
"告诉我，什么样的事情是无所谓善恶的（indifferent）？"
"那些在我们选择范围之外的事物，它们对我而言没有任何意义。"
"那你再告诉我，你以前觉得什么东西是善的？"
"正确地进行选择，正确地运用印象。"
"你的生活目的是什么？"
"跟从神。"
"你现在［在地位显赫的人面前］也还是会这么说吗？"
"是的，就算现在我依然这么说。"（1.30.4–5）

这段简短的对话更加完整地呈现了爱比克泰德所构建的道德认识模型：首先按照选择或能力范围这一条件对各种事物进行判断，将那些选择范围之外的事物排除在善与恶的范围之外。接着诉诸印象和赞同概念，通过选择来界定什么是善。最后将这种善以及选择善的能力提高到整体生活目的的层面，并将其归结为"跟从神"。在此之后，他更进一步表明，即使面对一个为多数人所认可的、竞争性的善概念（例如显赫的地位和巨大的权势），也应当始终坚持此前所获得的、关于善的认识。因为这个认识从神意那里获得了自身的正当性和正确性。

总之，在本文所引用的四段对话文本当中，我们不仅看到爱比克泰德在"选择"的基础上、逐步构建起一个道德认识论模型，而且不断在非常具体的、生活化的场景当中重复和加强这种模型，最终通向他的道德标准和伦理学体系。这类对话几乎充斥着他的整部《对话录》，应该可以被看作代表了他的成熟且完整的伦理学思想，而在这个思想体系中，我们确实没有发现和自由意志问题相关的理论关注。就此而言，或许我们可以恰当地认为，即使爱比克泰德的确发展出了一个可以被理解为"意志"甚至"自由意志"的概念，即使我们可以将他的观点划归为"相容论"的立场，但是仅就其自身的理论关切而言，他在《对话录》中关于选择和自由的讨论，其指向的目标最终不是自由意志和道德责任的问题，而是伦理层面的至善理想。

作者简介：陈玮，浙江大学副教授，硕士生导师，主要研究领域为古希腊哲学、尤其是亚里士多德伦理学。

普纽玛/气、灵魂与经脉的发现

——亚里士多德与希腊化早期医学*

刘未沫

摘　要：伴随着近年来学界对希腊化时期医学残篇的个案研究，我们一方面确定亚里士多德的普纽玛/气理论，影响了他同时代及之后的医生；另一方面，这些研究也帮助我们澄清了误解，不再认为希腊化时期普纽玛/气不断精细化、系统化的分类是出于灵魂论的"理论需要"，而是当时几位著名医生传导系统的探索反过来推动认识深化的结果。同时，这些医生对人体传导系统的观察，解剖实验中的材料取舍，总在某些（特别是亚里士多德）理论预设下进行。这一哲学与医学、观念与实践相互的交织与影响，集中体现在希腊化时期气脉的发现（普拉萨格拉斯）、神经的发现（希罗斐鲁斯）以及三重人体生理网络系统的建立（埃拉西斯特拉图斯）上。这段时期概念或术语含义的流动性对理解及选择合适翻译造成巨大挑战，但在不同医学文本中重构其恰当内涵，正是理解希腊化早期医学对身体观之贡献的关键。

关键词：普纽玛/气　亚里士多德　早期希腊化医学　经脉　身体

---

* 本文最初发表于《自然辩证法通讯》2023 年第 6 期，第 65—82 页。

一 导言

普纽玛/气（*pneuma*）原本是希腊一个非常普通的概念，最初含义与其他几个有关气、呼吸、风的概念相似（如 *aer*、*aither*、*phusa*、*anemos*，此外还有几个小词如 *aella*、*thuella*、*anathumiasis*）[①]，之后却逐渐拥有了主动动力的含义，开始与生命或灵魂相关，并成为解决非物质性灵魂与身体连接及其所处环境互动的一个可能的概念工具。亚里士多德在这段发展历史上起着决定性作用。他不仅有意识地进行了体内普纽玛/气与外界普纽玛/气的区分——这点与希波克拉底作品如《论呼吸》（Περὶ Φυσῶν）类似——并且，提出了前者是"内生性普纽玛/气"（*sumphuton pneuma*，英译为 connate *pneuma*）的概念。他认为"内生性普纽玛/气"与"生命热"（vital heat）相关，这就具有了与外部的空气和风相反的性质，因为后两者被认为是冷的。在亚里士多德之前的传统中，外部的气和风虽然是人呼吸作用之必需，但也可能会对人体的生理系统造成侵袭，造成某些痛苦和疾病。例如，在《蒂迈欧》中，柏拉图就将某些疾病和痛苦的原因归结为普纽玛/气进入身体后通路不畅，它们被体液堵塞后，造成有的地方没有足够的气而无法供氧，有的地方有多余的气聚集而造成痛苦的状况。（《蒂迈欧》82e4–85a2）亚里士多德提出"内生性普纽玛/气"，将体内的普纽玛/气的性质转变为与生命热相关，它们就不仅不是疾病和痛苦的肇因，而且还成为基本生命活动的解释者。

---

① Lloyd, G. "*Pneuma* between Body and Soul", *The Journal of the Royal Anthropological Institute* 13, 2007:135–146.

亚里士多德之后，尽管大多数受他影响的医生重新肯定了体内普纽玛/气的外部来源，但亚里士多德认为动物和人要借助普纽玛/气才能顺利进行一些专属生命活动（如繁殖、感知、位移运动）的看法却被一直继承了下来。但恢复了内外连通，需要解释的问题（explanandum）就相应有了变化。在亚里士多德那里，普纽玛/气是内生的，因而需要解释的问题是内生性普纽玛/气如何在基本生命活动中发挥作用。但受他影响的医生恢复了内外普纽玛/气的关联，因而待解释的问题就变成：身体内外的普纽玛/气的性质在哪里转变？体外普通的普纽玛/气是如何获得与生命基本活动相关的能力？除此之外，这些医生出于职业需要还关心如何通过观察（或触摸）体内普纽玛/气的运动进行疾病的诊断与治疗。公元前4世纪晚期和前3世纪早期解剖学的迅猛发展，尤其是亚历山大里亚几十年间允许对犯人进行活体解剖，为这些医生回答上述问题提供了外部条件。他们在这些问题上的持续探索，也反过来促进了普纽玛/气理论的发展。

本文尝试重构过去不大清楚的普纽玛/气的概念在公元前4世纪晚期到前3世纪中叶半个多世纪的发展状况，近五年来学界关于希腊化时期医学残篇的优质个案研究为我们的这一工作提供了可能。这些个案研究最大的贡献在于，修正了许多误解及其片面预设。一方面，之前人们认为整个希腊化时期（从亚历山大大帝前323年去世，到前31年屋大维战胜安东尼，约三个世纪），占主导地位的思想资源基本上都来自亚里士多德之后才发展起来的斯多亚学派、怀疑学派和伊壁鸠鲁学派，而不是来自柏拉图及其学园和来自亚里士多德及其建立的漫步学派[①]，

[①] ［美］安东尼·朗：《希腊化哲学——斯多亚派、伊壁鸠鲁学派和怀疑派》，刘玮、王芷若译，北京大学出版社2021年版，第1页。

因此会将这些希腊化早期医生的实践作为希腊化时期主流学派理论的先驱或先导来定位。如之前普拉萨格拉斯（Praxagoras）文集编纂者和权威研究者斯德克尔（F. Sterkl），就将这位医生放置在与斯多亚的关系中进行理解，预设了普拉萨格拉斯的医学实践是斯多亚普纽玛/气理论的来源。① 但证据并不总能支持这种预设，有时甚至与之完全相反。最近莱维斯（O. Lewis）考察并重新编订了普拉萨格拉斯的文本，在她提出的新解释中，我们更多地看到普拉萨格拉斯与亚里士多德的连续性。② 另一方面，过去认为希腊化时期普纽玛学说出现了系统的分类（如出现灵魂的普纽玛/气、生命的普纽玛/气）是出于"理论需要"，尤其是灵魂论要求更细致的、一一对应的身心关系连接。希罗斐鲁斯（Herophilus）文集编纂者和权威研究者冯·施达登（von Staden）就持有这样的观点。但新的研究也表明这种讲法与材料相左，并且错误预设了探讨感知、运动这样的生命现象就一定与"灵魂能力"有关。实际上，这条适用于亚里士多德的预设，并未被希腊化时期的医生们普遍接受。③ 从下文的讨论我们将看到，早期希腊化医生的确受到亚里士多德的影响，但他们的出发点与亚里士多德不同：他们不是按照灵魂所负责的不同功能和活动（如理智、感知、位移、营养等）来对身体中

---

① Steckerl, F., *The Fragments of Praxagoras and His School*, Leiden: Brill, 1958.

② Lewis, O., *Praxagoras of Cos on Arteries, Pulse and Pneuma*, Leiden; Boston: Brill, 2017.

③ 如希罗斐鲁斯和埃拉西斯特拉图斯（Erasistratus）都明确表示过，灵魂并不是医学应当研究的议题，很可能是从阿斯克莱皮亚德斯（Asclepiades）的时代（即公元前 2 世纪晚期和前 1 世纪早期）开始，我们才在一些医学学派中出现了有关灵魂的理论。

不同的生理运动进行分配；而是反过来从身体一侧，从其生理结构和活动出发去安排各项生命活动（如营养、意愿性生理运动、非意愿性生理运动、感知等）。后者并不一定要诉诸灵魂来解释。本文主要讨论的三位医生的贡献是逐渐形成了人和动物有三套传导系统、分别负责不同层面生理运动的身体观。因而更符合实际的情况或许是，在希腊化早期的医学中先出现了对人体传导系统更加精细的分类，之后才开始流行根据不同传导系统去划分普纽玛/气的不同种类的做法。

如今我们看到的是比原先设想更复杂的哲学与医学、理论与实践互动过程。因而我们有必要重新检讨亚里士多德的普纽玛/气的理论，特别是他在讨论动物的运动时所作出的更细致的身体运动的分类（第二节）；这样我们才能充分理解早期希腊化医生实践所受到的亚里士多德影响，而不是像过去那样将希腊化时期的医学实践，与希腊化时期如日中天的斯多亚派以及他们的普纽玛/气的理论绑定。同时，我们也有必要在可靠的关于早期希腊化医生的个案研究中找到较为一贯的线索。在最新的《亚里士多德之后的普纽玛/气的概念》导言中，个案研究的编者们也表达了对个案研究能够贡献于讨论各个医学作品中普纽玛/气理论之间关系的期望。[①] 因而在本文第三、第四、第五节，我会依次讨论在三位有师承关系的医生那里，普纽玛/气理论如何一次次作为解释者（*explanans*）发挥作用，成为他们清晰化人体不同传导系统的帮手；同时，我也总结了两条这些医生在实践中似乎遵循着的原则（"原则1"和"原则2"）。我们

---

① Coughlin, S., Leith, D. and Lewis, O.(eds.), *The Concept of Pneuma after Aristotle*, Berlin: Topoi, 2020:10.

或许可以将这样一条较为连续的从亚里士多德到普拉萨格拉斯、希罗斐鲁斯、埃拉西斯特拉图斯的发展线索，称为"生物学—医学解剖的普纽玛/气理论"。在第六节，我将简要说明，在之后的发展中哪些学派的普纽玛/气的理论受到了这一进路的影响（而哪些没有）。

在进入正文前，还有必要提及几个一直没有得到正确翻译的术语：ἀρτηρίαι（arteriai），φλέβες（phlebes）和νεῦρα（neura）。现有译法（如《希腊科学》）基本是按照ἀρτηρίαι拉丁转写arteriai后的英译arteries，将其译为"动脉"（即arteries的现代英文含义），同时将φλέβες按照其常见英译veins的现代英文含义译为"静脉"；类似地，就会出现"肺动脉""肺静脉""颈动脉"以及字面就难以理解的"静脉状动脉"（vein-like artery）、"动脉性静脉"（arterial vein）等情况。① 这些译法容易给人造成古希腊医学的身体观念是在胡乱猜测的印象。这几个概念本身的流动性，为我们的理解和翻译造成了巨大困难。由于希腊化时期解剖学迅猛发展，对人体的认识更新迭代迅速，因而术语的含义也一直在变化。就算是四百年后的罗马人，也对这种含义的流动性感到头疼，例如1世纪末的鲁弗斯（Rufus of Euphesus）就提到过，ἀρτηρίαι含义一直变来变去，直到他的时代才基本被确定为指"感觉神经"。②

---

① ［英］杰弗里·劳埃德：《希腊科学》，张卜天译，商务印书馆2021年版。

② 鲁弗斯说，ἀρτηρίαι此前的含义：1. 有时被等同于φλέβες（phlebes，可指身体中任一通路）；2. 有时等同于aortai（这个词在不同人那里含义又不一样，亚里士多德用它表示心脏中像筋一样的血管，并非中空，末端连接到骨骼；普拉萨格拉斯用它表示"厚的脉"；埃拉西斯特拉图斯则用它表示"主［气］脉"）；3. 有时是"普纽玛/气的通道"（πνευματικὰ ἀγγεῖα，（转下页）

清楚这种流动性中包含的具体含义,并知道具体术语含义变化的明显分界点,我们的选择就可以针对具体情况进行选择。在本文涉及的几位医生中,我建议将 $ἀρτηρίαι$ 译为"脉",若现代读者能够警惕将动脉与血液循环进行联想的习惯,其实也可以取"脉之动"的含义将其译为"动脉"。(比较中国古代类似的用法,如《难经》一难曰:"十二经皆有动脉,独取寸口,以决五脏六腑死生吉凶之法,何谓也?")同时,$ἀρτηρίαι$ 也可以根据不同医生认为其中所特有的物质来翻译,如在普拉萨格拉斯和拉西斯特拉托斯那里可译为"普纽玛/气脉"、在希罗斐鲁斯那里可译为"普纽玛/气血脉"。这样的译法既能保留 $ἀρτηρίαι$ 在该医学传统中的基础含义"(动)脉",也能看到在不同医生那里其含义的变化(是气的通道还是气血一体的通道)。对于 $φλέβες$(phlebes,veins),我们绝不能将其译为"静脉",因为静脉的概念依赖于血液循环观念的建立——这套观念迟至哈维(William Harvey, 1578–1657)才出现;相反,在整个古代,血液系统一般都是被作为灌溉系统来理解的(例如《蒂迈欧》77c6–e8;又如亚里士多德在《动物志》III 2. 511b30–512a 中对阿波罗尼亚的第欧根尼[Diogenes of Apollonia]的报道),基本功能就是向身体的各个地方输送营养。在早期,$φλέβες$ 可以泛指所有形态上中空的管道,与 $πόροι$ 是同义词,其中的物质可以是血液,也

(接上页)pneumatic vessels);4. 有时是"通路"($σήραγγας$,passages),不是普纽玛/气的专属;5. 有时是"腔"($κενώματα$,cavities);6. 更晚的时候,开始被等同于 neura(这里是指希罗斐鲁斯发现"神经"后,neura 所包含的"神经"的含义)(《论人体不同部分之名称》,括号中的解释为我所加)。

可以是普纽玛/气、精液等的各种物质的混合①；到亚里士多德，$\phi\lambda\acute{\epsilon}\beta\epsilon s$ 有时被用于指代所有中空的传输通路，有时被用作专门走血的"血管"；此后 $\phi\lambda\acute{\epsilon}\beta\epsilon s$ 作为"血管"的含义似乎就相对稳固了，因而在本文涉及的希腊化医生那里，我们就都将其译为"血管"。最后是 $\nu\epsilon\hat{\upsilon}\rho\alpha$（neura），它的生理形态一直比较稳固，指一种与 $\phi\lambda\acute{\epsilon}\beta\epsilon s$ 的中空形态相对的、实心的绳状结构。以希罗斐鲁斯解剖头颅发现了"神经"（nerves）为分水岭，此前它的含义就是指筋腱、韧带、关节囊等这些身体内分散的韧性组织；从希罗斐鲁斯发现"神经"开始，neura 就多了连通全身的传导系统"神经"的含义。②我们只有在研究中对这些术语含义的流动性保持警惕，先搞清楚该术语的希腊文在这位医生的生理学系统中的含义，再选择合适的中文对应，同时总是备注希腊词原文，才有可能使读者看到同一术语在不同医生那里的含义变化，进而才能够理解这一时期普纽玛/气学说的发展脉络。

---

① 例如，阿波罗尼亚的第欧根尼在解释听觉时，将气体通过耳朵到达脑部的通道也称为 $\phi\lambda\acute{\epsilon}\beta\epsilon s$。劳埃德指出，第欧根尼的 $\phi\lambda\acute{\epsilon}\beta\epsilon s$ 中的物质是血液、从外部呼吸作用来的气、湿等的混合，它们共同成为感知、快乐和意识等的物理基础，他同时指出第欧根尼关于 $\phi\lambda\acute{\epsilon}\beta\epsilon s$ 的一系列说法是亚里士多德之前最为详尽的对 $\phi\lambda\acute{\epsilon}\beta\epsilon s$ 的讨论。此外，在柏拉图那里，呼吸的气体似乎也是在 $\phi\lambda\acute{\epsilon}\beta\epsilon s$ 中与血液一起流动的。(《蒂迈欧》79a5–e9) 参见 Lloyd, G., "Diogenes of Apollonia: Master of Ducts", in M. M. Sassi (ed.), *La construzione del discorso filosofico nelletà dei Presocratici/The Construction of Philosophical Discourse in the Age of the Presocratics*, Pisa: Edizioni della Normale, 2006: 237–257; Solmsen, F., "Greek Philosophy and the Discovery of the Nerves", *Museum Helveticum*, 18, 1961。

② Solmsen, F., "Greek Philosophy and the Discovery of the Nerves", *Museum Helveticum*, 18, 1961.

二 亚里士多德：灵魂能力、普纽玛/气与三种身体运动

在亚里士多德这里，内生性普纽玛/气的一项重要功能是解释动物的繁殖。正如前面提到，亚里士多德对普纽玛/气观念上的一个巨大转变是，他区分出与身体外部的普纽玛/气不同的"内生性普纽玛/气"。在他之前一般认为外界的风/普纽玛是冷的，因而通过呼吸作用或者皮肤蒸腾作用进入身体的普纽玛/气也是冷的。① 但亚里士多德割断了这种联系，认为体内产生的"内生性普纽玛/气"是热的，这种热还不是一般的热，是生命热（vital heat）。生命热有赋形和生成的能力，在《论动物的生成》中，亚里士多德详细讨论了这种生命热和内生性普纽玛/气在繁殖过程中的作用。在交合过程中，雄性精子中的内生性普纽玛/气负责将生命热传递给下一代，而其携带的信息是该生物作为"种"的永恒的形式（ϵἶδος）；当生命热作用于——亚里士多德是认为如此——女性的月经液体，前者就使后者赋形，并首先生成"生长的始点"心脏（《论动物的生成》2.1，735a14–29）。② 新的心脏一旦生成就开始生产自己的生命热和自己的内生性普纽玛/气，它们同时也携带着作为"种"的形式的分化信息（《论动物的生成》II. 6，741b37 ff.）③——例如，人的定义中所包含的两腿无毛的分化信息，鸟的定义中包含的有翼的分化信息等——

---

① 在早期希腊，风、气、呼吸都是相似的概念。参见本文导言。
② Barnes, J.(ed.), *The Complete Works of Aristotle* (sixth printing, with Corrections), Princeton: Princeton University Press, 1995:1140.
③ Barnes, J. (ed.), *The Complete Works of Aristotle* (sixth printing, with Corrections) , Princeton: Princeton University Press, 1995:1151.

这些信息被传递给周围的物质（月经液体），这样胎儿的各部分就逐渐分化出来（《论动物的生成》II.1，735a12-26）。①

亚里士多德论内生性普纽玛/气在动物运动中的作用，是受到关注最多、争议最多的部分，因为这里涉及普纽玛/气作为身心关系的联结以及动物与环境互动的问题。在《论灵魂》III.10 的相关讨论中，亚里士多德指出动物的运动符合他对运动一般性解释的基本结构"不动的推动者—被推动的推动者—被推动者"，其中"不动的推动者"被看作善好的对象，"被推动者"是动物的身体；难点在于"被推动的推动者"。在这个语境中，"被推动的推动者"被等同为欲求能力，亚里士多德说欲求能力需要借助"某种身体性的东西"才能完成，后者的功能"共通于灵魂与身体"，同时其被推动又都是通过"推力和拉力"（《论灵魂》III.10.433b19–27）。②这里的"某种身体性的东西""共通于灵魂与身体"就是指内生性普纽玛/气，这可以在《论动物的运动》③（主要是 X）④中得到证实。因而整个图景变成：外界对象作为不动的推动者（在某时某地对我们显现为善好的东西，即欲求对象）对感官产生刺激，引起某些性质变化——这种性质变化在生

---

① Barnes, J. (ed.), *The Complete Works of Aristotle* (sixth printing, with Corrections), Princeton: Princeton University Press, 1995:1141.

② Barnes, J. (ed.), *The Complete Works of Aristotle* (sixth printing, with Corrections), Princeton: Princeton University Press, 1995:689.

③ 本文中《论动物的运动》的希腊文版本使用普利马维希（O. Primavesi）的最新校勘本，参考莫里森（B. Morison）的英文翻译和刘玮的中文翻译。若有个别句子使用不同于普利马维希的希腊文校勘本，或中文译文有改动，都会在文中或注释中指出。参见 Rapp, C., Primavesi, O. (eds.), *Aristotles De Motu Animalium*, Oxford: Oxford University Press, 2020; [古希腊] 亚里士多德：《论动物的运动》，刘玮编译，北京大学出版社 2021 年版。

④ 《论动物的运动》VII 仅有 701b15–16 一处提及普纽玛，从上下文看很可能是抄传过程中注文混入正文。

理层面被确定为主要是冷热变化——它们通过传导通道到达感觉中枢心脏。在心脏中的变化继而会引起物理的（包括机械的）和感知的两方面变化。一方面，冷热会影响心脏中的血液和"内生性普纽玛/气"，引发身体上不同的物理的和机械的运动。如冷热变化引起的心脏的收缩与扩张，被内生性普纽玛/气转化为推力和拉力在传导系统中传递；当到达关节时引起包裹关节囊的筋腱和肌肉的松弛或变硬，引发动物的位移运动。另一方面，由于心脏是感知中心，也可能会引发与感知灵魂相关的运动，如各种意愿运动。虽然在以上图景中，欲求能力与内生性普纽玛/气的关系仍然需要被澄清（普纽玛/气所参与的这一运动模型，是学界长期讨论的热点问题），但就本文的目的而言，我们可以暂时搁置对这一争论的评价，侧重在"被推动的推动者"的不同运动类型上。亚里士多德在进行更细致的身体运动的区分时，所涉及的对心脏正常跳动和心悸、痉挛等运动的讨论，正是之后希腊化早期医生不断讨论的话题。

亚里士多德在《论动物的运动》XI 中，区分了在心脏发生变化后可能引起的身体运动："意愿运动"（ἑκουσία，voluntary motion）、"无需（ἀ–）意愿的运动"（involuntary motion）和"无关（οὐχ）意愿的运动"（non-voluntary motion）。[①] 第一种，心

[①] 刘玮将这三种运动译为"自愿运动""不（ἀ–）自愿运动"和"非（οὐχ）自愿运动"。但"非自愿运动"听上去像是"自愿运动"的对立面，因而从逻辑上说应该包含 ἀ– 和 οὐχ 两种情况；若只用作对其中一种情况的翻译，容易造成误解。我的译法是一贯地将"ἀ–"翻译为"无需……"（或"无……"），例如 ἀκουσία 是"无需意愿的（运动）"，又如 ἀβίαστος 是"无需强力的（运动）"。而 οὐχ……从亚里士多德给出的例子（睡眠、睡醒、呼吸）看，都是完全无涉意愿的情况，因而我译为"无关意愿的（运动）"。我将"反……"（或"违背……"）保留给"παρά ……"，如"反（或违背）逻各斯的"（παρὰ τὸν λόγον），"反（或违背）自然的运动"（ἡ παρὰ φύσιν κίνησις）（转下页）

脏的冷热变化（a）有可能引发某种灵魂活动，如有辨别能力的感知、表象或思想，因而造成"意愿运动"（τὰς ἑκουσίους κινήσεις，703b3）。但经过心脏的活动，（b）也有可能不引发灵魂活动，完全由生理结构完成"无需意愿的运动"（ἀκουσίους，703b6），如心悸等，这种运动"与思想发出命令无关"（οὐ μέντοι κελεύσαντοσ τοῦ νοῦ，703b7），或者说，是"反（或违背）逻各斯的"（παρὰ τὸν λόγον，703b16）。这里"反（或违背）逻各斯的"含义，或许就是指与根据自然目的为某个器官在整个生命体中所设定的功能相反或相违背，如心脏本来应该正常跳动才能维持其基本的作为营养中枢的功能，因而心悸（无论是暂时的应激反应还是病理性的）就违背了这一正常状况。（c）在这个过程中，亚里士多德还提到了一种"无关意愿的运动"（οὐχ ἑκουσίους，703b8），如睡眠、睡醒、呼吸等。三种运动中共同的生理变化都涉及普纽玛/气的作用：外部的或者内部的冷热变化引起的质变，在身体部分引起的扩大或收缩，继而引起的身体相邻部分的变化（703b9–16）；与此同时，伴随着心脏中的热量变化，心脏中的生命热加热血液产生内生性普纽玛/气，后者有膨胀和收缩能力，因而能够将热量变化及其引发的身体某些部分的大小变化，都转变为推力和拉力传递出去（关于《论动物的运动》XI 的解释，近年来也成为学界讨论热点）。[1]

（接上页）等；同时，与此相对的概念"κατὰ ……"我都译为"按照……"如"按照自然的运动"（或简化为"自然运动"），"按照选择的运动"等。

[1] Corcilius K. and Gregoric, P., "Aristotle's *Model of Animal Motion*", *Phronesis* 2013, 58 (1): 52–97; Morel, P. M., "Voluntary or Not? The Physiological Perspective MA 11", in C. Rapp and O. Primavesi (eds.), *Aristotle's De Motu Animalium*, Oxford: Oxford University Press, 2020.

亚里士多德这里在自然哲学背景中所讨论的身体层面的"意愿运动",与他在伦理学中讨论的基于"选择"(προαίρεσις)的"意愿运动"并不相同,后者是指做出选择或决定去行动时,所包含的认知状态是"有意愿的"(ἑκούσιον),因而也需要对接下来引发的行为负责。因而,当亚里士多德在《论动物的部分》讨论动物和人的眨眼运动(为了防止其他东西伤害眼睛而眨眼)时说"这不是出于选择的运动,而是自然使然"(καὶ τοῦτο οὐκ ἐκ προαιρέσεως, ἀλλ ἡ φύσις ἐποίησε,《论动物的部分》II. 13, 657a37–b1),他的意思就是眨眼是眼睑之"自然"所做的运动,与人的认知状态无关。①

总结起来,在亚里士多德看来,内生性普纽玛/气与生命热相关,而体外的普纽玛/气是冷的;内生性普纽玛/气是由心脏中的生命热加热血液而产生的,与体外的普纽玛/气无关。这些都对普纽玛/气在古代希腊的发展有决定性影响,它使得普纽玛/气开始与基本生命活动联系在一起,而不再是过去传统中的疾病的根源。在亚里士多德这里,内生性普纽玛/气在生理层面的功能,都与动物特有的活动相关。比如,在繁殖活动中,它传递上一代的"形式"。而在动物身心连接及其与环境的互动中,内生性普纽玛/气又协助完成从冷热变化到引发肢体位移运动。在此过程中,亚里士多德区分出了普纽玛/气参与其中的三种身体运动,即"意愿运动""无需意愿的运动"与"无关意愿的运动";无论这三种运动是否是明确的分类,亚里士多德的讨论方式和所使用的术语,都对早期希腊化医生们围绕普纽玛/气进行的讨论产生

---

① 这也是将这些自然哲学讨论中的相关概念译为"意愿运动"而非"自愿运动"的原因。

了影响。① 例如，下文将看到普拉萨格拉斯更进一步将身体中普纽玛/气的运动都称为"根据自然的运动"，后来希罗斐鲁斯使用了"按照选择（κατὰ προαίρεσιν）的运动"（英文也译为"voluntary motions"，因而中文也翻译为"意愿运动"）来与其他生理运动作区分，并将其与他新发现的生理结构——神经——联系起来。

表1 亚里士多德生理学中普纽玛/气参与的生理运动

亚里士多德				
生理层面的运动分类	生理现象或活动	是否普纽玛/气参与	来源	中枢
意愿（ἑκουσία）运动	如欲求引发的朝向欲求对象的运动	是	内生	心脏
无需意愿的 ἀκουσία 运动：不自然的、病理性的运动	如心悸、因害怕而发抖等			
无关（οὐχ）意愿的运动：不是出于选择的运动（οὐκ ἐκ προαιρέσεως），而是自然使然（ἡ φύσις ἐποίησε）	如睡眠、自然眨眼等			

三 普拉萨格拉斯：普纽玛/气脉（arteriai）的发现与脉搏的自然化

普拉萨格拉斯来自小亚细亚沿岸的岛屿科斯（Cos），生活

---

① 在公元前1世纪安德罗尼柯（Andronicus）编辑的亚里士多德"全集"出现前，《论动物的运动》在希腊化时期都没有文本流传的直接证据，这也是过去学界忽略希腊化早期医学中普纽玛/气的探讨与亚里士多德《论动物的运动》中对普纽玛/气的讨论的关系的原因。但没有直接的证据，并不意味着亚里士多德对普纽玛/气和身体层面不同运动类型的讨论实际上没有对他同时代及之后的医学发展产生重要影响。相反，在我们之后的讨论中，我们将明显地看到这种影响，或者说，我们希望我们的讨论能够为建立这种思想连续性提供有力证据。

在公元前 4 世纪晚期到前 3 世纪早期，与亚里士多德生活的时间有交集。莱维斯指出，普拉萨格拉斯明确受到了亚里士多德的影响，但亚里士多德似乎并不知道他的生理学解剖理论。① 普拉萨格拉斯最大的贡献就是发现了"普纽玛/气脉"（ἀρτηρίαι），在下文我们将分析为何普拉萨格拉斯要分离出一条专属普纽玛/气运动通道的原因（既有实践来源，又有理论来源）。在希腊世界，普拉萨格拉斯第一次将普纽玛/气的通路（ἀρτηρίαι）与血的通路（φλέβες）区分开，这对医疗造成了很大影响。因为普拉萨格拉斯认为普纽玛/气脉的"自然运动"（或"按照自然的运动"，κατὰ φύσιν）就是脉搏（σφυγμός，pulse），因而脉搏才第一次被作为人和动物健康状态的表征。

在这里我们首先关注的问题是："普纽玛/气脉"（ἀρτηρίαι）作为独立通道不是预先知识，普拉萨格拉斯为何要按普纽玛/气脉和血液来划分体内的传导系统呢？近年来莱维斯对普拉萨格拉斯残篇做了新的汇编、翻译与研究，我们从这些新的编纂资料中得知普拉萨格拉斯分离"普纽玛/气脉"，首先有经验观察方面的动机。他在动物解剖或为病人手术的过程中，观察到有一种与血液管道有区别的传导结构：其形态不完全是中空管状，而是前面为中空管状，但末端是与筋腱（neura）相似的绳索状。普拉萨格拉斯认为，这种末端绳索状结构表示其具有韧性或可塑性，因而这种通路应该不只是在被动地传输某种惰性物质（如血液），所以要与完全中空的运输血液的传导通路分开。这是出于解剖经验观察方面的原因。

---

① Lewis, O., *Praxagoras of Cos on Arteries, Pulse and Pneuma*, Leiden; Boston: Brill, 2017:234–237, 251, 282–284.

普拉萨格拉斯在作出将这种通路与血液系统的区分后，莱维斯认为，他很可能是"方便起见"，将前者与普纽玛/气联系了起来，称其为"普纽玛/气的专属工具"（πνεύματος ὄργανα μόνου）①，并且由此第一次将体内的普纽玛/气分为"自然（κατὰ φύσιν）运动"与"非自然（παρὰ φύσιν）运动"（关键段落见莱薇丝编，残篇6和残篇8）。② 在我看来，这种"方便起见"很可能也与普拉萨格拉斯熟悉亚里士多德对普纽玛/气的解释有关，特别是普纽玛/气之"自然"所具有的推力和张力，似乎与他想要强调的"脉"（ἀρτηρίαι）所具有的韧性和可塑性的生理形态相合。在《论动物的运动》10，亚里士多德这样描述过普纽玛/气的"自然"："很明显，它（即普纽玛）具有作为使动者和产生动力（ἰσχύς）的自然倾向；其运动的功能就是推和拉，继而器官必定能够扩张和收缩。普纽玛/气的自然（φύσις）就是这样的。因为（器官的）收缩〈和扩张〉无需强力（ἀβίαστος），基于相同的原因，拉动者和推动者（ἑλκτιηκὴ καὶ ὠστική）也无需强力。"（《论动物的运动》703a21–23；我的翻译，尖括号为校勘者所补，圆括号为我根据文意所补。）根据更合理的校勘（主要

---

① 这一说法见盖伦《论别脉》（*De dign. Puls.*）（莱维斯编：残篇12；比较残篇13–14）。莱维斯令人信服地说明，虽然在普拉萨格拉斯称 ἀρτηρίαι 为普纽玛/气的专属工具这点上，我们只有来自盖伦的材料，但由于盖伦是在不同作品、不同地方、以不同方式提到这一观点的，甚至有一处还是批评普拉萨格拉斯这种说法在诊断上的矛盾，因而我们基本可以将盖伦的这一报道当作普拉萨格拉斯本人的看法。

② Lewis, O., *Praxagoras of Cos on Arteries, Pulse and Pneuma*, Leiden; Boston: Brill, 2017:48–55.

针对最后一句）①，这里的意思是普纽玛/气是使动者，它有发动运动的力（ἰσχύς），但这种力不是"强力"（βίας），而是有自然倾向地去推和拉。当内生性普纽玛/气在心脏的中心产生，它就作为被推动的推动者，出于其"自然"去推动和拉动，继而引起器官（如整个心脏、肺部）的收缩和扩张。根据亚里士多德在其他地方经常提到的，"通过强力"（βία）的运动是"反（或违背）自然"（παρὰ φύσιν）的运动，"无需通过强力"的运动是"自然（或按照自然的）运动"（κατὰ φύσιν）（如《论天》III. 2, 300a23, 301b20–22；《物理学》VIII. 4, 254b8ff.）；那么我们也可以顺理成章地将普纽玛/气的这种推动和拉动的运动，称作普纽玛/气自身自然的（κατὰ φύσιν）运动。这是我认为普拉萨格拉斯区分出普纽玛/气独立通道的理论来源。

当作为医生的普拉萨格拉斯明确地将普纽玛/气的"自然运动"作为这种传导系统独立于其他传导系统的标志区分出来之后，就产生了医学上重要的后果。普拉萨格拉斯认为，上面所说的那种普纽玛/气脉的"自然运动"，在身体上的具体表现就是我

---

① 这里采用了法库哈森（A. Farquharson）的校勘，他根据的拉丁本 G 回推这里的希腊词应为 ἑλκτιηκὴ，但抄本 ω 写作 βίαιτικὴ，普利马维希的校勘是根据抄本 ω 改作 βίαι <ἑλκ>τικὴ。（见普利马维希对该句的校勘记）这里法库哈森的校勘似乎更加合理，因为 ἑλκτιηκὴ（"拉动者"）不仅与 ὠστικὴ（"能推者"）形成很好的搭配，文义也更通顺，即整句话说的是，无论是器官的缩小与扩张，还是普纽玛作为推动者或者拉动者，都不是强力使然，这样这句话才能作为对普纽玛的"自然"的说明。相反，若采用抄本 ω 写作 βίαιτικὴ（"能产生强力者"）和普利马维希的 βίαι <ἑλκ>τικὴ（通过强力的推动者），那么普纽玛/气的"自然"就都包含"借助强力"去推动和拉动，这与亚里士多德一向将"出于自然的运动"和"借助强力的运动"相对立就矛盾了。与此相反，莫瑞森（B. Morrison）的英译本和刘玮的中译本在这里都用的是普利马维希的校勘（即 βίαι <ἑλκ>τικὴ）。

们在皮肤表皮观察到的脉搏运动（σφύζειν, pulsation）（莱维斯编：残篇4-8，10，14，15）①。与此相对，普纽玛/气的"反（或违背）自然运动"，也就是病理性的运动，包括悸动（παλμός, palpitition）、痉挛（σπασμός, spasm）、战栗（τρόμος, tremor）等。（莱维斯编：残篇6-8，10）② 导致这些病理性运动的原因多种多样，例如，脉筋（或筋状脉）过于强壮而不受控制等。③ 这样一来，脉动（σφύζειν）和脉搏（σφυγμός, pulse）就第一次被理解为一种人体内恒定的自然现象。在早期希腊，σφύζειν 和 σφυγμός 都多指剧烈的病理性的心跳运动，通常与害怕、发烧等相关；④ 不仅如此，普纽玛/气也常常被认为是疾病（如痉挛、战栗、中风、癫痫等）的肇因。但现在在普拉萨格拉斯这里，由于普纽玛/气被分为"自然运动"和"反自然运动"，且脉动和脉搏被归为前者，作为人身体自然的、健康的表征，由此脉诊才成为可能。⑤ 在莱维斯最新整理的普拉萨格拉斯的 32 个残篇中，我们

---

① Lewis, O., *Praxagoras of Cos on Arteries, Pulse and Pneuma*, Leiden; Boston: Brill, 2017:46-61.

② Lewis, O., *Praxagoras of Cos on Arteries, Pulse and Pneuma*, Leiden; Boston: Brill, 2017:48-57.

③ Lewis, O., *Praxagoras of Cos on Arteries, Pulse and Pneuma*, Leiden; Boston: Brill, 2017:222-229.

④ 例如在《伊利亚特》22.425 中形容安德罗马克预见赫克托尔之死时心脏的跳动，《斐德罗》251d 形同极度痛苦的灵魂，与青年的美分离，跳动得像发烧时的脉搏。参见 von Staden, H., *Herophilus: The Art of Medicine in Early Alexandria*, Cambridge: Cambridge University Press, 1989: 268。

⑤ 在普拉萨格拉斯之后，脉搏都被作为自然的、正常的现象，但术语上还有流动。据盖伦的报道，埃拉西斯特拉图斯又回到了用 σφυγμός 指不正常的和不自然（如发烧、发炎）时的脉象。但这遭到了盖伦的强烈反对，盖伦认为应当回到普拉萨格拉斯确定的传统上去。（盖伦：《论别脉》4.2 [K.8, 716, 5-13]）

也看到有三分之一以上的题目（不包括单独讨论普纽玛/气的篇目）都与脉搏（σφυγμός）相关。①（参见表2）

从上面的讨论中我们可以明确，普拉萨格拉斯在医学上的普纽玛/气理论的确是在亚里士多德的影响之下。但与亚里士多德不同的是，普拉萨格拉斯恢复了体内与体外普纽玛/气的关联，不认为体内的普纽玛/气是内生的（他之后的医生也持同样看法），这意味着他需要解释普纽玛/气进入身体后发生性质转变的过程。普拉萨格拉斯将当时人们已普遍接受的心和肺的运动机制移植到对普纽玛/气脉的解释中，认为整个普纽玛/气脉的系统（ἀρτηρίαι）都是通过呼吸的扩张和收缩来吸入和排出普纽玛/气。②

从外界进入的普纽玛/气，主要在肺和心脏发生质变，获得湿和其他性质（如密度、温度），因而获得了能够进行"自然运动"（即脉搏跳动）的能力。他继承亚里士多德的心脏中心说，认为心脏是整个生理系统的中心，能够思考、推理、作决定。并且他认为普纽玛/气经由心脏时，不只是发生了冷热性质的转变，还获得了"信息"（如运动指令，或许也有感觉信息），作为传导者的普纽玛/气以脉搏的方式将这些"信息"传递到身体相应的肌肉、筋腱、骨骼、器官等，这些传导都是在普纽玛/气的专属通道"脉"（ἀρτηρίαι）中发生。正是因为普拉萨格拉斯认

---

① Lewis, O., *Praxagoras of Cos on Arteries, Pulse and Pneuma*, Leiden; Boston: Brill, 2017:34–35.

② 莱维斯令人信服地论证了，基于普拉萨格拉斯现有残篇，唯一可以安全确定为普纽玛/气的来源的只有呼吸，而不像过去认为的那样还包括皮肤表皮发生的蒸腾作用——因为关于蒸腾作用和内部产生的蒸气作为普纽玛/气来源的证据很弱——同时也没有证据表明普拉萨格拉斯相信有"内生性普纽玛/气"。参见 Lewis, O., *Praxagoras of Cos on Arteries*, *Pulse and Pneuma*, Leiden; Boston: Brill, 2017: 257–259。

为普纽玛/气在体内有这些特殊功能，所以它进行传导时需要特殊的通道，而不能混同于进行营养传递的血管；虽然血管的出发点也是心脏，但二者的功能完全不同，这也强化了要将普纽玛/气运动的通道独立于血管通道的理由。

在普拉萨格拉斯"发现"普纽玛/气脉过程中，我们看到了解剖实验和理论传统共同起作用的方式。为了下文探讨方便，我们将他在整个过程中的思路总结为以下两条原则：

（1）将解剖中新发现的具有传导功能的生理结构与普纽玛/气相关联，作为普纽玛/气的通道（原则1）；

（2）一套传导系统对应于一种功能和一种物质实体（原则2）。

表2 普拉萨格拉斯生理学中普纽玛/气参与的生理运动及其传导系统

普拉萨格拉斯						
传导系统	形态	生理层面的运动分类	生理现象或活动	物质	来源	中枢
arteriai（普纽玛/气脉）	形态介于空腔状的血管（phlebes）与绳状韧性结构（neura）之间	（1）自然运动（κατὰ φύσιν）	脉动（σφύζειν, pulsation）和脉搏（σφυγμός, pulse）	普纽玛/气	呼吸作用，来自外部	心脏
		（2）反自然的运动（παρὰ φύσιν）	如心悸、战栗、痉挛等			

四 希罗斐鲁斯：神经的发现与脉搏的精确化

希罗斐鲁斯与普拉萨格拉斯生活年代相似，是后者的学生。希罗斐鲁斯接续了普拉萨格拉斯的很多看法，[①]他自己所作出的最

[①] Coughlin, S., Leith, D. and Lewis, O. (eds.), *The Concept of Pneuma after Aristotle*, Berlin: Topoi, 2020; von Staden, H., *Herophilus: The Art of Medicine in Early Alexandria*, Cambridge: Cambridge University Press, 1989:117-124.

重要的贡献则是发现了"神经",① 他也因此常被称为"神经学之父"。这一发现有其历史偶然性,其中最重要的外部条件是亚历山大里亚在托勒密一世(可能同样在他儿子托勒密二世)的时期,允许医生对犯人开展人的活体解剖活动(主要的史料来源是凯尔苏斯 [Celsus])。② 希罗斐鲁斯在这段时间中所做的活体解剖实验(特别是对大部分颅神经所位于的后脑区域),使他能够第一次将神经系统从其他传导系统中区分出来,将"神经"的终端确认为连接于头部,而不同于终端为心脏的"脉"($\dot{\alpha}\rho\tau\eta\rho\acute{\iota}\alpha\iota$)和血管($\phi\lambda\acute{\epsilon}\beta\epsilon\varsigma$)。由此希罗斐鲁斯第一次提出大脑而非心脏,才是感知和运动的中心,并指出其主要的"统治部分"是脑室。③ 希罗斐鲁斯认为这类神经基本上与那些绳索状的、也就是之前被归为 $\nu\epsilon\hat{\upsilon}\rho\alpha$ 名下(筋腱、韧带等)的生理结构属于一类,只是它们有感觉和动力的功能。④ 因而从希罗斐鲁斯开始,$\nu\epsilon\hat{\upsilon}\rho\alpha$ 的含义不只是韧性组织,而是开始包括我们现在所说的"神经"的含义。

---

① Solmsen, F., "Greek Philosophy and the Discovery of the Nerves", *Museum Helveticum,* 18, 1961; von Staden, H., *Herophilus: The Art of Medicine in Early Alexandria*, Cambridge: Cambridge University Press, 1989:159-160, 250-259.

② von Staden, H., *Herophilus: The Art of Medicine in Early Alexandria*, Cambridge: Cambridge University Press, 1989:159-160, 139-153.

③ Leith, D., "The Pneumatic Theories of Erasistratus and Asclepiades", in Coughlin, S., Leith, D. and Lewis, O. (eds.), *The Concept of Pneuma after Aristotle*, Berlin: Topoi, 2020:131-156. von Staden, H., 'Body, Soul and Nerves: Epicurus, Herophilus, Erasistratus, the Stoics, and Galen', in J. P. Wright and P. Potter (eds.), *Psyche and Soma. Physicians and Metaphysicians on the Mind-Body Problem from Antiquity to Enlightenment*, Oxford: Oxford University Press, 2000:87.

④ Leith, D., "Herophilus and Erasistratus on the *Hegemonikon*", in B. Inwood and J. Warren (eds.), *Body and Soul in Hellenistic Philosophy*, Cambridge: Cambridge University Press, 2020:32.

我们认为，希罗斐鲁斯完全延续了其师普拉萨格拉斯"发现"普纽玛/气脉的"原则1"，即，当他在解剖实验中分离出"神经"之后，他就将其作为普纽玛/气的通道。但认识到这点也首先取决于莱维斯和赖斯（D. Leith）最近的修正，即正确地将希罗斐鲁斯那里的普纽玛/气的运动与神经运动紧密相连，而不是按照过去研究希罗斐鲁斯的权威学者冯·施达登（H. von Staden）的看法，将其与呼吸运动相联系。① 莱维斯和赖斯指出一段埃提乌斯（Aëtius）报告希罗斐鲁斯医学观点的重要证据（见《论自然哲学家的意见》[*Placita Philosophorum*] 5.15.5）。在该段文本中，如果将"普纽玛/气的运动"的所指理解为呼吸运动，那么希罗斐鲁斯以"普纽玛/气的运动"区分动物与非动物，就成了以呼吸运动来区分动物与非动物——但这样是说不通的，因为这不仅会把胎儿排除在动物之外，也不符合当时已知的知识（例如亚里士多德在《论呼吸》1.470b9-10 中就已经指出并非所有动物都有呼吸）。根据上下文更合适的理解是，将"普纽玛/气的运动"与"按照选择的运动"（ἡ κίνησις κατὰ προαίρεσιν，常译为"意愿运动"）联系，后者是希罗斐鲁斯用来区别动物运动与非动物运动的标准。② 换言之，未出生的胎儿虽然已经有神经，但不能进行"按照选择的运动"，这种运动要等出生时吸入周围气体才能被首次激活。在这个过程中，尽管呼吸是重要的，但它只是神经特有的"按照选择运动"的激活者，

---

① von Staden, H., *Herophilus: The Art of Medicine in Early Alexandria*, Cambridge: Cambridge University Press, 1989:258.

② Lewis, O. and Leith, D., "Ideas of Pneuma in Early Hellenistic Medical Writers", in Coughlin, S., Leith, D. and Lewis, O. (eds.), *The Concept of Pneuma after Aristotle*, Berlin: Topoi, 2020:117 n. 97.

而并不与神经运动直接挂钩。①

关于神经运动,希罗斐鲁斯区分了两类,对应于他所说的两类神经。一类是感觉神经(neura aisthetika,直译是"使感觉可能的神经");另一类是"动力神经"(neura prohairetika,直译是"使选择可能的神经",通常英译为 motor nerves)。在过去的研究中,学者们都同意普纽玛/气是负责在感觉神经中进行传送的物质,却对动力神经或"使选择可能的神经"的传送者是否为普纽玛/气持有不同意见(如索尔姆森[Solmsen]支持②,冯·施达登反对③)。同样基于对上面提到的埃提乌斯的段落,莱薇丝和赖斯指出索尔姆森在这点上更为正确,因为外界而来的普纽玛/气所激活的就是"动力神经"或"使选择得以可能的神经";而冯·施达登用来支持自己观点的盖伦的选段则与讨论神经中是否有普纽玛/气无关。④换句话说,通过莱维斯和赖斯指出的这个段落,我们现在知道在希罗斐鲁斯那里,"普纽玛/气的运动"不是与呼吸运动有内在关联,而是与神经有关的运动;同时,也

---

① Lewis, O. and Leith, D., "Ideas of Pneuma in Early Hellenistic Medical Writers", in Coughlin, S., Leith, D. and Lewis, O. (eds.), *The Concept of Pneuma after Aristotle*, Berlin: Topoi, 2020:116–117.

② Solmsen, F., "Greek Philosophy and the Discovery of the Nerves", *Museum Helveticum* 18, 1961.

③ von Staden, H., *Herophilus: The Art of Medicine in Early Alexandria*, Cambridge: Cambridge University Press, 1989; von Staden, H., "Body, Soul and Nerves: Epicurus, Herophilus, Erasistratus, the Stoics, and Galen", in J. P. Wright and P. Potter (eds.), *Psyche and Soma. Physicians and Metaphysicians on the Mind-Body Problem from Antiquity to Enlightenment*, Oxford: Oxford University Press, 2000:89.

④ Lewis, O. and Leith, D., "Ideas of Pneuma in Early Hellenistic Medical Writers", in Coughlin, S., Leith, D. and Lewis, O. (eds.), *The Concept of Pneuma after Aristotle*, Berlin: Topoi, 2020:257.

肯定了普纽玛/气仅仅存在于感觉神经中，也存在于动力神经或"使选择可能的神经"中。由此，我们才可以说希罗菲洛斯沿用了普拉萨格拉斯"原则1"，即，在有了新的生理结构发现——神经——后，将其运动与普纽玛/气的运动关联起来。

希罗斐鲁斯是否坚持了普拉萨格拉斯的"原则2"呢？从一些材料上看，他似乎完全背弃了这一点，因为他认为普纽玛/气不仅在神经中，也认为它在脉（ἀρτηρίαι）中和血液一起运行；[①]也就是说，ἀρτηρίαι 在普拉萨格拉斯那里被确认为单独走普纽玛/气的"普纽玛/气脉"，到了希罗斐鲁斯这里又成了气血共走的"气血脉"了。如果认为不断分离的清晰化过程是医学上的"进步"，那么希罗斐鲁斯似乎是一种倒退。但我认为背弃"原则2"并不是希罗斐鲁斯的出发点，只是他坚持"原则1"的一个后果。因为他坚持把普纽玛/气的传导系统划给了新发现的"神经"，才导致"脉"（ἀρτηρίαι）没办法再保持为普纽玛/气的专属通道。从后来的发展看，这种情况只是暂时的，很快埃拉西斯特拉图斯就将在加入神经系统的情况下，按照普拉萨格拉斯的两个原则安排整个人体的传导系统各自的物质和功能。

表3　希罗斐鲁斯生理学中普纽玛/气参与的生理运动及其传导系统

希罗斐鲁斯				
传导系统	生理层面的运动分类	物质	功能	中枢
neura aisthetika（感觉神经或"使感觉得以可能的神经"）	感觉运动	普纽玛/气	使感知可能	大脑

[①] von Staden, H., *Herophilus: The Art of Medicine in Early Alexandria*, Cambridge: Cambridge University Press, 1989:264–267.

续表

希罗斐鲁斯				
传导系统	生理层面的运动分类	物质	功能	中枢
neura prohairetika（动力神经或"使选择得以可能的神经"）	"按照选择的运动"（κατὰ προαίρεσιν）：心悸、战栗、痉挛等，是"按照选择的运动"在向外施加推力时受到了压抑的情况	普纽玛/气	使选择可能	大脑
arteriai（气血脉）	"自然的"运动（相对于"按照选择的运动"而言，普纽玛能跟随心脏跳动进行收缩和扩张）：脉搏（非独立产生，而是源于心脏）	普纽玛/气 & 血液	营养分配	心脏

需要提醒的是，虽然普拉萨格拉斯这里的普纽玛/气在"神经"（νεῦρα）和"脉"（ἀρτηρίαι）两条通路中运动，但并不表明他有对普纽玛/气的明确分类。① 过去冯·施达登（von Staden）曾误导地提出，希罗斐鲁斯就区分了"灵魂—普纽玛"和"非灵魂性普纽玛"，前者在神经中，后者在气血脉和心脏中②；并且基于这点，冯·施达登继续提出希罗斐鲁斯持有一种关于"灵魂、灵魂能力、灵魂统治部分（hēgemonikon）的限制性观念"，因为他将一些柏拉图、亚里士多德和其他哲学家归给灵魂的能力（如生长、肺部和心脏的收缩扩张等）都交给了"非灵魂

---

① 参见 Leith, D., "The Pneumatic Theories of Erasistratus and Asclepiades", in Coughlin, S., Leith, D. and Lewis, O. (eds.), *The Concept of Pneuma after Aristotle*, Berlin: Topoi, 2020:131–156; Lewis, O. and Leith, D., "Ideas of Pneuma in Early Hellenistic Medical Writers", in Coughlin, S., Leith, D. and Lewis, O. (eds.), The Concept of Pneuma after Aristotle, Berlin: Topoi, 2020:93–130。

② von Staden, H., *Herophilus: The Art of Medicine in Early Alexandria*, Cambridge: Cambridge University Press, 1989:253–259.

性普纽玛",即"自然"。^①但冯·施达登的观点有时代错置之嫌:之后埃拉西斯特拉图斯作出了"灵魂的普纽玛"($πνεῦμα\ ψυχικόν$)和"生命的普纽玛"($πνεῦμα\ ζωτικόν$)的区分,但在希罗斐鲁斯这里,还没有这样的意图^②。此外,冯·施达登的判断还基于一个可疑的隐含前提,即认为讨论感觉运动和意愿运动(或"按照选择的运动")就一定是在讨论灵魂能力。然而,这条前提适用于亚里士多德^③,却并不适用于希腊化早期的医生们。例如,在一份大英博物馆所藏的伦敦匿名纸草(Anonymus Londinensis Papyrus)中,就有希罗斐鲁斯明确反对灵魂是医学研究对象的证言。^④

希罗斐鲁斯虽然作出了发现神经的巨大贡献,但在整个希腊化早期建立人体传导系统的过程中,他却更像是一个过渡角色。在上面的分析中,我们看到这种过渡性体现在他发现了"神经"后,因坚持"原则1"而无法兼顾"原则2"所造成的气

---

① von Staden, H., "Body, Soul and Nerves: Epicurus, Herophilus, Erasistratus, the Stoics, and Galen", in J. P. Wright and P. Potter (eds.), *Psyche and Soma. Physicians and Metaphysicians on the Mind–Body Problem from Antiquity to Enlightenment*, Oxford: Oxford University Press, 2000:90.

② Lewis, O. and Leith, D., "Ideas of Pneuma in Early Hellenistic Medical Writers", in Coughlin, S., Leith, D. and Lewis, O. (eds.), *The Concept of Pneuma after Aristotle*, Berlin: Topoi, 2020:114–123.

③ 例如在《论灵魂》中,当亚里士多德首先报告前人关于灵魂的看法时,他说:"他们所有人,可谓都将灵魂按照如下三种特征定义:运动、感知和非实体。"(《论灵魂》I. 2,405b11–12)

④ 参见 Leith, D., "Herophilus and Erasistratus on the *Hegemonikon*", in B. Inwood and J. Warren (eds.), *Body and Soul in Hellenistic Philosophy*, Cambridge: Cambridge University Press, 2020:46; Lewis, O. and Leith, D., "Ideas of *Pneuma* in Early Hellenistic Medical Writers", in Coughlin, S., Leith, D. and Lewis, O. (eds.), *The Concept of Pneuma after Aristotle*, Berlin: Topoi, 2020:114 n. 88。

血脉混杂的暂时后果上。但这里还要提及他作为过渡性角色的另一体现，即希罗斐鲁斯人体传导路径之间并未形成连贯的系统。在他的传导系统之间，我们知道：（1）外部气体在吸入肺部进入胸部后，有一部分没有随胸和肺收缩所造成的呼气排出体外；①（2）肺和心脏之间，由肺的气血脉（artery）和肺的血管（veins）连通；②（3）普纽玛/气所在的神经系统（包括两类神经）连接于大脑。但基于这三点，我们只能推测：呼吸活动剩余的普纽玛/气存于胸部，进入了肺的气血脉（artery）和肺血管（veins），被运送到了心脏；它们很可能也是在心脏发生了质变，成为与脉搏运动有关的普纽玛/气。然而，心脏中的普纽玛/气是如何与大脑中（神经的终端）的普纽玛/气建立联系的，我们在希罗斐鲁斯这里却找不到任何解释。这个工作要等到埃拉西斯特拉图斯来完成。

最后有必要提及希罗斐鲁斯对普拉萨格拉斯脉诊的继承和发展。他延续了普拉萨格拉斯开创的"脉搏自然化"传统，认为脉动不是病理性的；但是，希罗斐鲁斯却否认普纽玛/气有自己独立的运动，认为普纽玛/气只是跟随心脏的跳动而发生收缩和扩张（在这点上不同于普拉萨格拉斯，也不同于亚里士多德）。相应地，脉搏也就不是脉的运动的表征，而是心脏运动的表征。在脉搏理论上，他提出了更多进行精细描述的范畴。例如，除了用"舒张"（διαστολή）和"收缩"（συστολή）这种一

---

① Lewis, O. and Leith, D., "Ideas of Pneuma in Early Hellenistic Medical Writers", in Coughlin, S., Leith, D. and Lewis, O. (eds.), *The Concept of Pneuma after Aristotle*, Berlin: Topoi, 2020:119–120.

② Lewis, O. and Leith, D., "Ideas of Pneuma in Early Hellenistic Medical Writers", in Coughlin, S., Leith, D. and Lewis, O. (eds.), *The Concept of Pneuma after Aristotle*, Berlin: Topoi, 2020:119. 过去中译误译为肺动脉和肺静脉。

般的"属"来描述脉搏,他还通过"种差"和生命的不同阶段来描述脉搏。希罗斐鲁斯认为,有四个或五个脉搏的"种差",如节奏($ρυθμός$)、大小($μέγαθος$)、频率($πυκνότης$)或速度($ταχύς$)以及激烈程度($σφοδρότης$)(有的地方出现了第五项"体量"[$πλῆθος$])。[①]有意思的是,在讨论脉搏的"节奏"时,他将其对应于生命的不同阶段,同时又借用同时代漫步学派亚里士多塞诺斯(Aristoxenus)的音步理论(metrical theory)来和脉搏跳动作类比。他将生命的阶段划分为婴儿、成年、盛年与老年四个阶段,各阶段的脉搏分别对应于四种格律:婴儿期的正常脉搏对应于短短格(pyrrhic,由两个短音节音步构成),成年期的正常脉搏对应于长短格(trochee,又称抑扬格,由一个长音音步加上一个短音节音步构成),壮年期的正常脉搏对应于长长格(spondee,由两个长音节音步构成),而老年期的正常脉搏对应于短长格(iambic,由一个短音音步加上一个长音节音步构成)。[②]因而生命的生、成、壮、死,就能够通过各阶段正常脉搏"节奏"反映出来。据说希罗斐鲁斯还发明了一种便携的水钟或漏刻($κλεψύδρα$,clepsydra),方便脉诊。[③]从他对脉搏"节奏"前所未有的关注来看,其为脉搏测量改进工具的说法,似乎也是可信的。

[①] von Staden, H., *Herophilus: The Art of Medicine in Early Alexandria*, Cambridge: Cambridge University Press, 1989:273–287.

[②] von Staden, H., *Herophilus: The Art of Medicine in Early Alexandria*, Cambridge: Cambridge University Press, 1989:278–281.

[③] von Staden, H., *Herophilus: The Art of Medicine in Early Alexandria*, Cambridge: Cambridge University Press, 1989:283 n.152, n.154.

五　埃拉西斯特拉图斯："血管—普纽玛/气脉（arteriai）—神经"三重经脉系统的形成

埃拉西斯特拉图斯活跃于前3世纪中期，通常认为他比希罗斐鲁斯年轻一代。他与普拉萨格拉斯一样也来自科斯岛，在允许活体解剖的几十年中，他也在亚历山大里亚做过活人解剖实验，是希罗斐鲁斯的学生和助手。他充分利用了希罗斐鲁斯对神经系统的理解，我认为他也因同时坚持普拉萨格拉斯一套传输系统对应一种物质的观点（"原则2"），而最终形成了血管（$\phi\lambda\acute{\epsilon}\beta\epsilon\varsigma$）、普纽玛/气脉（$\dot{\alpha}\rho\tau\eta\rho\acute{\iota}\alpha\iota$）和神经（$\nu\epsilon\hat{\upsilon}\rho\alpha$）的"三重网络"（*triplokia*）生理系统。下面我将借助三个关键点，解释普纽玛/气学说在埃拉西斯特拉图斯这里的发展，以及他如何完成了人体三套经脉系统的建立。

第一个关键点是埃拉西斯特拉图斯大大推进了以机械装置来理解生命体运动的面向。在机械与有机体之间进行类比，是古代希腊一种常见的解释方式，即便是持有自然目的论看法的亚里士多德，在解释动物的运动时，也不会认为使用机械装置类比有机体不恰当；相反，在《动物的运动》VII中，他就使用了自动剧场（*automata*）与动物的类比来对动物运动进行说明。① 亚里士多德之后，机械科学的发展更是突飞猛进，对于埃拉西斯特拉图斯来说，或许是因为受到克特西比乌斯（Ctesibius，公元前3世纪最初几十年都生活在亚历山大里亚）发明的水泵机械（包括水管风琴中活栓的使用，见图1）的

---

① Berryman, S., "Ancient Automata and Mechanical Explanation", *Phronesis* 2003, 48: 344–369.

启发①，加上同期解剖学对心脏瓣膜的知识，使他大胆地将心脏的工作方式类比为水泵，并认为心脏瓣膜类似泵阀，有阻止血液或普纽玛／气倒流的功能。②（盖伦：《论希波克拉底与柏拉图的学说》（*PHP*）6.6.4-11）这种假说形成了一种对心脏推进力的全新看法，同时也带来了全新的脉搏解释。因为如果普纽玛／气从心脏左心室进入普纽玛／气脉类似泵阀机械力的推动，那么普纽玛／气脉就不仅不可能拥有自己主动独立的"自然运动"（如普拉萨格拉斯所认为的那样），而且完全成了一种被动运动；同时，强力也就不再会像亚里士多德理解的那样被认为是反自然的，相反，机械学／力学形成的强力直接成为自然机体运作机制的一部分。据盖伦报道，埃拉西斯特拉图斯认为普纽玛／气作为一种仿机械运动非常强劲有力，在身体中运动的速度甚至超过最强劲的风③（盖伦：《论受影响的部位》[*Loc. Aff.*] 5.3 [K. 8.316]），因而每次心跳才能够通过如此强力将普纽玛／气灌入整个普纽玛／气脉的系统。除了将心脏运动理解为机械运动，埃拉西斯特拉图斯还将机械模型扩展到对消化运动的理解上，这也是前所未有的，再次说明了这一时期机械技术高度发展对理解生理机制的影响。④埃

---

① Berryman, S., *The Mechanical Hypothesis in Ancient Greek Natural Philosophy*, Cambridge: Cambridge University Press, 2009:115–117, 200.

② Harris, C.R.S., *The Heart and the Vascular System in Ancient Greek Medicine: From Alcmaeon to Galen*, Oxford: Oxford University Press, 1973.

③ Leith, D., "The Pneumatic Theories of Erasistratus and Asclepiades", in Coughlin, S., Leith, D. and Lewis, O. (eds.), *The Concept of Pneuma after Aristotle*, Berlin: Topoi, 2020:137.

④ 在此之前，消化运动被理解为一种类似于生物化学运动，而非纯粹机械式的物理运动。例如，在亚里士多德那里，消化作用被理解为内在的生命热对食物的分解作用。在他之前的医生，无论是普拉萨格拉斯还是希罗斐鲁斯，也都不会认为普纽玛／气的运动与消化有关。

拉西斯特拉图斯或许认为,既然从心脏出发的普纽玛/气的运动能够做出仿机械运动的强力,那么连通到胃的普纽玛/气的运动或许也与机械运动类似。他将胃比作研钵,被强力推入胃部的普纽玛/气则类似杵把,而消化作用就是普纽玛/气产生的强力对胃中的食物进行截断和研磨的过程。①

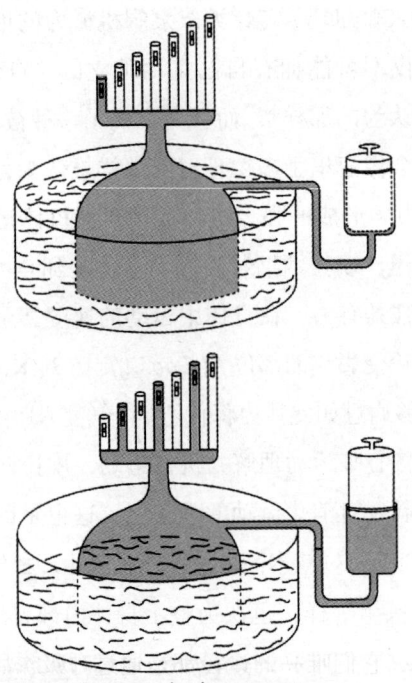

displaced water maintains constant air pressure during pump action; valves allow air to escape through selected pipes

图 1 克特西比乌斯的水管风琴中的活栓(valve)装置

注:该装置启发了埃拉西斯特拉图斯解释心脏及其中的瓣膜(valve)的功用。

---

① Leith, D., "The Pneumatic Theories of Erasistratus and Asclepiades", in Coughlin, S., Leith, D. and Lewis, O. (eds.), *The Concept of Pneuma after Aristotle*, Berlin: Topoi, 2020:136–137.

第二个关键点是埃拉西斯特拉图斯坚持了以一套传导系统对应一种功能、一种物质实体的观念（"原则2"），最终完成了人体三套传导系统的安排。如上文所说，希罗斐鲁斯发现了神经，并将神经运动与普纽玛/气的运动紧密关联时，造成了脉（ἀρτηρίαι）作为血与普纽玛/气混合于一个通道的后果。但这一后果很快被埃拉西斯特拉图斯所克服，他的办法是对普纽玛/气进行分类。根据巴黎匿名纸草（Anonymus Parisinus）和盖伦的报道[①]，他将神经（νεῦρα）这种传导系统中的普纽玛/气称为"灵魂的普纽玛"（πνεῦμα ψυχικόν，或译为"精神之气"），其来源和功能都与希罗斐鲁斯所认为的一致，即认为它们的唯一源头是大脑（或大脑的脑膜），功能是传达感觉和意愿运动。而"脉"（ἀρτηρίαι）中的普纽玛/气，根据盖伦的报道，埃拉西斯特拉图斯则称之为"生命普纽玛"（πνεῦμα ζωτικόν，或译为"生命之气"），其源头被认为是心脏的左心室。关于后者的功能，虽然现有材料中没有清晰说明，但学者推测很可能是维持一些身体的基本生理现象，如消化。[②] 这个推测从普纽玛/气进入体内转变为生命的普纽玛/气的过程看也非常合理。首先，埃拉西斯特拉图斯与前两位医生一样，也认为整个身体内部普纽玛/气的来源都是外界气体，它们唯一的途径都是通过呼吸作用进入体内。在由肺部吸入外界的气之后，它从肺部通过"血管状的脉"（vein-like artery）或称为肺血管（pulmonary vein）到达心脏，然后由

[①] Leith, D., "The Pneumatic Theories of Erasistratus and Asclepiades", in Coughlin, S., Leith, D. and Lewis, O. (eds.), *The Concept of Pneuma after Aristotle*, Berlin: Topoi, 2020:137 n. 31.

[②] Leith, D., "Herophilus and Erasistratus on the Hegemonikon", in B. Inwood and J. Warren (eds.), *Body and Soul in Hellenistic Philosophy*, Cambridge: Cambridge University Press, 2020:46.

心脏从其左心室泵进入"主脉"（aorta，由于都走普纽玛/气，也可以称为"主普纽玛/气脉"）；在这个过程中，外界的普纽玛/气的性质发生了转变，成了"生命的普纽玛"，进而在心脏每一泵的强力之下，继续通过"脉"的传导系统被推送到身体各个器官，完成器官各部分的生命活动。除了这两种分别对应两类普纽玛/气的传导系统，血液及其所在的血管（φλέβες）网络是另一套传导系统，它们的功能是输送营养，使身体各部分正常生长，它们的中枢是心脏的右心室。这样，埃拉西斯特拉图斯就通过区分了"灵魂的普纽玛"和"生命的普纽玛"的不同类型，并将其分别对应于神经（负责感知和意愿活动）和脉（负责消化等），同时分别对应于脑和左心室的不同中枢，再加上比较无争议的血液—血管（负责营养）—右心室，完成了在"一种传导功能对应一种物质和一种功能"的原则下安排当时所知的所有人体传导系统的任务。他将这一系统称为"三重网络"（triplokia）。

第三个关键是，埃拉西斯特拉图斯通过发明一些概念，如"不可见的生命管道""不可见的微小吻合口"（miniscule anastomoses），第一次试图解决各经、脉、血系统之间的连接问题。为什么会出现"不可见的生命管道"的概念？原因是在他所坚持的"一脉一功能一实体"观念下，埃拉西斯特拉图斯认为疾病的肇因应当是各系统之间出现交叉污染，如血液进入了普纽玛/气脉或神经。但如果各系统完全分而并行，血液是营养的唯一来源，经脉自身如何获得营养的问题就无法解释。因而埃拉西斯特拉图斯提出了存在"不可见的血管"。[1]我们猜测他的思考逻辑仍

---

[1] Leith, D., "The Pneumatic Theories of Erasistratus and Asclepiades", in Coughlin, S., Leith, D. and Lewis, O.(eds.), *The Concept of Pneuma after Aristotle*, Berlin: Topoi, 2020:133.

然遵循了物质和功能一一对应的原则，即如果某一套系统中需要该项功能，那就必然有承担该项功能的系统和物质。因此，既然普纽玛/气脉和神经脉需要血管中的血液来提供营养，那么普纽玛/气脉和神经脉中一定有血管；但解剖中并没有看到普纽玛/气脉和神经脉有血色，因而它们中的血管一定细小到肉眼不可见的程度，也就是"不可见的血管"。根据同样的思维方式，他也提出普纽玛/气脉和血管中一定有"不可见的神经丛"，否则气脉和血就无法获得易感性（sensitivity）。埃拉西斯特拉图斯还提出了"不可见的微小吻合口"，这是为了解释普纽玛/气脉和神经脉末端的营养供应问题。因为经脉的末端被称为"简单物"（ἁπλός），即不可再分之物，因而就无法再在其中分出"不可见的血管"来解释末端的营养输送问题了。但埃拉西斯特拉图斯认为，经脉末端的营养获得可以通过"不可见的微小吻合口"，从毗邻的血管末端（毛细血管）直接获得。[①] 这种"不可见的微小吻合口"普遍存在于不同经脉之间，例如，脑膜上既有颈脉（carotid arteries）的末端——普纽玛/气从心脏左心室被压入到这里——又是神经的发源处，因而在脑膜的位置，颈脉末端中的普纽玛/气就可以通过"不可见的微小吻合口"转移到神经的末端。

根据我们前面所说的，颈脉通过主脉（aorta）连接于心脏左心室，是生命的普纽玛/气（或"生命之气"）的通道，而连接于脑膜的神经是灵魂的普纽玛/气（或"灵魂之气"）的通道，因而很可能正是在脑膜通过"不可见的微小吻合口"的接触中，发生了前一类普纽玛/气向后一类普纽玛/气的转变。

---

① Leith, D., "Erasistratus' *Triplokia of Arteries, Veins, and Nerves*", *Apeiron* 48, 2015:260.

正如莱思（D. Leith）所说，埃拉西斯特拉图斯的"三重网络"理论，并不是一种描述人体最终由什么构成的元素理论，而是一种试图在感觉以下层面对血管、气脉、神经和器官如何相互作用进行描述的理论。[①]与希罗斐鲁斯相比，在埃拉西斯特拉图斯这里各个传导系统之间的关系变得清楚了许多。在希罗斐鲁斯那里，呼吸只是吸入气体到肺和胸，在胸部剩余的气体可能进入了心脏；但埃拉西斯特拉图斯则建立了从肺和胸到心脏左心室，再通过整个普纽玛／气脉到达各器官的关联。又如，在希罗斐鲁斯那里，我们不太清楚外部气体如何变成神经系统中有传输感觉和意愿运动的普纽玛／气；然而在埃拉西斯特拉图斯这里，我们看到他为普纽玛／气脉系统中与神经系统中的两种普纽玛／气可能发生在脑膜上的物质交换，发明了新的概念。

埃拉西斯特拉图斯在后世被看作希腊脉诊发达的代表医生，这主要源于艺术史上对一则轶事的不断描绘，即叙利亚国王塞琉古一世（Seleucus I Nicator，统治期为公元前305—前281）的大儿子安条克（Antiochus）因爱上自己年轻的继母斯特拉托尼库斯（Stratonic）又无法表达而日渐消瘦，最终是希腊医生埃拉西斯特拉图斯通过脉搏，诊断出了他不为人知的激情。但实际上，埃拉西斯特拉图斯在脉搏理论上在希腊并未成为权威，他认为"脉"在正常情况下只走普纽玛／气而不走血，且连接到左心室的观点，后来成了盖伦主要的批评对象，盖伦认为其不符合解剖事实，并提出要回到脉中气血同走的希罗斐鲁斯的观点上去（见盖伦《脉是否自然地含有血液》）。从表4中，我们似乎也可

[①] Leith, D., "Erasistratus' *Triplokia of Arteries, Veins, and Nerves*", *Apeiron* 48, 2015.

以预见，从"系统连通"上的需求出发，有可能逼迫医生再次持有脉中气血同走的观点。

无论如何，古代希腊对于人身体生理结构的关注，在埃拉西斯特拉图斯这里达到了一个新的高度。在研究方法上，埃拉西斯特拉图斯的医学也在很大程度上借鉴了当时希腊化时期的机械学，尤其是气动力学（pneumatics）的知识。他将机械装置和作为有机体的人进行类比，认为前者的方法也同样适用于后者。这或许可以称之为一种"机械的（mechanisitic）解释策略"。虽然这种策略后来成为盖伦主要的靶子（如在《论自然官能》中），但盖伦也不得不承认诉诸机械论，是希腊医学中不同于目的论的（teleological）解释和物理主义（materialistic）解释之外的第三条路径。[①]

五　余论：解剖生理学大发展后的普纽玛／气理论样态

古代希腊的解剖学生理学，在公元前 4 世纪晚期到前 3 世纪的几十年间，经由普拉萨格拉斯、希罗斐鲁斯、埃拉西斯特拉图斯而达到巅峰。此后，随着活人解剖的禁止和解剖活动的整体锐减，解剖学生理学重要的新发现也减少了。与此相伴随，希腊化时期的普纽玛／气学说开始进入到一种新的历史发展阶段，即理论的大胆探索阶段。

阿斯克莱皮亚德斯（Asclepiades，活跃于公元前 2 世纪晚期到前 1 世纪早期）是第一个在罗马建立起理论医学权威的人。在他这里，我们看到了解剖生理学与希腊化时期流行的伊壁鸠

---

① Berryman, S., *The Mechanical Hypothesis in Ancient Greek Natural Philosophy*, Cambridge: Cambridge University Press, 2009:200.

鲁哲学的创造式结合。一方面，他对身体中普纽玛/气的解释，在解剖学和生理学方面都完全基于埃拉西斯特拉图斯的框架，例如，他会用两阶段来解释普纽玛/气在体内的运动（第一阶段在肺与心脏，第二阶段在脑部）；同样，他给出了一套统一的关于呼吸和普纽玛/气脉运动的解释；再者，他也同样喜欢使用机械类比，如说肺就类似于漏斗，整个呼吸过程就是一个物质精细化和精选过程，并且从呼吸之气到普纽玛/气脉之气的转化也是机械式的过程。① 但另一方面，他解释普纽玛/气运动背后的流体动力时，使用的则是伊壁鸠鲁式物理学（虽然代之以他自己发明的术语 onkoi 和 "虚空空隙"，分别对应于伊壁鸠鲁物理学中的原子与虚空）。此外，他对灵魂的看法也完全是一种伊壁鸠鲁式的灵魂论。②

伪亚里士多德著作《论普纽玛/气》（Περὶ πνεύματος, De Spiritu）③ 反映的是漫步学派在解剖生理学大发展之后，基于新的医学知识来整饬亚里士多德的普纽玛/气理论的兴趣。④ 这部作品中出现了生命活动和灵魂活动对应不同种类的普纽玛/气的

---

① Leith, D., "The Pneumatic Theories of Erasistratus and Asclepiades", in Coughlin, S., Leith, D. and Lewis, O.(eds.), *The Concept of* Pneuma *after Aristotle*, Berlin: Topoi, 2020:141, 142–144.

② Leith, D., "Erasistratus' *Triplokia of Arteries, Veins, and Nerves*", *Apeiron* 2015, 48:138–151.

③ *De Spiritu* 这部作品的英文译名是 *On Breath*，因而中文名也被译为《论呼吸》；但这容易与亚里士多德在《自然诸短篇》（*Parva Naturalia*）中的一篇 Περὶ Ἀναπνοῆς（*On Respiration*）相混淆，因而我们将其译为《普纽玛/气》。这部作品的术语、解剖学和生理学（例如作者关于 neura，脉搏）等的看法，都表明这是前 3 世纪早期的医学知识，因而这部作品的年代也划定在前 4 世纪晚期和前 3 世纪早期。

④ Lewis, O. and Gregoric, "The Context of De Spiritu", *Early Science and Medicine* 20, 2015:125–149.

情况。在上面两节我们提到，虽然希罗斐鲁斯明确区分出了普纽玛的两条通路（普纽玛/气脉与神经脉），但是直到埃拉西斯特拉图斯才开始在概念上区分与这两条经脉对应的普纽玛/气的不同类型。厘清这点，那么以不同的"生命的普纽玛"（生命之气）与"灵魂的普纽玛"（精神之气）来解释生命现象的作品，理论上都应当不会早于埃拉西斯特拉图斯；尤其是"灵魂的普纽玛"，基本可以确定为一个后起概念[①]。因而我们在《论普纽玛/气》中遇到用"灵魂的普纽玛"时，就基本可以肯定这是托名亚里士多德的伪作，是公元前3世纪左右的漫步学派在用当时流行的一些概念重新整饬亚里士多德的思想。其中出现的二重网络系统（普纽玛/气脉系统、血管系统、骨骼与神经系统），也更加强了这一判断。

另一个独特的学派，是医学生理学大发展之后四个世纪（即公元1—2世纪）、在小亚细亚出现的普纽玛/气论派（οἱ πνευματικοί），他们也是唯一一个因普纽玛/气而得名的医学学派，学派的创立者被认为是阿特纳奥斯（Athenaeus of Attaleia）。总体看来，普纽玛/气论派的看法与在亚历山大里亚得到蓬勃发展的解剖生理学传统影响下的普纽玛/气的理论非常不同。它们的核心议题是平衡、预防与养生，很像是对更加古老的希波克拉底的医学传统的复兴，只是对他们来说，混合和平衡的诸元素不是希波克拉底著作中的火、气、水、土，而是冷、热、干、

[①] Lewis, O. and Leith, D., "Ideas of Pneuma in Early Hellenistic Medical Writers", in Coughlin, S., Leith, D. and Lewis, O.(eds.), *The Concept of Pneuma after Aristotle*, Berlin: Topoi, 2020:99.

湿。^①这可能是受到了亚里士多德元素理论的影响。在公元前 4 世纪晚期到公元前 3 世纪中期那个解剖生理学迅猛发展的时代，这一以平衡为理解身体与疾病主要方式的传统或许一直作为"暗流"存在，而到了公元 1 世纪，才出现了复兴的新形态。在普纽玛/气论派这里，我们能看出他们对解剖学和生理学知识的吸收，如他们认可神经的功能，也在对普纽玛/气进行分类时分出"心脏—脉的普纽玛/气"(cardio-arterial *pneuma*)。但仔细考察却发现，这些内容并没有在解释中起到实质作用。例如，虽然运动和感知的传送功能在名义上被归给了神经，但实际上这些功能似乎是由被称为"构成性普纽玛/气"来完成的——这是他们特有的普纽玛/气的概念。"构成性普纽玛/气"出现在各部分的实体以及在每部分特有的混合中，但它们不是惰性物质，而是主动的原因或执行者，还可能与理智或灵魂的中心相连。^②又如，他们有一种普纽玛虽然叫作"心脏—气脉性普纽玛"，但它不像在亚历山大里亚医生那里那样被认为与特定的脉相关，也不与特定的来源相关，其功用还是平衡冷热。基于种种迹象，我们似乎可以说普纽玛/气论派最主要的理论基础，还是以平衡为中心的身体和疾病观念，而异于亚历山大里亚建立起来的以传导系统为中心的身体和疾病观念。在以平衡为中心的身体和疾病观念下，他们也能够发展出一套异于基于传导系统建立起来的另一种别脉法。例如，普纽玛/气论派认为，天气与气候的知识为医学之

---

① Coughlin, S. and Lewis, O., "Pneuma and the Pneumatist School of Medicine", in Coughlin, S., Leith, D. and Lewis, O.(eds.), *The Concept of Pneuma after Aristotle*, Berlin: Topoi, 2020:209.

② Coughlin, S. and Lewis, O., "Pneuma and the Pneumatist School of Medicine", in Coughlin, S., Leith, D. and Lewis, O.(eds.), *The Concept of Pneuma after Aristotle*, Berlin: Topoi, 2020:208, 215.

必需。天气和气候以及毒药和药物，都会通过改变体内干、湿、冷、热的混合而影响人的身体的得病和疾病治疗；同时，只要是对身体干、湿、冷、热造成的影响，就都能够通过检查脉搏（其性质之盈亏）而获知。因而，他们的脉诊也就是围绕外界因素所改变身体干、湿、冷、热混合在脉搏上的表征而进行的。

最后，我们也不打算将希腊化时期普纽玛/气理论的代表斯多亚学派纳入这条"生物学—医学解剖的普纽玛/气理论"的线索。虽然在斯多亚哲学中——斯多亚学派始于前4世纪晚期，在之后一个世纪到达理论巅峰，其影响力则一直持续到公元2世纪之后——普纽玛/气理论占有非常重要的地位，但仔细考察他们的普纽玛/气理论，就会发现他们选择普纽玛/气作为某些功能的因果性基础，完全是出于哲学内在的原因，几乎与本文讨论的医学生理学发展的影响无关。例如，他们将普纽玛/气扩展到解释整个宇宙，认为普纽玛/气是"神"活动的中介，宇宙的普纽玛/气就是宇宙灵魂，即努斯/理智；而个体灵魂是宇宙灵魂的一小部分，其普纽玛/气既使植物和动物生长，也使感觉和理智成为可能；同时，他们也将普纽玛/气区分为灵魂的和物理的两类，分别对应于"灵魂"和"自然"等。[①]我们不将斯多亚派的普纽玛/气理论作为受本文所讨论的医学生理学大发展影响的理论形态来看待。相反，在本文前面的部分我们还提示过，过去将早期希腊化医生在普纽玛/气理论上的贡献，立刻作为斯多亚的普纽玛/气的理论的准备和先驱的做法，失之偏颇。

[①] Hensley, I., "The Physics of Pneuma in Early Stoicism", in Coughlin, S., Leith, D. and Lewis, O. (eds.), *The Concept of Pneuma after Aristotle*, Berlin: Topoi, 2020:171–202.

更多的研究材料的整理、更合理的理论发展重构、更确切的中文对应概念的选择，使我们如今可以更清晰、更接近真实地理解从亚里士多德到他同时代以及希腊化早期的医学生理学发展。这是我们过去了解非常有限的和充满了误解和猜想的部分。本文所开展的这项跨哲学与医学史的工作，能够为理解希腊化时期身心问题的发展提供一个较为可靠的基础。另外，这些医学生理学发展与哲学的互动，甚至反映出了与近代早期哲学家非常近似的理论和实践旨趣，因而这一图景未来也会有助于我们建立希腊化哲学与近代早期哲学的连续性。同时，这一工作也会是我们开展中国古典医学与希腊医学比较研究，特别是气论和经脉理论比较研究的基础。

作者简介：刘未沫，中国社会科学院大学副教授，中国社会科学院哲学研究所副编审。

难题和反诘法

——论苏格拉底的哲学探究活动的积极作用

王钧哲

摘　要：难题和反诘法是苏格拉底哲学的两个重要概念，它们分别在哲学探究中起到了非常重要的作用。从过程来看，哲学探究开始于无知或困惑，但伴随着一种对自身的反思。探究自身的探究赋予哲学探究独特的魅力，使得它能够在作为一种方法的同时，被统摄进对这种方法的自我反思之中。从特征上说，哲学探究往往伴随着难题所产生的自我悖谬，悖谬被视作哲学的一个有机成分，这个成分有利于哲学体系的自我成长，而非必须被克服的障碍。解析难题并尝试回答难题的方法正是反诘法，但是反诘法的展开并不能一劳永逸地通往和保证德性真理，它只能展示出德性真理作为哲学探究活动的调节性理想的特征。

关键词：难题　反诘法　真理　知识　哲学探究

　　自苏格拉底起，哲学就被视为一种出于无知或困惑而探求一种特定知识的方式。基于这种对哲学的理解，古希腊哲学家们倾向于将哲学视为一种探究活动（zētēsis），而非一门具体的学科。①通过这种探究活动，哲学家（至少对苏格拉底而言）能够发现最适合对话者的对话方式和哲学手段。每个哲学家都将自己的哲学探究方法看作通达真理的唯一或者是最佳手段。为此，理解一个哲学家的前提就是理解他独特的探究方法。当我们将目光转到苏格拉底②身上，就会看到由对话而进入独特的情景是他揭示对话者无知并引领对方通达智慧的最佳手段。他总是在不断地向对话者提出问题，往返式地考察对话者的态度和信念。因而凭借反诘法（elenchus）开展的哲学对话是苏格拉底选择的哲学探究方法。

然而，苏格拉底对话经常以难题③（aporia）结束。难题的出现意味着对话者被断定无法就所讨论的哲学议题给出一个合适的回答，这是对话者在知识论层面上所面临的一种僵局状态，意味

---

① J. K. Larsen and P. Steinkrüger, "Ancient Modes of Philosophical Inquiry", *History of Philosophy & Logical Analysis*, Vol. 23, 2020:1.

② 本文中，苏格拉底特指柏拉图早期作品中的苏格拉底，即只关注德性问题的那个苏格拉底。本文将以下作品视作柏拉图的早期作品：《欧绪弗洛》《申辩》《克里托》《阿尔基比亚德》《卡尔米德》《拉凯斯》《吕西斯》《欧绪德谟》《普罗泰戈拉》《高尔吉亚》《大希庇亚》《小希庇亚》《伊翁》《美涅克塞努》《克利托丰》。参见詹文杰《柏拉图知识论研究》，北京大学出版社2020年版，第7页。本文所依赖的柏拉图英译本来自Plato, *Complete Work*, edited by J. M. Cooper & D. Hutchinson, Hackett Publishing Company, 1997。本文希腊原文（拉丁语转写）引自Plato, *Platonis Opera*, edited by J. Burnet, Oxford: Oxford University Press, 1903。中文译本参考了［古希腊］柏拉图《柏拉图全集》，刘小枫等译，华夏出版社2023年版。

③ 在如何翻译aporia问题上，中文学界的不同学者持有不同看法，例如苏峻和葛天勤翻译为"难题"（参见珀力提《柏拉图早期对话中的探究结构》，苏峻、葛天勤译，北京大学出版社2020年版），而先刚翻译为"疑难"（先刚：《苏格拉底的"无知"与明智》，《哲学研究》2017年第8期，第61—68页）。"疑难"凸显不出关于aporia的专题性，而"难题"可以，故而本文采用"难题"这个译法。

着对话者陷入迷茫或者自我悖谬之中，对话者在相关问题上的信心受到了冲击。一般来说，在清除了对话者在特定知识上的傲慢和伪装后，苏格拉底似乎是在为下一步哲学行动做预备工作。然而，在绝大多数早期对话作品中，对话在期许的哲学行动开展之前就戛然而止。柏拉图的早期著作中似乎没有一个对话者真正被苏格拉底说服并因此改变了生活方式或者是相关的认知状态。相反，对话者往往仓促地离开，放弃讨论，难题成为大多数对话的最终结果。①

作为苏格拉底哲学的直接结果，难题不仅昭示了苏格拉底哲学的独特特征，更是直接决定了我们对苏格拉底反诘法的理解：能否将苏格拉底对话视为一种积极有效的哲学手段。为此，本文将按如下步骤展开：首先，本文将简要介绍苏格拉底哲学中的难题与反诘法，并综述学界有关难题的讨论。其次，本文将分析难题的若干特征，并通过对苏格拉底理解"德尔菲神谕"这一凭借反诘法破解难题的实例的分析表明难题作为一种哲学情境的价值。再次，本文将深入分析反诘法的三个目的，以理解其如何帮助人们解析并尝试回答难题。这三个目的依次是：揭露并驳斥对话者的虚假知识、证明对话者的无知并传授自知无知的态度、提供关于德性真理的知识线索。因而，反诘法促使对话者审视悖谬中的双方、承认自己的无知进而获得新的认识并最终破解难

---

① 从结果上看，柏拉图早期对话均以失败告终：《申辩》的最后，苏格拉底未能说服陪审团而被判处死刑；《欧绪弗洛》的结尾处，欧绪弗洛匆忙离开迫使对话草草结束；《克里托》中，克里托最后被苏格拉底辩驳得哑口无言，但他依然认为苏格拉底应当越狱逃跑；《拉凯斯》同样以对话者的匆匆离去结尾；苏格拉底在《吕西斯》结尾说他们仍然不知道朋友是什么；《大希庇亚》中，希庇亚斯以愤怒结束对话；《普罗泰戈拉》中，普罗泰戈拉选择将问题留待下一次进行仔细考察；等等。

题。随后，本文试图提供一个理解苏格拉底哲学探究活动的更好模型，在这个模型中，难题是苏格拉底刻意设定的哲学情境，而反诘法则被视作破解难题的方法。最后，苏格拉底认为反诘法的展开并不能一劳永逸地通往和保证真理，它只能展示出真理作为哲学探究活动的调节性理想的特征，而对真正的知识的探寻是一个受到指引的无穷尽的过程。①

一 苏格拉底的难题

在柏拉图早期对话录中，苏格拉底总是在不断地向对话者提出问题并要求对话者给出回答，通过反诘法这一"发问—回答—驳斥"的对话模型，苏格拉底质疑、检查、测试并驳斥对话者观点，以推动对方对自身观点进行反思甚至获得新知。② 很多学者都同意，柏拉图的早期对话描绘了苏格拉底践行《申辩》中所述哲学目标（神圣使命）的实例。③

苏格拉底的反诘法始于提问。苏格拉底向不同的对话者提出与其身份或旨趣相关的问题，这些问题都是关于某种德性是什

---

① 《理想国》中的囚犯先是站起来，而后转身最后通过攀登台阶走出洞穴，才看见太阳，可见柏拉图认为对真正美好事物的追求并不是跳跃的，而是不断上升的过程。Cf. G. A. Scott, *Plato's Socrates as Educator*, State University of New York Press, 2000.

② V. Politis, "Aporia and Searching in Early Plato", in L. Judson and V. Karasmanis (eds.), *Remembering Socrates: Philosophical Essays*, Oxford: Oxford University Press, 2006:98.

③ Cf. H. H. Benson, *Socratic Wisdom: The Model of Knowledge in Plato's Early Dialogues*, Oxford: Oxford University Press, 1999:24–26; Cf. R. Weiss, *The Socratic Paradox and Its Enemies*, Chicago: University of Chicago Press, 2006:243–255.

么的问题。在早期柏拉图对话作品中，对话者通常被期望能够在相关领域中，给出一个符合苏格拉底标准的回答。因为一个人声称自己拥有某种德性，那么他也就能够说出这种德性是什么。例如，苏格拉底向专业的宗教人士询问虔敬是什么，向知名将军询问勇敢是什么。这种"是什么"（*hoti estin*）的问题旨在追求德性的定义。如在《欧绪弗洛》中，当苏格拉底询问虔敬是什么时，他希望欧绪弗洛能够给出虔敬的"本质"（*ousia*）而不是关于虔敬的某个性质（11a）。对苏格拉底而言，给出某个具体德性的"本质"，就是提供它的定义，德性的定义具有绝对的优先性。① 苏格拉底对话都是对"是什么"问题的追问，即追求德性的定义。

随后，对话者会就苏格拉底的提问给出回答，但他们的回答通常遭到苏格拉底的驳斥，驳斥被视作反诘法的关键步骤。学界一般认为，可以从柏拉图早期作品中归纳出反诘法的标准步骤：②

A. 对话者给出了一个观点 p；苏格拉底认为这个观点是错误的并打算反驳它。

B. 苏格拉底确保对话者同意进一步的前提：q 和 r（这两个前提都可能是命题的组合，甚至有更多前提）。这个同意是特设的，也就是以 q 和 r 为前提，而不是为了得到 q 和 r。

C. 苏格拉底通过论证得出，并且对话者也同意，q 和 r 之中包含着非 p。

---

① 更多分析参见后文。
② G. Vlastos, *Socratic Studies*, New York: Cambridge University Press, 1994:11.

D. 苏格拉底最后说，他已经证明了非 p 是正确的，而 p 则是错误的。①

当对话者观点被驳斥后，苏格拉底要求对话者就讨论的问题给出新的回答，对话循环进入"提问—回答—驳斥"的过程，直至对话结束。然而，苏格拉底的对话一般以失败而告终——这代表着难题的出现。如前所言，难题的出现意味着对话者在知识论层面上所面临的一种僵局状态。然而，在绝大多数早期对话作品中，对话在期许的哲学行动开展之前就戛然而止，难题成为大多数对话的最终结果。

为此，学者们就如何理解难题存在一些分歧。一部分学者认为，苏格拉底的难题仅仅是一个预先的步骤，帮助对话者摆脱了对知识的自负，但是这种摆脱并未引发对话者双方对相应主题的探索，因而，难题的职责是清理而不是发挥建构性或生产性的作用。这类观点被归为非建构主义。如卡恩（C. Kahn）认为"柏拉图承认消极的无知是一种必要的准备，为知识的建设性探索做准备，但不构成这种探索"②。马修（G. B. Matthews）则认

---

① 学者本森（H. Benson）也给出了一个相似的反诘法模型［详见 H. H. Benson, "Problems with Socratic Method", in G. A. Scott (ed.), *Does Socrates Have a Method*, Pennsylvania State University Press, 2002:101–113］。

> 对话者给出原始观点 p，p 一般是对话者对于苏格拉底给出问题的回答。
> 苏格拉底接下来进一步提出问题，问题中包含陈述 q 和 r。并且，对话者表明，认可苏格拉底的 q 和 r。
> 苏格拉底利用 q 和 r 作为辅助前提（auxiliary premise），并向对话者论证他自身的悖谬：q 和 r 暗含着非 p。
> 最后苏格拉底证明了 p 是错误的，对话者废弃原始观点 p。

② C. H. Kahn, *Plato and the Socratic Dialogue: The Philosophical Use of a Literary Form*, New York: Cambridge University Press, 1996:99.

为，在早期柏拉图对话作品中，难题意味着精神错乱、难解或者无助的状态。①

贝维斯鲁斯（J. Beversluis）将上述主张推向极致，认为苏格拉底的难题甚至都不能刺激对话者参与到对知识的探索中。因为难题往往只能够揭示出对话者的无知，却不能够提供知识或是激励无知的人。②随后，他又写道，"没有人受到自己无知的影响而被驱使去从事哲学的探索"③。似乎在对话结束，每个人还都保持原样，例如我们并不知道，在和苏格拉底讨论了那么久虔敬之后，匆匆离去的欧绪弗洛是否放弃了对其父亲的指控。④

如果难题并没有什么建构性作用，那么苏格拉底的哲学探究方法似乎也就没有什么好的成果——这隐含着一种解读苏格拉底对话的危机，这种危机否定了苏格拉底基于哲学对话开展的哲学探究活动的积极作用。内哈马斯（A. Nehamas）认为："柏拉图的作品根本就没有表明苏格拉底与他的对话者们产生了任何……有益处的结果。"⑤贝维斯鲁斯也写道，"早期对话中呈现

---

① G. B. Matthews, *Socratic Perplexity: And the Nature of Philosophy*, Oxford: Oxford University Press, 1999:30.

② J. Beversluis, *Cross-Examining Socrates: A Defense of the Interlocutors in Plato's Early Dialogues*, New York: Cambridge University Press, 2000:134-158.

③ J. Beversluis, *Cross-Examining Socrates: A Defense of the Interlocutors in Plato's Early Dialogues*, 2000:158.

④ 当然，我们没有任何证据表明，欧绪弗洛在对话结束后是否放弃了他对于父亲的指控。但是，从欧绪弗洛放弃继续讨论虔敬而选择逃跑中（15e），我们看出，欧绪弗洛并不是真正意义上关心苏格拉底以及他要做的事情（指控父亲），同时，当苏格拉底向他展现了一种不同于众神或者他父亲行为之外的选择时，欧绪弗洛继续选择了传统。

⑤ A. Nehamas, *The Art of Living: Socratic Reflections from Plato to Foucault*, University of California Press, 1998:66.

的唯一东西就是苏格拉底的重大失败"①。这类学者主张，苏格拉底的对话是失败的，这种失败源于苏格拉底对话策略内部的结构性缺陷，而难题正是这种缺陷的必然结果。

与非建构主义不同，建构主义的主张认为，苏格拉底的难题具有积极要素，这些要素的存在使得难题在"发问—回答—驳斥"的对话模型中发挥着积极效用。不同于非建构主义对难题的否定性看法，建构主义肯定了难题在苏格拉底哲学中的积极效用：苏格拉底凭借反诘法产生的难题促使对话者因自己的无知感到羞愧，进而激发他们通过做哲学的方式纠正这种羞愧。②史坦普（J. Stump）认为苏格拉底采用了一种更复杂的策略，它的关键步骤是通过哲学让对话者获得某种情感体验，这种体验可以有效改变对话者关于如何更好地生活的信念。因而难题是苏格拉底用以帮助对话者审视生活的特殊手段。③珀力提（V. Politis）则认为难题表示困惑和问题，而对特定的困惑和问题的解决属于对知识的特定部分的寻求。因此，难题不仅仅刺激对话者探索知识，就其自身而言，它就是知识的一部分。④福特（D. Futter）则认为，在柏拉图早期对话中，能够区分出三种不同类型的难题，而这三种难题又可被归为普遍的难题和具体的难题两类。⑤

---

① J. Beversluis, *Cross–Examining Socrates: A Defense of the Interlocutors in Plato's Early Dialogues*, 2000:34.

② T. C. Brickhouse and N. D. Smith, *Plato's Socrates*, New York: Oxford University Press, 1994:25.

③ J. Stump, "On Socrates' Project of Philosophical Conversion", *Philosophers' Imprint*, Vol. 20, 2020:2.

④ V. Politis, "Aporia and Searching in Early Plato", in L. Judson and V. Karasmanis (eds.), *Remembering Socrates: Philosophical Essays*, Oxford: Oxford University Press, 2006:89.

⑤ D. Futter, "Socrates' Human Wisdom", *Dialogue*, Vol.52, 2013:65.

其中，普遍的难题包括了作为困惑的难题和作为悖谬的难题：作为困惑的难题是指对话者无法给出一个令双方满意的定义而产生的困惑；作为悖谬的难题则是指两个对立命题皆为真时，主体所面临的合理化障碍（如《申辩》21b中苏格拉底接收到阿波罗神谕时候的困惑）。不同于具体类难题所面临的具体的障碍，普遍的难题则揭示了苏格拉底知识理论中的一个普遍特征——无知。[①]就两类难题的作用而言，具体的难题作为对话中的实践性要素构成了哲学对话的关键部分，普遍的难题则作为苏格拉底知识论的结构性要素建构了苏格拉底哲学实践的基础。

通过上述分析可以看到，作为办格拉底哲学的直接结果，难题不仅昭示了苏格拉底哲学的独特特征，更是直接决定了我们对苏格拉底哲学探究活动的理解：是否能将苏格拉底对话视为一种积极有效的哲学手段。本文认为，福特的观点充分展现了难题作为苏格拉底哲学中的特殊哲学情境。然而，现有研究都未能就破解难题的方法展开详细论述。本文将反诘法视为破解难题的方法，并通过分析两者间的关系，探讨苏格拉底哲学探究活动的积极作用。

让我们从难题开始。

二 难题的若干特征

柏拉图似乎在《美诺》给出了关于难题的一般性评论[②]，在

---

① 关于苏格拉底无知问题的讨论可参阅詹文杰《柏拉图知识论研究》一书第一章的内容。

② Cf. C. H. Kahn, *Plato and the Socratic Dialogue: The Philosophical Use of a Literary Form*, New York:Cambridge University Press, 1996:71–100.

其中，美诺认为，苏格拉底使用了一种魔法令人陷入难题的麻痹之中，就好像电鳐把人电到麻痹一般。而在《卡尔米德》中，难题被描绘成一种具有传染性的疾病，屈服会相互传染，最终导致人们都放弃对问题的追问（169c）。那么，难题究竟有何特征？

首先，难题将对话者抛入一个相对静止的空间，在其中对话被迫停滞，与此同时，对话者对于谈论的问题感到茫然，意识到自己的无知。这是一种被动的"旋转"状态。苏格拉底有意将对话人带入这种状态中，在这个被动的停滞中，对话者感到混乱且无序，只能任由苏格拉底摆布。此刻，苏格拉底仿佛化身成神奇的匠人代达罗斯，而对话者和话题都不过是被操控的木偶（《欧绪弗洛》11d）。一种可能的推测是，苏格拉底似乎不打算伸手将他们从混沌的漩涡中拖拽出来（当然实际并非如此，详见后文分析）。苏格拉底隐晦地回应了这种指责："我不要代达罗斯的智慧，也不要坦塔洛斯的财富，而宁愿让我的话稳下来，别再打转。"（《欧绪弗洛》11d）因而，旋转不是被认可的最终状态，相反，苏格拉底渴求的是一种稳固的东西，是一种在停滞中直面自我的无知，从而驱使自己进行积极的探索，并且通过这些探索来发现某个合适的定义或者获得某种确定的知识。当苏格拉底和尼西亚斯对话时，他使用暴风雨中的船只来比喻他和拉凯斯所面临的难题（194b-c），陷入难题就好似船只被暴风雨困住，陷入绝境，需要外力的配合才能脱离这种险境，获得解救。在这个比喻中，难题同样被描述为一种漩涡、一种被控制的状态，如同船只一般翻来倒去，观点和看法无法稳固下来，而他们要想尽一切办法从中脱离。因此，难题的出现是暂时的，至少苏格拉底暗示我们，难题是到达彼岸前所面临的漩涡，但也是任何船只靠岸所必须克服的艰难险阻。

《美诺》中的电鳐比喻表明，美诺认为他是出于大意陷入苏格拉底的陷阱，为此不得不面临"理解力和表达能力之间自然联系的崩塌"[1]。但是，这种麻痹是暂时的，作为苏格拉底刻意的手段，麻痹是被操纵的结果。美诺认为自己是拥有德性知识的，只不过因为苏格拉底刻意的控制而暂时被蒙蔽了。显然，苏格拉底被视为一个争辩者，采用了争论术（eristikē 或者 agonistikē）[2]；同样的情况可以在《拉凯斯》（196a）中被发现。但是，苏格拉底强调自己在麻痹别人的同时也麻痹了自己（80c），这不同于电鳐麻痹他者不会麻痹自己的情况。显然，苏格拉底自己在将对话者带入难题的同时，自己也面临同样的挑战。

其次，悖谬为难题提供理解条件。例如，当苏格拉底听到"德尔菲神谕"后，他陷入了不知所措（ti pote legei），并用与难题同根的动词 aporein 描述了他当时的状态（《申辩》21b-c）。珀力提认为，这个难题不同于我们在其他对话者身上所看到的难题，因为这个难题并不来自定义的失败，相反，它源于试图理解神谕时产生的悖谬：一方面，苏格拉底承认自己在任何方面都没有知识；另一方面，不会欺骗人的神却说苏格拉底是最有智慧的人。由此看来，难题乃是由两个看似都可以成立但彼此相悖的论点构成。[3]

在《申辩》的开场白中，苏格拉底刻意强调他接下来的辩

---

[1] J. Szaif, "Socrates and the Benefits of Puzzlement", *The Aporetic Tradition in Ancient Philosophy*, edited by G. Karamanolis and V. Politis, 2018:40.

[2] G. Fine, *The Possibility of Inquiry: Meno's Paradox from Socrates to Sextus*, Oxford University Press, 2014:68–70.

[3] V. Politis, "Aporia and Searching in Early Plato", in L. Judson and V. Karasmanis (eds.), *Remembering Socrates: Philosophical Essays*, Oxford: Oxford University Press, 2006:98–99.

护将和他在"在市上的钱庄柜台边或别的地方常说的是一样的"（17c）。考虑在《高尔吉亚篇》472c，苏格拉底将自己运用的"反诘法"（tropos elenchou）和演说家的对话方式进行了对比，因而苏格拉底在《申辩》开场就表示他将使用反诘法为自己辩护。杨（C. Young）的研究表明，虽然苏格拉底在《申辩》中并未使用 elenchus 来描述他考察政治家、诗人和工匠以理解"德尔菲神谕"含义的过程，但反诘法包含的"审视""调查""驳斥"等含义都出现在他的考察之中。① 因而苏格拉底不仅运用反诘法为自己辩护，而且运用反诘法理解神谕。通过对政治家、诗人和工匠的考察，苏格拉底意识到这些人陷入不自知的无知之中，而他却勇于承认自己的无知。在此过程中，苏格拉底为我们提供了解决难题的一种方式：进行概念区分。他认为存在两类智慧，对于那类属神的智慧而言，他并没有任何了解，因此是一无所知；而就某种"属人的智慧"而言，即就能够认识到自己的无知而言，他却比其他人类更有智慧。苏格拉底认为，难题中的两个对立论点均为真的情况可以被克服，只要我们适当地区分这两个真论点的适用范围。

最后，难题和探究活动联结在一起。正是难题直接引发了苏格拉底探究神谕、找寻神谕之真正含义的活动。当苏格拉底面对悖谬，意识到论点双方似乎都为真时，某种特殊的哲学探究方式或者方法就诞生了。这个探究是为了帮助自己正确地理解难题中的对立论点，进而化解这个悖谬。显然，苏格拉底希望其他对话者也能像他这样正确地进行探究并给出定义，最终化解表面的

---

① C. M. Young, "The Socratic Elenchus", in H. H. Benson (ed.), *A Companion to Plato*, Oxford: Blackwell, 2006:56.

难题。例如在《卡尔米德》中，他询问是否存在某种关于"知道和不知道"本身的知识（167b–d）。显然，在这个问题中，苏格拉底面临一个新难题，他试图找到答案，对相关概念做出区分和规定，就像他面对"德尔菲神谕"时做出的自我分析和区分一般。在理解神谕的过程中，苏格拉底意识到难题作为一种哲学情境的价值：苏格拉底勇于将曾经接受并信以为真的两个相悖的认识放置于考察之中，并最终获得新的认识。这种推动人们自我反思的哲学情境被苏格拉底运用在与他人的哲学对话中。首先，难题中的对话者在面对悖谬时陷入僵局；其次，苏格拉底通过两个对立且均为真的选项鼓励僵局中的对话者重新审视和考察选项双方；最后，鼓励对话勇于将已被重新审视的选项作为新的难题部分而被继续审视。通过上述方式，苏格拉底将自己探究神谕时经历的哲学境遇与对话者共享。

在《申辩》29d–30b 中，苏格拉底强调，神谕赋予他的神圣使命是通过理性论证来转变对话者的错误看法，希望他们更关心灵魂的更佳状态。但是，考虑到早期对话中，对话者经常因不耐烦或气愤而终止讨论（这意味着难题的出现），很多学者根据这些证据认为柏拉图笔下的苏格拉底对话是失败的。但是，考虑到古代雅典的社会实际情况，彼时的人们可能普遍关注金钱、权力和声望等外在因素（29d–30b），或许柏拉图从不认为对话的转变效果能够在短暂的对话中一次性完成，对话者的转变可能是漫长的、多阶段的和困难的。[①] 苏格拉底为了避免引起对话者的顽固抵抗，必须使用一些特殊手段。或许，难题就是出于此种初衷

---

① J. Stump, "On Socrates' Project of Philosophical Conversion", *Philosophers' Imprint* Vol., 20:4–6.

而被特意选择的哲学手段。

具体而言，当苏格拉底试图说服对话者改变时，应当向对方提供充分的理由以证明改变的必要性。首先，证明对方过去重视的东西是不重要的甚至是错误的；其次，为对方提供一个新的理由并使之接受。然而，几乎没有人会因简短的对话就重新反思自己重视或不重视某项事物的理由，并迅速完成转变，例如，欧绪弗洛并没有选择撤回诉讼而是落荒而逃（《欧绪弗洛》15e）。纯粹理性的劝说并不能够轻易瓦解一个人的牢固信念，而真正的说服意味着重组价值判断。多数时候，苏格拉底仅仅证明了对话者在美德问题上的无知，而并不直接指向他的最重要目标。然而，一个人意识到自己在美德问题上的无知并不必然导致其反思自身对善以及各种美德的态度，重新评估自己的生活方式。智者派的大行其道表明雅典人民渴求通过诡辩术获得金钱、权力和声望，而不在乎其所学是否有真知。对提供教育者而言亦然，当苏格拉底向普罗泰戈拉证明后者在德性问题上的无知后，冲击的是普罗泰戈拉声称在传授德性上的专业性，撼动了他作为授业者的合法性，威胁了他的社会地位（《普罗泰戈拉》318b–322a）。显然，对普罗泰戈拉而言，相较于美德问题上是否有真知，他更关心的是他的社会地位和名望（《普罗泰戈拉》335a）。

生活的惯性阻碍对话者接受新的理由。关注金钱、权力和声望的人很难认定在金钱、权力和声望之外还有更具价值的事物。金钱、权力和声望作为最终目的建构了对话者的行为动机，任何关于善和美德的态度最终服务于这个动机。唯有新的理由可以重新构造对话者最终目的之设定，重新判断最有价值之物。为此，苏格拉底必须在对话中提供新的理由。然而，在对话中苏格拉底并不直接质疑对话者关心的事物，而是将其作为默许之物放置在反诘法的考察范围之外。同时，在对话中，苏格拉底将对话者关心之物作为诱饵以帮助他说服对话者。

让我们首先审视一下，苏格拉底在《吕西斯》中向吕西斯证明知识之价值的方式：吕西斯一旦拥有知识，邻居甚至是波斯大王都会给予他以信任。如果吕西斯是有智慧的，那么任何人都会因为他的智慧和善而意图成为他的朋友。相反，如果吕西斯是无知的，那么即便是他的父母也不愿爱他（209c–210a）。其中，知识的效用是双重的，知识不仅能够给拥有知识的人带来自由，并且能够给他人带来益处。波斯大王赋予医师在治疗眼疾上以完全的自由，而眼疾的治疗意味着波斯大王会给医师慷慨的报酬。所有人会因智慧而成为朋友和自家人。[①] 苏格拉底成功唤醒了吕西斯对于知识的欲求，证明了知识可以是幸福生活的必然要素，即便这个幸福生活的标准是金钱、权力和声望。同样的论证可以在《阿尔基比亚德》中被发现：苏格拉底努力让阿尔基比亚德相信，除非拥有自我知识，否则任何他渴望的那些外在之物（如好的声望等）都不会到来。为此，阿尔基比亚德必须为了自己所欲求的那些最终目的而追随苏格拉底。在这两个论证中，苏格拉底均向对话者证明，知识作为手段能够满足对话者所在意的最终目标。显然，苏格拉底想让对话者首先认识到的是知识的工具性价值。

那么，苏格拉底如何能够让对话人从承认知识的工具性价值上升到接受应当关心灵魂的更佳状态？史坦普提供了一种解释，他认为习惯的惰性导致了人们难以重估评价标准，因此，苏格拉底并未

---

① 显然苏格拉底的这个观点是反常理的，而这种说法的最终目的在于鼓励吕西斯参与到随后的哲学讨论之中。Cf. B. A. Rider, "A Socratic Seduction: Philosophical Protreptic in Plato's Lysis", *Apeiron*, Vol. 44, 2011.

采取论辩的形式直接劝说对方放弃习惯，而是通过引起理智上的愉悦重塑一个人评价性信念的经验。而哲学在理智上的愉悦本质上源于快乐给人们带来的强烈信念。换言之，哲学能够引起快乐的体验并向对话者灌输它是好的信念。[1] 根据这种解读，似乎苏格拉底在每一次对话中都必须向对方证明哲学比其他任何行为都能带来更多的快乐并且使对方能够将这种观点转化为自己所有行动的基本信念。显然，关于这点的证明无异于回答最开始的那个问题，即如何从"证明知识的工具性价值跳跃到证明对话者应当关注灵魂的更佳状态"。如果苏格拉底能够证明对话者最终目标的虚假，那么他似乎就证明了对话者所选择生活方式的不足。然而，基于日常经验，难题似乎很难和愉悦联系在一起。当对话者落荒而逃时，怎么会有愉悦在他的心中播下哲学的种子？这种解读似乎没有真正回应本文提出的问题。那么，苏格拉底的哲学对话真是失败的吗？否则，难题如何实现上述目标？为了进一步回应这些问题，让我们接着审视苏格拉底独特的哲学方法：反诘法。

三 苏格拉底处理难题的方法：反诘法

柏拉图早期作品中存在一种以苏格拉底为主导的被称为反诘法（elenchus）的对话模式，这种反诘法是苏格拉底在询问和考察别人的过程中使用的一种特殊的哲学方法。[2] 学界对于苏格拉底反诘法的目的尚无定论，但大多数学者都普遍赞同，苏格拉

---

[1] J. Stump, "On Socrates' Project of Philosophical Conversion", *Philosophers' Imprint*, Vol. 20:13.
[2] 无论学者对于如何理解反诘法的含义和苏格拉底方法与反诘法两者之间的异同采取何种态度，学者们都同意将苏格拉底反诘法看作"苏格拉底方法"的同义标签。

底能够通过证明对话者诸信念的不一致性来拆穿对话者拥有的虚假知识。① 让我们以《欧绪弗洛》为例进行详细说明。

在《欧绪弗洛》中，苏格拉底向欧绪弗洛询问虔敬"是什么"，欧绪弗洛先后给出了五个定义：

定义1：虔敬就是为神所爱（6e）；
定义2：虔敬就是为所有神所爱（9d）；
定义3：虔敬就是人对神的照料②（12e）；
定义4：虔敬是一种服务，是人对神的侍奉（13d）；
定义5：虔敬就是通过祈祷和祭献愉悦众神，使神欢欣（14b）。

限于篇幅，此处仅以定义3和定义5为例：
定义3：虔敬就是人对神的照料（假设p）。
苏格拉底认为，照料意味着为被照料者带来好处，例如养马术和牧牛术分别照料马和牛，并为它们带来益处。如果定义3成立，那么该定义应当包含如下前提：

前提q：照料是为被照料者带来好处。

接着，苏格拉底指出，在人神关系中，人类无法为绝对完

---

① 很多学者表明，反诘法中存在的一个逻辑漏洞使得苏格拉底通过证明对话者诸信念不一致性来证伪对方观点的行为在逻辑上并不自洽。但本文对此持不同意见，更多分析参见后文。

② 原文是"敬神和虔敬的那部分正义是照料神的，而剩下的那部分正义就是照料人的"（12e），此处出于论述的方便将其缩写为"虔敬就是人对神的照料"。

满的神带来好处，因此定义 3 还应包括如下前提：

前提 r：人类不能为神带来好处。

根据前提 q 和前提 r，苏格拉底得出结论：

非 p：人不能照料神。

通过上述推理，苏格拉底成功驳斥了定义 3。随后，在苏格拉底的引领下，欧绪弗洛给出了定义 4，并很快在进一步探讨中被拓展为定义 5：

定义 5：虔敬就是通过祈祷和祭献愉悦众神，使神欢欣（假设 p）。

苏格拉底认为，定义 5 应包括如下前提：

前提 q：人可以通过某种特定方式使神欢欣。

接着，苏格拉强调，在人神关系中，绝对完满的众神无须与人类进行商业交易，因此，人类无法通过祈祷和祭祀使神欢欣。因此，定义 5 还应包括如下前提：

前提 r：祈祷和祭献等行为无法使众神愉悦。

根据前提 q 和前提 r，苏格拉底得出结论：

非 p：人无法通过祈祷和祭祀愉悦众神，使神欢欣。

通过上述推理步骤，苏格拉底完成了对定义 5 的驳斥。

欧绪弗洛自称拥有关于虔敬的专业知识，并将他指控父亲的行为视作敬神之举。然而，在苏格拉底反诘法的驳斥下，欧绪弗洛因无法提供正确的虔敬定义而陷入难题之中。从定义 1 到定义 5 都是欧绪弗洛本人所认可的观点，尽管其中一些定义（如定义 5）是在苏格拉底的引导和提问下给出的，但这些定义揭示了欧绪弗洛匪夷所思行为的基础。① 因而，通过反诘法，苏格拉底暴露并拆穿了对话者拥有的虚假知识。但苏格拉底哲学对话的目的不仅于此，苏格拉底通过暴露并拆穿对话者拥有的虚假知识，旨在证明对话者看似关心之物实际上并不值得关心。如欧绪弗洛看似关心虔敬并不惜做出指控父亲的行为实际上源于他对虔敬的错误理解，而苏格拉底通过对其定义虔敬五次尝试的驳斥表明，一个关心虔敬的人并不应当关心人神之间的交易。可以在《拉凯斯》中被发现相似的例子。

在《拉凯斯》中，苏格拉底与拉凯斯讨论勇敢"是什么"。拉凯斯起初认同"愚蠢的坚持不是勇敢"的主张：例如，一个富

---

① 欧绪弗洛父亲的案件发生地是 Naxos。而自从伯罗奔尼撒战争后，雅典政府就失去了对于 Naxos 的统治权（公元前 404 年）。考虑到苏格拉底受到审判的时间（公元前 399 年），且《欧绪弗洛》是和《申辩》密切联系的对话作品，因而欧绪弗洛对于其父的指控至少是在奴仆死后的五年。时间上的差距使得欧绪弗洛指控行为在历史上是不合理的。同时，依据雅典的法律，谋杀案的起诉者必须是受害者的亲戚。而欧绪弗洛作为奴仆的东家，起诉杀害者的行为并不合乎常理。Cf. T. C. Brickhouse and N. D. Smith, *Routledge Philosophy Guidebook to Plato and the Trial of Socrates*, New York: Routledge, 2004: 12–32.

人挣得越多，花得越多并不是勇敢，同样，医生固执地不给患肺炎的儿子用药也不是勇敢。然而，当苏格拉底引入战斗、格斗和潜水三个例子时，拉凯斯却认为在这些情境中坚持战斗、坚持格斗和坚持潜水的人都是勇敢的人。随后，苏格拉底试图通过反诘法驳斥这个观点：

  观点 A：在战斗、格斗和潜水中愚蠢坚持的是勇敢（假设 p）。

苏格拉底进一步指出，假设 p 实际上包含两个前提：

  前提 q：任何愚蠢的坚持都不构成勇敢；
  前提 r：在战斗、格斗和潜水中的愚蠢坚持也属于愚蠢的坚持。

根据前提 q 和前提 r，苏格拉底得出结论：

  非 p：在战斗、格斗和潜水中愚蠢坚持不是勇敢。

通过上述步骤，苏格拉底成功驳斥了观点 A。鉴于拉凯斯在先前的讨论中已经同意"愚蠢的坚持不是勇敢"的主张，这种表面上的矛盾行为揭示了反诘法揭示对话者关心之物的作用。作为一名勇敢的将军，拉凯斯对战争和竞争的重视远远超过对财富或医术的关注，因此他才对同一行为在不同领域的评价存在差异。

  苏格拉底认为，人们往往陷入无知而不自知，甚至拒绝承认自己的无知，尤其是在他们关心的事物之上。如果苏格拉底的哲学能够帮助对话者反思现有的生活方式并从错误和虚假的状态中被解放出来，那么必须考察对话者现有生活方式的根基①，而这个根基就是对话者真正关心的事物。对话者的真实观点暴露了对话者的关心之物，苏格拉底通过反诘法驳斥对话者的虚假知识，实际上也是对对话者真正关心的事情的否定。一次对话难以实现帮助对话者反思现有生活方式的目的，因而苏格拉底通过往返式地重复"提问—回答—质疑"这一步骤，强化反诘法的作用。当对话者在相关问题上的信心被不断瓦解后，反诘法就成了证明对话者无知的方法，而这正是神赋予苏格拉底的神圣哲学使命。

苏格拉底认为，不断考察别人和自己，证明他人拥有的错误知识状态（23b，41b），并说服他们关照灵魂（23b-c，28e，30a-b，30e-31a），最终引导他们过上有德性的生活，是"德尔菲神谕"赋予他的神圣哲学使命。②因此，当苏格拉底通过反诘法证明对话者无知后，他本应进行建构性的哲学教育，传授德性知识并帮助对话者过上有德性的生活。然而，苏格拉底在理解"德尔菲神谕"的过程中意识到，认识到自己的无知并不构成人类智慧（*anthrōpinē sophia*，参见《申辩》20d）。神谕启示给他的是一种独特的知识态度，即自知的无知——这种态度强调人类永远处于无知状态。苏格拉底认为，任何意识到自己无知的人，依然有可能陷入新的不自知状态。为避免这一情况，苏格拉底选择通过不断宣称自己无知的方式来规避（《卡尔米德》166c-d）。神谕表明，只有永远强调自己无知的人，才是人类中最智慧的。

---

① T. C. Brickhouse and N. D. Smith, "Socrates' Elenctic Mission", *Oxford Studies in Ancient Philosophy*, Vol. 9, 1991: 134.

② E. C. de Lara, "Socrates' Response to the Divine in Plato's Apology", *Polis: The Journal for Ancient Greek Political Thought*, Vol. 24, No. 2, 2007: 194.

如果有德性的生活是人类的最高理想，那么自知无知的态度必然是实现这一理想的前提条件。因此，证明对话者的无知并传授自知无知的知识态度，成为苏格拉底反诘法的第二个目的。

这一分析有助于我们重新审视"反诘法困境"———种看似存在于反诘法基本步骤之中的逻辑漏洞。"反诘法困境"是指，苏格拉底在反诘过程中无法从三个信念（观点 p 及其前提 q 和前提 r）的不一致性直接得出假设 p 错误的结论。提出反诘法一般性模型的弗拉斯托斯自己也承认，苏格拉底的反诘法中存在着逻辑漏洞，即苏格拉底从 q 和 r 得出非 p 的正当性并未得到充分论证，苏格拉底只能证明 p 与这些前提的不一致性。[①] 为解决上述问题，弗拉斯托斯基于对《高尔吉亚》的分析指出，苏格拉的观点是永远正确的，因而任何与其观点不一致的信念都必定是错误的。[②] 这样的立场过于极端，遭到了许多后世学者的批评。后来的学者尝试对弗拉斯托斯的观点进行温和化处理。如珀兰斯基（Polansky）认为，苏格拉底在反诘法中使用的那些前提都是自明的真理，因而任何与之不一致的观点也必定是错误的观点。[③]

然而，苏格拉底并不将这种看似存在的逻辑漏洞视为真正的缺陷，而是将其视作反诘法的必然过程，其中蕴含了三个理解维度：

第一，苏格拉底认为，行动者的行动由多个信念构成。在《大希庇亚》中，苏格拉底指出，一个优秀的跑者可能为了特殊

[①] G. Vlastos, "The Socratic Elenchus", *Oxford Studies in Ancient Philosophy*, Vol 1, 1983:30.

[②] G. Vlastos, *Socratic Studies,* 25–28.

[③] R. Polansky, "Professor Vlastos' Analysis of Socratic Elenchus", *Oxford Studies in Ancient Philosophy*, Vol. 3, 1985:249.

的目的刻意输掉比赛（373c–e）。因此，赢得比赛的信念并不是跑者参赛的唯一信念。

第二，错误的行为源于犯错者无法正确评估"什么是最好"的信念。苏格拉底认为，行动者的任何行动的动机都源于行动者行动时推理（reasoning）产生的"什么是最好"的信念。① "什么是最好"信念由行动者的知识状态决定，拥有知识的人不会做出错误的行为（《普罗泰戈拉》352c）。因此，任何错误的行为都由无知引起。由于行动者的行动由多个信念构成，无法在诸多信念中正确评估"什么是最好"的信念的人会做出错误的行为。

第三，自知无知是正确地评估"什么是最好"信念的前提。苏格拉底认为，人们常常陷入无知而不自知的状态。在此状态下，人们误将财富、社会声望和政治地位视作值得关心之事，而对智慧、德性和灵魂的最佳状态不屑一顾。对什么是真正值得关心之物的错误判断导致了其对"什么是最好"信念的错误评估。苏格拉底认为，自知无知之人勇于审视自己的信念，包括什么是真正值得关心事物的信念，并且会持续反复审视这些信念。通过不断提醒自己无知，能够避免再次陷入无知之中，这也是正确判断"什么是最好"信念的必要前提。

因此，"反诘法困境"并非反诘法对话结构中的逻辑错误，而是苏格拉底刻意为反诘法设立的过程。当对话者意识到自己的无知，并开始领悟自知无知的知识态度时，传授德性真理知识线索的过程才得以开始。让我们以《拉凯斯》为例。

虽然，《拉凯斯》最后以难题结尾（"我们还没有发现勇气

---

① 这种观点一般被称为苏格拉底行动理论的理智主义立场。Cf. T. C. Brickhouse and N. D. Smith, "Socrates on the Emotions", *Plato Journal*, Vol. 15, 2015:9–28.

是什么"),但其中包含了积极的知识线索。① 这些线索隐藏在苏格拉底对概念的三次替换之中。第一次替换开始于苏格拉底和拉凯斯的对话中。在《拉凯斯》192–193 中,苏格拉底成功地将专家知识(technē)和智慧(phronēsis)互换概念,将缺乏专家知识的坚定等同于缺乏智慧的坚定。因为专家知识能够避免危险,因此拥有专家知识的人并不是更有勇气的人。在 194d 和尼西亚斯的对话中,苏格拉底继续将尼西亚斯的智慧(sophia)替换为专家知识中的一种知识(tinos epistēmē,参见《拉凯斯》194e)。随后,苏格拉底和尼西亚斯同意,如果一个人拥有了专家知识,那么就可以避免未来可能的坏事物,因此并不是有勇气的。

第二次和第三次替换都发生在苏格拉底和尼西亚斯的对话中。在 198b–c 中,苏格拉底认为"恐惧是对于未来的坏事物的预料"(198b),而"希望就是未来的好事物的预料"(198c),因此,勇气就是关于未来的坏事物和未来的好事物的知识(198c)。把对未来的坏事物的预料等同于未来的坏事物,把对未来的好事物的预料等同于未来的好事物,这是苏格拉底做出的第二次替换。第三次替换发生在 198c–199a 处,苏格拉底把"勇气就是关于未来的坏事物和未来的好事物的知识"等同于"勇气就是关于任何时候的好坏的知识"。在这里,苏格拉底把关于未来的好坏的知识等同于关于任何时候的好坏的知识。

上述替换体现这样一个事实:由于拉凯斯和尼西亚斯的无知,以至于他们没有发觉苏格拉底在对话中替换了概念。同时,苏格拉底通过这三次替换为他的对话者传递了一些关于勇气的知

---

① E. C. Emlyn-Jones, "Dramatic Structure and Cultural Context in Plato's Laches's", *Classical Quarterly*, Vol. 49, 1999:129.

识线索。

首先,通过第一次概念替换,苏格拉底和两位将军都否认可以将勇气定义为一种专家知识(technē)。但是,这没有排除将勇气定义为知识(phronēsis/sophia)的可能性。

其次,在后两次的概念替换中,苏格拉底把对未来的坏事物的预料等同于未来的坏事物,并将关于未来的好坏的知识等同于关于任何时候的好坏的知识,随后证伪了尼西亚斯关于勇气的看法。这样苏格拉底也就证伪了把未来的坏事物的预料等同于未来的坏事物,也证伪了关于未来的好坏的知识等同于关于任何时候的好坏的知识。然而,这对于尼西亚斯而言是积极的。因为,尼西亚斯在对话中声称的那些主张可能并不是他自己的真实看法。本尼茨(Benitez)认为,尼西亚斯此刻就仅仅是他人的传话筒,完全没有自己的看法。[①] 苏格拉底通过反诘法在否定了尼西亚斯关于勇气的原有定义的同时,也否定了上述两种概念替换的可能性。这些对于尼西亚斯的信念重建来说显然是积极的,他认识到了那些深深影响他的智者总是毫无忌惮地替换概念这件事实。

最后,通过概念替换,苏格拉底证伪了"勇气就是有智慧的坚定"(192d10)和"勇气就是关于任何时候的好坏的知识"(199a)这两个定义。从逻辑上来看,苏格拉底的证明并不是成功的,但两位对话者显然没有意识到这点,而对话者自身认知状态的混乱以及苏格拉底反诘的技巧性使得这样一种替换在结果上是成功且有效的。从反诘法的教育意义来说,这样一种凭借概念替换而实现的证伪是积极的,因为它打破了对话者对于错误定义

---

① E. Benitez, "Cowardice, Moral Philosophy, and Saying What You Think", in H. W. Ausland & E. Benitez (eds.), *Who Speaks for Plato?*, Rowman & Littlefield Publishers, 2000:91–94.

的肯定，而且为对话者提供了一些积极的知识线索。因而反诘法的第三个目的就是向对话者传授关于德性真理的知识线索。

通过对《拉凯斯》的分析，我们看到，苏格拉底凭借反诘法成功地将一个自信的对话者带入难题。通过反诘性论证，苏格拉底考察了对话者的认知状态和诸信念，证明了对话者诸多信念之间的不一致性，并拆穿了对话者拥有的虚假知识，由此，苏格拉底证明了对话者在相关问题上的无知。从这个角度看，反诘式的考察是破坏性的。但是从另一方面看，反诘法也是建设性的：苏格拉底向对话者传授了自知无知的知识态度以及一些积极的知识线索，这些线索不仅能够帮助对话者重新思考相关伦理概念的真正定义，而且能够帮助他们重思那些不融贯的生活信念，帮助他们过上一种经过自我反思和省察的生活。

上述分析也展现了苏格拉底凭借难题这一哲学情境实现跨越[①]的方式：首先，反诘法揭露并驳斥对话者的虚假知识（即难题中人们曾经信以为真的两个选项）使陷入难题中的对话者意识到自己的无知，这是他们开始反思的起点。接着，反诘法证明对话者的关心之事并不值得关心，进而证明他们对于知识的工具性价值同样做出了错误的判断。最后，反诘法证明对话者的无知并传授自知无知的态度则表明，正视并承认自己的无知是辨识真正值得关心之物的前提，而保持一种自知无知的态度是获得有工具性价值的新知识的保证。与此同时，苏格拉底通过反诘法传授的关于德性的知识线索，足以为身陷难题中的对话者提供一个辨识选项双方之真值范围并获得新知的基础。当对话者意识到自己的

---

① 即苏格拉底能够让对话人从承认知识的工具性价值上升到接受应当关心灵魂的更佳状态。

无知，重新审视曾经信以为真的虚假知识和关心之物[1]，开始理解自知的无知，并主动接受苏格拉底关于德性真理的教导时，他们或有意识或无意识地反思现有的生活状态，并在苏格拉底的帮助下开始追求灵魂的更佳状态。

四 结语

通过上文的分析，我们可以总结出苏格拉底哲学探究的两个特点。从过程上看，苏格拉底的哲学探究开始于无知或困惑，但随着一种对自身的反思。探究自身的探究赋予了哲学探究独特的魅力，使得它能够在作为一种方法的同时，被统摄进这种方法的自我反思之中。从特征上看，苏格拉底的哲学探究伴随着自我悖谬，悖谬被视作哲学的一个有机成分，这个成分益于哲学体系的自我成长，而非必须被克服的障碍。通过难题这一特意设定的哲学情境，苏格拉底希望对话者能重新考察已有的认识，获得新的认识，并养成自知无知的态度。因此，难题作为一种哲学情景展现了苏格拉底哲学探究活动的积极作用。然而，苏格拉底认为人们无法通过反诘法获得德性真理。

第一，自知无知要求苏格拉底始终保持对自身无知的状态——这并非对所有知识的否定，而是强调自知无知作为一种追求真理的态度，必然伴随着苏格拉底的一生。这也意味着对德性真理的追求是一项未完成的事业。

第二，苏格拉底认为德性的定义性知识具有优先性，这一原则涉及两个方面：

---

[1] 如意识到财富、声望和政治地位并非真正值得关心之物。

1. 优先性原则（P）：如果一个人不知道 F（某个具体德性）的定义，那他就无法判断任何行为 X 是否属于 F。例如，一个人如果无法提供勇敢的定义，那么他就无法断定他在战场上坚守的行为是否勇敢。也正是因为欧绪弗洛缺乏关于虔敬的定义，因而无法断定他指控父亲的行为是否虔敬（《欧绪弗洛》15d-e）。

2. 定义性原则（D）：如果一个人不知道 F（某个具体德性）的定义是什么，那他就无法判断 F 是否属于任何 G。例如，一个人如果无法提供关于勇敢的定义，那么他就无法知道勇敢是否可教（《拉凯斯》190b-c）。

然而，上述两个原则之间存在不可调和的矛盾：在没有定义性知识的前提下，人们无法运用优先性或定义性原则做出判断；但上述判断又以人们是否拥有定义性知识为前提。[1]这一内在矛盾揭示了苏格拉底否认人类获得德性定义性知识的可能性。

尽管如此，苏格拉底认为，人们可以通过反思和实践逐步改进德性，这表明德性知识是可以提升的。[2]通过反诘法，人们能够改善自身的知识状态，并在实践中不断完善德性。在这一过程中，人们逐步学会如何过上更好的生活，并逐步获得幸福。因此，反诘法的展开虽然不能一劳永逸地通往和保证德性真理，但它展示出德性真理作为哲学探究活动的调节性理想的特征。

作者简介：王钧哲，山东大学哲学与社会发展学院外国哲学专业博士生，主要研究方向为柏拉图哲学。

---

[1] H. H. Benson, "The Priority of Definition", in J. Bussanich and N. D. Smith (eds.), *The Bloomsbury Companion to Socrates*, New York: Continuum, 2013:31.

[2] Cf. N. D. Smith, *Socrates on Self-Improvement: Knowledge, Virtue, and Happiness*, New York: Cambridge University Press, 2021.

亚里士多德式自愿行动之分层与责任归属

丁振亚

摘　要：亚里士多德在《尼各马可伦理学》中论述了一种基于伦理归责的自愿行动。然而，他未充分提供关于自愿性及其前提的详细说明，也未说明归责的依据。亚里士多德的说明未充分涉及混合行动和确定自愿性归因的责任主体的复杂性。尽管如此，亚里士多德对动物心理和生理机制的相关论述，尤其是灵魂之潜能—现实模型下的相关论述为我们提供了深入分析他关于行动者行动的自愿性和归责问题的机会。这种分析可能会导致一种独特的亚里士多德行动分层以及责任归属理论：一是原始的行动单纯作为现实发生为自愿行动，在此行动者就是行动；二是行动者被替换为多层行动规定性的集合，这指向对自愿行动的回溯分层分析，行动者也是为了分析所作的描述；三是在个人的自我责任评价和集体的归责评价中，行动者的身份也具备相当的稳定性。

关键词：亚里士多德　自愿　行动　心理　生理

亚里士多德在《尼各马可伦理学》和《欧德谟斯伦理学》①中出于伦理目的分析了行动的类型：自愿行动和违反自愿行动以及混合行动（《尼各马可伦理学》III.1）。在行动的可评价性上，他认为，只有行动者的自愿行动才会受到（个人或者集体）赞扬或者谴责，而违反自愿行动应当得到（个人或者集体）的原谅或者同情（《尼各马可伦理学》III.1，1109b31–33）。然而，他并没有明确定义自愿行动，也没有说明行动者（agent）自身的本性。他只是简单描述了自愿行动的一些特征，即"始因在其自身"（《尼各马可伦理学》III.1，1111b1–2）或者说某个行动"取决于"行动者（《欧德谟斯伦理学》II.6，1223a6–7）。学界一般都默认了作为某个个体的行动者，然而，就行动自愿性的裁定以及对归责的深层次依据这两点来说，亚里士多德至少在伦理学中没有给出清晰的说明。尽管学界就这两点争议颇多，不过鉴于对第一点的回答往往涉及第二点，我们可以初步将争论分为连续派和非连续派。

连续派认为自愿行动的主体不仅包含理性动物（即标准成人），也包括非理性动物（如尚未发展出理性能力的孩童和不具备理性能力的其他动物），非理性动物是适当的被归责主体，只不过理性动物和非理性动物所承担的责任有所区别。这一派的代

---

① 除非另有提及，不然本文所参考的《尼各马可伦理学》为罗威的英译本（Aristotle, *Nicomachean Ethics*, translated by C. Rowe, New York: Oxford University Press, 2002），另外参考了苗力田的中译本（苗力田主编：《亚里士多德全集》（第八卷），中国人民大学出版社2016年版）和廖申白的中译本（《尼各马可伦理学》，商务印书馆2003年版）。亚里士多德的其他文本如果没有特殊说明则一律参考巴恩斯编辑的亚里士多德英文全集本（Aristotle, *The Complete Works of Aristotle*, edited by J. Barnes, Princeton: Princeton University, 1984）。

表有库珀（J. M. Cooper）①、努斯鲍姆（M. Nussbaum）②、索拉布吉（R. Sorabji）③、梅耶尔（S. S. Meyer）④、缪勒（J. Müller）⑤以及最近的卡隆（P. Carron）。⑥非连续派认为亚里士多德在《尼各马可伦理学》中强调了理性选择或者决定的重要性，以及自愿行动内含的特殊道德立场⑦，因此他们认为非理性动物并非亚里士

---

① 库珀认为亚里士多德存在基础性的"因果责任"（causal responsibility）而不存在后来才出现的"道德责任"（moral responsibility）。这意味着只要行动者做出行动，它就要担负因果上的责任，只不过成人需要担负的具体责任包括了出自品格的责任。参见 J. M. Cooper, "Aristotelian Responsibility", *Oxford Studies in Ancient Philosophy* 45, Oxford: Oxford University Press, 2013: 265–312。

② 努斯鲍姆的观点严格来说并不能被放在这里，因为她所认为的连续性是责任的连续性，而非自愿性与否的连续性。参见［美］玛莎·C.努斯鲍姆《善的脆弱性：古希腊悲剧与哲学中的运气与伦理》，徐向东、陆萌译，译林出版社2018年版，第438—444页。

③ 索拉布吉将非理性动物放在了责任主体范围内。参见 R. Sorabji, *Animal Minds and Human Morals: The Origins of the Western Debate*, Ithaca: Cornell University Press, 1983: 111–113。

④ 梅耶尔认可将自愿行动归给动物的观点，但是也认为动物因为缺乏理性而不能承担道德责任。参见 S. S. Meyer, *Aristotle on Moral Responsibility: Character and Cause*, Oxford: Oxford University Press, 2011: 50–52。

⑤ 缪勒的观点跟索拉布吉的观点类似，他基于《欧德谟斯伦理学》的文本认为非理性动物具备责任主体的资格，不过他进一步认为理性存在者为个别种类负责。参见 J. Müller, "Agency and Responsibility in Aristotle's *Eudemian Ethics*", *Phronesis* 60, 2015: 206–251。

⑥ 卡隆基于行动的可评价性而坚持最强硬的路线，他认为"非理性存在者或者尚未发展成熟的理性存在者有能力进行直接的自愿行动以及进行那些有助于形成理性存在者的品格的行动……非理性动物可以得到评价并且为它们的直接自愿行动负责"。参见 P. Carron, "Aristotle on Blaming Animals: Taking the Hardline Approach", *Epoché: A Journal for the History of Philosophy* 23（2），2019: 381–397。

⑦ 吴天岳：《亚里士多德论混合行动》，《外国哲学》2020年第2期，第84—123页。

多德关注的自愿行动的合适主体,因此归责主体也仅仅是理性动物。这一派代表人物主要有埃尔文(T. H. Irwin)。[1] 尽管越来越多的学者基于某种对动物性的同情而倾向于支持连续派的观点,但并没有人给出足够充分的理由拒斥非连续派的论点,争论往往变成了评论者对自身所拥有的道德立场的辩护。本文试图为亚里士多德的自愿行动的裁定以及归责找到一个更为基础也更为强硬的判定依据,这个依据一方面指向了人和动物中的生理要素,另一方面又关联于行动的伦理条件(如个人心理和集体心理)。换言之,行动自愿性的主体归属问题可以被换算为亚里士多德有关生理和心理的关系问题,或者说自愿性问题实质上是行动者的构成性问题。在这方面,库珀曾略有提及[2],而寇希留斯(K. Corcilius)和格里高利克(P. Gregoric)[3]则详细阐述了亚里士多德关于心理行为的生理基础。

然而,本文不会重复寇希留斯等人的工作,而是更进一步指出亚里士多德那里的心理行为和生理活动的互动以及二者的根本不可分性。通过这种方式,本文试图为行动的自愿性的判定条件提供一个有效的奠基,同时避免单纯从道德立场出发的论证。本文的主要策略是通过分析感觉、想象和理性的关系,并借由灵魂之潜能—现实框架的解释效力提出一种**关于行动的回溯性分层解读**。按此,行动者将被替换为多重行动规定性——生理性运

---

[1] "将自愿行动归给动物和孩童合理,但危险……"参见 T. H. Irwin, "Reason and Responsibility", *Essays on Aristotle's Ethics*,1980:124。

[2] 参见 J. M. Cooper, "The Role of Thought in Animal Voluntary Self-Locomotion: De Motu Animalium 7 (through 701b1)", *Aristotle's De motu animalium: Symposium Aristotelicum*, Oxford: Oxford University Press, 2020:345–386。

[3] 参见 K. Corcilius and P. Gregoric, "Aristotle's Model of Animal Motion", *Phronesis* 58, 2013:52–97。

动（身体位移、感觉等）和心理性（作为运动的想象和理性）活动的聚集体，行动者本身仅作为方便理性分析的假设性的描述存在，这对应到了其自愿行动的实际发生层面；行动者仍然在回溯性的归责评价中保持了其稳固的同一性，这对应到了其自愿行动的个人和集体可评价层面。本文分为三节：第一节简要介绍亚里士多德在《尼各马可伦理学》III.1 中对自愿行动、违反自愿和无自愿行动的论述；第二节在概述了亚里士多德论述的不可分的身心关系后，简要评述寇希留斯等人有关心理活动的生理基础的模型，进一步深化对实践三段论的分析；第三节则讨论理性和想象之间的关系，继而引出亚里士多德式回溯性分层行动解释方案；余论会总结该方案，并尝试重新简要解释《尼各马可伦理学》III.1 中出现的案例，尤其是关于混合行动的案例。

一 亚里士多德《尼各马可伦理学》中的行动

亚里士多德在《尼各马可伦理学》中没有给出关于自愿行动的正面规定，而是在第三卷第一章中通过排除外力强制和无知两种情形，逐步揭示自愿行动的内涵。依照文本顺序，我们可以先得到外力强制的初步描述：

（1）外力强制下的行动是始因出自物力或者其他人力的行动。例如，亚里士多德举了一个大风将正在行走的人吹跑的例子。在这个例子中，大风是外力强制中的外力和始因，而被吹跑是一个违反自愿（akousios/counter–voluntary）的行动。但是，这个例子也暗含了一个前提，即行走本身是一种自愿的（hekousios/voluntary）行动。如果没有这个前提，我们很难区分一个人被吹走是一种行动还是一种单纯的物理位移。然而，如果一个人在深度睡眠和昏迷状态下被一阵狂风吹走,这是否算作违反自愿行动呢?从表面上看,在"大风吹走一个深度睡眠的人"这一事件中,处于无意识状态下的人没有主动移动,只是受狂风推动而产生了位置变化,因此也只能算作一种位移。但实际上,人们选择睡眠本身已经是一种行动。如果这样,那么被风吹走显然是对这种行动的打断,它违抗了先前的自愿行动。但是,由于深度睡眠和昏迷状态似乎并不处于行动状态,那么大风将人吹跑只被认为是一次单纯的位移。

（2）外力强制（bia）的行动作为违反自愿的行动看来只能是这样,即,外力强迫的行动是违反自愿的行动,当且仅当,行动者被外力强迫时正在进行一个自愿的行动。按照这个规定,外力强迫下的行动似乎是违反自愿的行动。但是,让我们来看亚里士多德自己的一个例子:当暴风雨来临时,船长选择抛弃货物来拯救船上人的性命(《尼各马可伦理学》III.1,1110a5)。船长的行动显然受外力(暴风雨)的强迫,而且此前也进行着自愿运送货物而航海的行动,可是,我们能说船长抛弃货物的行动是违反自愿的行动吗?换一个例子:一个人承受暴君的逼迫而必须在"放弃至亲的生命"和"泄密"二者之间做出选择。这时候无论他选择哪一个,其行为都可以被称作"被逼迫下做出的选择",但这项选择或行动完全是违反自愿的吗?问题在这些情况下变得有些复杂。我们可以说,船长受暴风雨所迫抛弃货物;但是我们又知道船长本可以做出其他行动,如,他可以选择让水手们跳海,以此来保全货物而不受预期的雇主的责骂——当然他将会受到雇主之外的人的指责。值得注意的是,船长在这时候有选择的空间,即便他可以迅速作出决定。他为了一种善(如救人)自愿选择抛货,那么抛货就是自愿行动。被暴君逼迫的人显然也具备选择空间，尽管他可能没有像船长面临的自然处境那么紧迫，而是在挽救母亲和保密之间进行**理性选择**（prohairesis/rational choice）。其他人考量这些行动时要关涉被逼迫者的"品格"（ethos/character）：孝顺、忠诚或不忠不孝等，而**品格**本身也是行动者自身进行选择的考量要素。（关于暴君一例，可能还涉及某些对内部情况的讨论，但这里我们只是限定外力强迫，先不考虑所有内部的情况）尽管具体细节不一样，前面两种例子在处境类型上类似，这种像是能被同时称为"自愿"和"违反自愿"的行动被亚里士多德称为处在**混合状态**的行动。

混合行动的难点在于如何衡量自愿和外力的比重。当一个人被迫进入一个情境并不得不做出选择的时候，他的行动既有被动的一面，也有主动的一面。为了分析外力对行动的影响，我们暂且忽略情境中人的选择行为，这样就可以更清楚地界定外力强制的行动。

（3）外力强制的行动是违反自愿的行动，当且仅当，在被外力强迫时该行动者在进行自愿行动，且该行动者没有对将要来的行动作出任何主动贡献。这样，我们就对亚里士多德最初提出的两种违反自愿行动中的一种做了较为精确的规定。在排除了外部因素之后，我们再来考虑内部因素。根据亚里士多德的解释，由内部导致的违反自愿行动的情况属于"无知"。然而，亚里士多德区分了两种无知下的行动：①行动者**出于**无知而做的行动；②行动者**处于**无知所做的行动。并且，亚里士多德认为**出于无知**而产生的行动都是"无自愿"（ouch hekousios/non-voluntary）的，因为这是由于行动者对行动前提的无知所致。在这种情况下，行动者对自己的行动没有**任何遗憾和痛苦**之情，因此也就不存在**违反自愿**的情况。但是，如果一个人在醉酒状态下做了一些正常情况下他不会去做的伤害他人的行动,且这并非因为他无知,而是因为他处在一个无法获得具体感知的状态下,那么这种无知属于违反自愿。因为正常来讲,他不想做他醉酒后的异常行动。① 那么,我们得出违反自愿的另一个限制(如下第4点)。

(4)在不受外力强制的情况下,行动者处于无知而做出的行动是违反自愿的。现在,我们需要检验这一限制。正如前面我们所讲的,如果行动者在追求某些已知的善好之时,由于不能准确知道具体情景而实行了某项行动,并且事后行动者对所做行动表示懊恼和痛苦,那么,这项行动可以被称为违反自愿的行动。但是,行动者如何才能确实知道一个善好而不知道具体情况下的善好呢?追求善好的行动为什么能算作是违反自愿的呢?例如,老张知道迷狂状态是好的,而喝酒能让人迷狂,恰好老王拿来了酒;于是老张喝酒。当他喝完酒后,通过某种方式得知他当时的身体状况喝酒会导致酒精肝,或者他发现因此已经得了酒精肝,那么老张就会为他自己之前喝酒的行动**懊恼**从而感到**痛苦**。这种情况下,思虑和欲求似乎发生了矛盾,但是矛盾发生在那一行动之后。只有在老张获得新的知识之时或者说老张之前的决定被**证实为错**之时,老张之前的行动才能被当作是违反自愿的。如果老张的行动没有得到新的评定,老张的喝酒行动就是自愿的。这样看来,没有**积极信念推动的自愿行动**以及没有事后的悔恨等负面情绪,违反自愿的行动就是不可能的。于是,我们补充(4)而得到下面第5点。

(5)在不受外力强制的情况下,①行动者的行动是违反自

---

① 这个案例蕴含了"不自制"(*akrasia*),但是该现象是复杂的,对它的处理超出了本文讨论的范围。

愿的，当且仅当，行动者行动时处在无知情况下；②行动者是处于无知的，当且仅当行动发生后行动者原来的信念被证实为错的，且主体事后产生负面情绪（懊悔）。

出自有知的行动显然是自愿的，但是亚里士多德也将从激情和欲望中产生的行为同样视为自愿的（《尼各马可伦理学》III. 1，1111b1–2），并且自然地认为非理性动物具备自愿行为（1111a25–26）。然而，这似乎只是亚里士多德对伦理经验的总结，并没有回答何种情况下"处于"一个人的激情和欲望以及理性的行动是自愿的这个问题。

从描述上来看，违反自愿（counter-voluntary）行动必然预设自愿（voluntary）行动，二者彼此对立。但是，自愿行动和违反自愿行动所构成的**并集的否定**将是那些没有被限定的行动类型。需要指出的是，作为一种思想实验，这无论如何都是事后反思，并不等同于实际情况中当事人的行动状况。而在亚里士多德的时代，由于没有监控录像等技术，人们所获得的信息通常只能来自他人的偶然感知和信念，以及当事人自身的回忆。因此，在判定行动的自愿性的时候，当事人往往被施加了与当时发生的信念不符合的描述。此外，尽管违反自愿行动和自愿行动在形式上对立，但它们并没有直接指示行动内容。词项可以不断被重组，导致行动的真实始因——是词项、主观信念、生理过程还是它们的局部或者全面组合——难以确定。

这种判定难题尤其体现在混合行动的情况中（如暴风雨例子、暴君例子以及更为常见的不自制行为）。尽管我们可以将注意放在"对行动无贡献"（1111a17）的反面即"有贡献"上，但这无法裁定构成一个人的各要素对行动所作出的贡献比例。虽然亚里士多德在《尼各马可伦理学》中对此做了某些阐述，然而，这还触及描述词项和实质内容的关系问题。此外，还牵涉作为理性对象的逻各斯如何能够指称实际行动的问题。或者说，这是行动者如何被具体环境触动（*paschein*）和做出主动活动（*poiein*）并且依据主动性与否而裁定行动者的责任归属问题。下文通过借由亚里士多德关于灵魂的潜能－现实框架概述亚里士多德论述的不可分的身心关系，简要评述寇希留斯等人有关心理活动的生理基础的模型，指出行动的生理心理条件，进一步深化对实践三段论的分析，从而推进对行动之自愿性和责任归属问题的探讨。

二 不可分的心理－生理主体和行动的心理－生理条件

对亚里士多德来说，"灵魂是生命体的原因和原则"（《论灵魂》II. 4，415b8–9）[①]，它是一个动物的自身运动的始因（《论动物的运动》700b9–11）。此外，他指出，"灵魂显然既离不开身体而受动，也不会离开身体而有所活动"，并且"理性活动……或者无法离开想象，离开了身体，理性活动也是不可能的"（《论灵魂》I.1，403a5–8）。因此，在对具体环境的感知中，身体感觉和想象分别如何发挥作用，并且理性或者想象如何参与到身体运动进而和欲望联合起来进入行动[②]成为一个重要问题。

首先让我们关注感觉过程。依据亚里士多德在《论灵魂》

[①] 如果没有其他说明，本文所引《论灵魂》文本依据希尔兹的英译本（Aristotle, *Aristotle De Anima*, translated by C. Shields, Oxford: Clarendon Press, 2016），同时参考陈玮的中译文（[古希腊]亚里士多德:《论灵魂》，北京大学出版社 2021 年版）和秦典华的中译文（苗力田主编:《亚里士多德全集》（第三卷），中国人民大学出版社 2016 年版）。

[②] 曹青云、濮蒲天:《亚里士多德论理性、欲望与行动》，《中国人民大学学报》2022 年第 5 期，第 83 页。

III. 1（参见 II. 6，418a7–11）的叙述，感觉分为三类：1. 其对象为色声香味触的特有感觉（对应器官为眼耳鼻舌身）；2. 其对象为运动、静止、形状、大小、数和一的共通感（无对应器官）；3. 偶然的感觉。而对感觉一般的说明为：

> 我们必须将感觉看成是：(1) 不带质料而接受可感形式，……就其作为如此这般的事物而言，并且依照比例……(2) 能够感知的事物必定是某个〔空间上的〕量，而能够感觉的事物的所是以及相应的感觉则必定不是量，而是某种比例（logos tis），以及该事物的某种能力。(《论灵魂》II.12，424a17–27，陈玮译文，序号为作者添加)

那么，问题在于，感觉在具体环境下感知到的是可感形式还是一个外部的三维对象。[①] 亚里士多德提到，"当未区分的项出现，在灵魂中就有一个初始的普遍者；因为尽管你感知特殊者，感知的是有关普遍者的"(《后分析篇》100a15)。对亚里士多德而来说，对象是施加作用的，而感知者显然是接受作用的。基于此，亚里士多德认为：

> 施加作用和被施加作用都存在于被动者而非主动者之中，同样可感对象的现实活动和能感知者的现实活动都存在于能感知者之中。(《论灵魂》426a9–11)

[①] 寇希留斯认为感觉对象就是外部的三维对象（K. Corcilius, "The Gate to Reality: Aristotle's Basic Account of Perception", in C. M. Cohoe（ed.）, *Aristotle's On the Soul: A Critical Reader*, Cambridge: Cambridge University Press，2022：122–154），但这个观点有待进一步讨论。

似乎没有办法将这样一种可感对象单纯预设为近现代才会出现的独立于灵魂的外在对象。而且鉴于"感觉对象和感觉能力的现实活动是同一个",尽管"它们的所是并非同一个"(《论灵魂》425b26–27)[1],感觉对象可能是一个在感觉活动中呈现出的三维对象。实际上,鉴于上述共通感的作用,三维对象不能在特有感觉上呈现,而只在共同感与特有感觉联合的基础上出现。毕竟,"首要的感觉器官是那个具有这种潜能的器官。感觉器官和这种潜能是相同的,尽管它们的'所是'是不同的"(《论灵魂》424a24–26),即,特有感觉只有相应器官能力之内的比例化,例如眼睛只能识别(感知)颜色而不能识别**这一个**特殊对象,也不能识别香味、声音等其他感觉对象(伴随着感觉的进展,介于感觉和理性之间的想象也会出现,后文将会处理想象)。然而,这并不会让亚里士多德取消对象的实在性而成为主观唯心论。亚里士多德的意思是,只有当可感对象被感知到的时候,它对于人们来说的那种"所是"以及感知能力的所是才能在同一现实活动中被分别实现,它们的"实现基于和感知者的因果互动"[2]。

---

[1] 在此,我们可以借助查尔斯对亚里士多德观点的重构:"所是"其实指向了不同的抽象:"把注意力集中在从其主体所从事的持续的心理物理活动中抽象出来的一个瞬间(或者一连串的瞬间)。这是要给错误的步骤,因为在这样做的时候,我们放弃了我们所拥有的资源,已解决关于看(或织)的活动的'它是什么样的?'问题,从这些瞬间中抽象出来。实际上,我们用关于事件(或者事件序列)的不同问题取代了关于正在进行的活动的容易回答的问题,而我们对如何回答这些问题几乎一无所知。这在很大程度上是因为我们对世界的感知经验从根本上来说是一种活动,而不是一系列独特的逐时事件。"(D. Charles, *The Undivided Self: Aristotle and "Mind–Body" Problem*, Oxford: Oxford University Press, 2021: 269.)

[2] 参见 A. Marmodoro, *Aristotle on Perceiving Objects*, Oxford: Oxford University Press, 2014: 98。

在非身体的物理现象和感知者的因果交互的现实同一性之外，亚里士多德还认为，"灵魂是有机自然身体的第一现实"（《论灵魂》412b5–6）。对他来说，灵魂不是某种笛卡尔式心灵的实体，而是在不同的潜能层次上实现的功能（ergon）意义上的实体。换言之，我们可以说灵魂和身体是一样的，但它们的"所是"是不同的（如"也不必探究灵魂和身体是否为一"，412b7–8）。这意味着，生理学主体和心理学主体在根本上是一样的，但在"所是"上有所不同。在没有触及理性之前，先让我们从运动这一点出发来处理一切动物所在具体环境中实施行动的模式。

鉴于感知首先是一种特殊的运动（《物理学》244b10–12；《论灵魂》431a4–6），让我们从运动的角度开始处理所有动物在特定环境中的生理过程和做出行动的模式。实际上，亚里士多德并没有系统的生理学理论，但他提供的材料足以支持现在的讨论。亚里士多德提供的图式描述了动物由灵魂驱动的生理性过程和结构，即"中心化出入运动模型"（centralized incoming and outgoing motions model，后文简称CIOM）。[1] 此处所依据的核心文本为《论动物运动》703b26–35：

> 运动从部分到起点以及从起点到部分是合理的。设 A 为起点。那么，运动从我们所画的图中的每个字母都到达起点，然后再从运动和变化的起点返回（因为它可能是多个），B 的运动通往 B，C 的运动通往 C，从两者一块来的运动也都到两者。但是从 B 到 C，它先从 B 到 A，就像到

---

[1] K. Corcilius and P. Gregoric, "Aristotle's Model of Animal Motion", *Phronesis* 58, 2013:55–60.

始因，再从 A 到 C，如同从始因到 C。

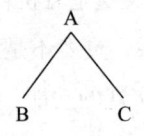

```
      A
     / \
    B   C
```

这旨在说明灵魂是向内运动的终点和向外运动的起点。对亚里士多德来说，心脏是中心感官，而其他部分则属于边缘感官。心脏接收来自边缘器官的运动，并将这些运动传导给灵魂，同时心脏接受从灵魂出发的运动并将其传导给边缘器官。运动有时候从灵魂出发，有时候从外面到达灵魂。边缘器官感受到运动变化，如眼睛看到苹果，它接收到它的能力所能接受到的，而边缘器官连接血管并且通过亚里士多德称为通道的结构将同基质的感觉变化传输到中心感官。一个具备感知能力的生物，就包含一个同基底部分的连续系统。边缘感知系统直接连接着触动它的东西（某些运动），在触动它的东西和中心感官之间有一个起着中介作用的连续序列。这样，感觉变化从边缘传输到中心感官心脏，并经由中心感官传导给灵魂，然后中心感官将灵魂调整后的运动传导给边缘器官，其中"普纽玛"（pneuma）拉动关节运动。整个传输是需要时间的，而感觉运动的滞留自然成为了想象所呈现的"遗象"（phantasma/after–image）之运动。这也让感觉在记忆中留下了转录（《论记忆》450a32），以供回忆在特有感觉活动不现实发生的时候将感觉对象以像的模式呈现出来（《论梦》461b23）。这样一个遗象自然也是某种类似可感形式的比例。感觉对象恰恰在感觉变化传输到灵魂，经由想象协助记忆后才会在回忆中识别可感对象，"多次的记忆构成单一的经验"（《后分析篇》100a5–6）。这样，触发身体的并非所谓**个别的实体对**

象，而仅仅是某种运动；可感对象恰恰在多次记忆中才会经由多次出现的显象而被确认。①

亚里士多德认为，动物的运动开始于灵魂，终止于器官的运动或者静止的状态（《论灵魂》408b14–18）。而且，从亚里士多德的心脏中心主义（cardiocentrism）可以了解到，感知运动从边缘器官传入心脏，快乐和痛苦的运动从心脏传出。快乐和痛苦对应于关于对象的感知是否有益于或有害于身体与动物自然本质的一致化。寇希留斯和帕沃高里克还论证说，普纽玛是一种将欲求的热转变为起推动作用的身体能力，并且这是动物运动的决定性步骤，它通过固有环境的收缩和扩张驱动动物的四肢运动。那么不管处境如何，只要动物自身驱动了四肢运动，也就意味着灵魂通过想象而向外驱动的运动比例大于外部传输进来的运动，这样其活动就完全是自愿的。

人们可能会说，亚里士多德仍然说过"在任何情况下，这两个似乎都会引发运动：欲望和理性——如果将想象视为某种推理的话"（《论灵魂》433a9–12）。但是亚里士多德明确认为，灵魂最后一个驱动运动的功能被称为欲望（肉欲或者冲动或者愿望，参见《论动物的运动》700b35–701a2）。此外，"因为实现欲望是对探究或者思考的替代。肉欲说，我想喝水。感知或想象或思想说，那是饮料；行动者立刻去饮水"（《论动物的运动》701a32–33）。

---

① 这样的解读自然会引发很多争议，但这是目前我认为可说得通的解释；它没有预设任何的关于外部世界的近现代式的假设，也没有假设一个近现代式的内在自我。只不过，它否定了所谓的独立于人的某种实体对象作为可感对象的可能性，也重置了形成确定三维可感对象的节点。

这意味着感觉（或者想象，或者思想）和欲望一道是灵魂驱动动物运动的原因。不过，如果没有欲望直接指向的对象，就不会有什么欲望。欲望和感觉/想象/理性有着内在的关联。按照对生理过程的分析，在肉欲产生之前，行动者率先进行过对水这个对象的感知传导活动，所以才有对这个渴了要喝水的表达，不然行动者并不知道渴了需要喝水。此后，行动者于再次渴的时候直接说想喝水，然后进行感知变化或思想的传送，继而判断那是饮品，于是行动者立刻去饮水，以形成行动者的行动。但行动之前有行动者自身运动过程，有一个从感知到肉欲的产生过程，非理性的欲求和前面的想象共同通过灵魂推动行动者行动。

上面说的仍然是简单的行动，因为前面的感知变化已经产生了"显像"（*phantasma*），欲望紧随其后，如此连贯下来形成一个简单推理行动：a.欲求说，我想喝水；b.想象说，那是水；c.行动者立刻去喝水。其中a是关于水作为对保持身体状态与动物自然本性相一致的善好的所知，即关于行动对善好的获知的前提；b是对当下状况能喝到水的条件的想象，即行动发生的可能条件；c则是直接行动。在a之前，主体说自身渴了——渴了是自身觉知，渴对身体状态符合自然本性来说是不好的，而最初的对象就是好的对象，善好。在自然秩序中，若事物A对事物B有好处，那么这种目的关系或是出于偶性，或是出于一种稳定的理由：善好（good）。[①] 欲望通过感觉和想象指向了行动者的行动的对象。事实上，如果没有想象，就不会有欲望的对象。如果没有想象，理性也不可能存在。但是，从上文可知，亚里士多德

---

① J. M. Cooper, "Aristotle on Natural Teleology", *Language and Logos: Studies in Ancient Greek Philosophy*, Cambridge: Cambridge University Press. 1982:197–222.

既说想象不是理性又说想象是一种理性，那么，想象和理性之间的实质关系是什么？这种关系如何起作用呢？

三　想象和理性

在上一节处理了非理性动物的自愿行动的判定条件后，现在让我们转向更加复杂的理性动物的自愿行动，而且下面预期论证的是，**混合行动的混合特性是具体行动中不同比例的想象和理性之分配的后果**；想象和理性不再有鸿沟，继而在实践推理或者三段论中的大前提和小前提所分别调用的理性和感知本身也没有必然的鸿沟；对善的知和对善的感知以及最终所通过身体做出的行动都是受到最高的且统一的灵魂实现的运动（或理性或非理性，取决于作为行动者第二现实的灵魂是理性的还是非理性的）；但也正是由于想象和理性的独特图像式记录功能，行动立马会被个人以及集体回溯性地分层勾勒（如别人对行动者的赞扬和谴责），而且只要我们谈及行动以及和行动相关的话题，行动就会被分层勾勒。

亚里士多德并没有给出关于想象的单一而明确的解释[①]，**但想象作为运动**（《论灵魂》428b31）这一点是非常明确的。围绕运动这点，可以将多处文本显示出来的多重概念标记为有关想象的

[①] 有关 *phantasia* 和 *phantasma* 的学界争论颇多，不过学界基本保持共识的是，*phantasia* 并不能直接对应到近现代具有创造性和主动性的"想象"一词。但是，为了术语统一，本文并没有发明新词来指称 *phantasia*。有关想象的研究综述可以参见卡斯通的研究（Cf. V. Caston, "Aristotle and Cartesian Theatre", *Encounters with Aristotelian Philosophy of Mind*, edited by P. Gregoric and J. L. Fink, New York and London: Routledge, 2020: 198–199 n. 4）。

"松散的家族概念"①,以及拥有"更开放、未完成的、变化的但不完全含混的建筑工地的身份,亚里士多德在其中提供了建筑材料、少量的指示和光秃的轮廓,但把它留给我们去填补细节"②。

严格来说,想象一定不是理性且不是某种混合物。但是,因为人有身体这一点,任何属人的理性思考"不能脱离图像"(《论记忆》450a1)。但思维对象不等同于图像(《论灵魂》432a13-5)。图像本身是作为对感知事物的像出现的,它却并不是理性对象的像,不过是"思维能力在图像中思维一些形式"(《论灵魂》431b3),那么通过想象的图像的传递,这样似乎理性对象或者可理知的形式和可感形式就是相似或者甚至等同的东西。应当如何理解亚里士多德在这里给出的双向关系?

让我们考虑一个例子,当 X 看到一座明星的蜡像时,X 在感觉上看到了蜡像现时呈现给各个感觉器官的东西,而同时 X 想到了这个明星在其他时候的画面和相关的记忆,又或者 X 足够理性,X 将这看作对明星这个普遍概念(可理知形式)的定义的体现。这样,图像就同时表现出了对于 X 以前经历过的感觉内容的相似,同时又指向了可理知形式,但是后者并不能再次作为相似,而是作为一种指示或者指称。这也和亚里士多德所举的三角形的例子相适应。可理知的三角形虽然不是任何绘制在纸上以及印在脑海中的关于图纸的三角形的像,但是我们却必然在思考三角形的时候借助一个具体的三角形图像。

面对这样一个难题,莫斯(J. Moss)选择直接取消理性与

---

① A. Ferrarin, "Aristotle on ΦΑΝΤΑΣΙΑ", *Proceedings of the Boston Area Colloquium in Ancient Philosophy* 21: 93.

② A. Ferrarin, "Aristotle on ΦΑΝΤΑΣΙΑ", *Proceedings of the Boston Area Colloquium in Ancient Philosophy* 21: 96.

想象（及感觉）沟通的可能，而将之认作两组能力模块。动物只有想象（以及感觉）模块，而理性动物则还有理性模块，其中后者对前者具有纠正和批判功能，前者则全靠本能冲动[①]。她这样解释的好处是可以有效展示动物和人的差异，但却无法说明小孩如何能够成为有理性的成人，因为理性就像是凭空降临给小孩以至于小孩瞬间变成理性动物。此外，理性模块由于无法在人体上找到适当的功能组（包括器官），这也让理性成为了某种柏拉图式的存在。尽管，亚里士多德对思虑性想象的提及可以作为莫斯论证的依据，但是同上一段指出的类似，这种思虑性想象仅仅是亚里士多德自己直接将想象和理性进行混合的一个后果，并没有解析这种混合的基础。无论如何，从亚里士多德的各处文本中，我们都没办法找到从图像上升到理性的具体方案[②]。

从亚里士多德关于潜能和现实的理论出发可以推导出一种解释方案。对亚里士多德来说，"灵魂是潜在地具有生命的自然身体的第一现实"（《论灵魂》412a27）。他区分了第一现实和第二现实：第一现实指向了一种状态，第二现实指向了一种

[①] J. Moss, "Thought and Imagination: Aristotle's Dual Process Psychology of Action", *Aristotle's On the Soul: A Critical Reader*, edited by C. M. Cohoe, Cambridge: Cambridge University Press, 2022:249—257.

[②] 或许一个冒险方案是，将人类理性相关的对象当成一种外在于个人的记忆体，这样，概念就会变成共同体的约定和规范，因而它也就自然而然是一种更广泛意义上的图像。与个人通过感觉得来的图像相比，这种图像可以脱离开个人，但仍然是图像。这样三角形的普遍定义将只是借助语言而将共同体有关三条边的所有事情的感觉和想象当中的那个不变图像的呈现。如此，图像和概念的鸿沟就消失了，但代价是，被动理性和主动理性的鸿沟无法被填平。实际上，亚里士多德自身也无法处理个体这里的主动理性和被动理性，因为被动理性显然依赖于记忆。而且，没有人可以保证亚里士多德见证过一个作为特殊存在者的神的存在，所以我们只能将这种纯粹主动理性者当作一种悬设，同时更关注具备质料的理性。

对功能的持续性运用。此外,"质料是潜能,形式是现实活动"(412a7),而"灵魂必定是作为某种自然身体的形式而存在的实体"(412a20–21),那么理性灵魂自然也是人类身体的现实。这样,让我们重新审视亚里士多德的感觉到理性的过程。从上文得知,从边缘器官到中心器官的运动对感觉和想象的形成起到了非常重要的支撑作用。根据亚里士多德对动物部分的层次划分,水火土气作为原质料(元素)构成了统一的材料(如血管、血液、肉、骨头等),其中血液对于运输运动和心脏想象来说都是关键的(以至于血液的厚薄、热冷等都直接影响下一层次的构成,乃至于施加给理性的功能正常发挥与否都是很关键的,参见《论动物的部分》648a3);这些同一的材料在运输中构成了下一进程的组织乃至器官,每个组织或者器官都拥有自己稳定的运动系统;而组织和器官之间的协同运作则构成了一个生物的功能性活动,其最终的实现状态就是其灵魂的表现。那么,感觉灵魂和理性灵魂就不是一般意义上的低级和高级灵魂的关系,而是身体的倾向性血液运输以及功能性器官之间的连续协同活动所称产生的不同状态。

亚里士多德并没有将灵魂仅仅划分为所谓的营养、感觉和理性部分(功能),而是宣称了诸多功能(《论灵魂》II. 2 就提到了理性、营养、感觉、运动、想象、欲望、感受快乐和痛苦以及形成意见等功能),前三种只不过是最典型的功能。当一个行动者进行推理活动的时候,它所表现出来的这种持续性状态被观察到并被当作一种不同于感觉能力的特殊能力,那么它就具备了理性功能。换言之,如同切割植物的例子,只有当植物被切割后仍然活着,也就是植物之"多"的现实被实现过,才能说它有"多"的潜能,不然它就是单纯的"一"(《论灵魂》

413b16–20）。而且，对亚里士多德来说，现实在实体上、时间上以及逻各斯（定义）上均优先于潜能（《形而上学》1049b5，1049b10–12）；如果没有现实在先，任何潜能都不可能成为现实。那么，当一个事物最不同于其他事物的现实性得到实现，也就是在事物的最高层次特征功能发挥作用后，我们就找到了可定义的本质，也就找到了其自然本性。又因为对亚里士多德来说"最接近的质料和形式是同一事物，前者潜在地是，后者是现实地是"（《形而上学》1045b18），所以最高的形式作为现实发挥作用的时候也是其质料作为潜能得到完全实现的时候。对于人来说，如果一个小孩没有学习过任何理性知识，也没发挥过任何理性功能，那么作为已经获得理性的成人会在分析小孩和自己的条件相似性的情况下，在自己的认知中期待这个小孩有获得理性的条件。但这只是已经有理性的人对小孩的期待（严格意义上是来自已经有理性的人自己的判断），而不是小孩自身的现实。在这个意义上，说一个没有进行过任何理性活动的小孩具备理性潜能，无非同名异义，因为它完全可以如同狼孩一样完整丢失获得理性的可能——完全狼孩化。简而言之，灵魂作为功能不仅引起身体过程，而且也通过这些过程实现。行动者是本质上不可分的心理物理主体。[①]

进一步，如查尔斯所言："所讨论的能力不是简单地通过加法组合的。在亚里士多德看来，这样理解的人类灵魂不是一堆单独定义的能力……不同类型的灵魂在其较低的能力（例如营养能

[①] D. Charles, *The Undivided Self: Aristotle and "Mind–Body" Problem*, Oxford: Oxford University Press, 2021: Ch.7–8.

力）被其更高级别的能力塑造时是统一的。"[1] 从这里，我们可以接着说，理性功能（作为最高秩序的能力）本身的实现跟所有其他特定功能（例如，听、触等，因为当我们理性思考的时候，我们并不会调动我们所有的感知和营养以及位移能力）的实现没有必然联系[2]，那么只要实现理性功能的条件具备，理性功能就会实现，不管实现者看起来有多么不像人！当一只曾经的狗实现了算数的时候（尤其是重复算数，但这并不重要，因为一位拥有高超计算能力的数学家并不能确保在未来能实际上继续实现他/她自己的算数能力），它就是一个拥有理性的存在者。

无论是感觉还是理性抑或是欲望等功能都直接是身体血液层次和器官层次的协同运转的各种呈现，故而理性不是奠基在感觉形式之上的理性形式，**而是本身作为身体的形式而统摄作为质料的身体各个动作的形式**，是作为身体的实现活动意义上的现实，而非所谓的想当然的或者认识上预期的形式。如同在有意拍球的这个行动中，**原始的运动作为变化发生加热或者冷却，然后水火土气进行进一步的变化，这使得肌肉可以伸缩，乃至于推动肢体接着推动更多的身体运动，最后完成拍球动作**。有意拍球到拍球完成作为最后的和最高的实现为这个活动提供了形式，也揭示了

---

[1] D. Charles, *The Undivided Self: Aristotle and "Mind–Body" Problem*, Oxford: Oxford University Press, 2021:215.

[2] 因为出发点就是不可分的心理物理主体或者不可分的"心理—物理"因果交互，所以并不会出现任何的"随附性"（supervenience）论证，简言之，"没有 B 差异就不能有 A 差异"（参见 B. McLaughlin and K. Bennett, "Supervenience", *Stanford Encyclopedia of Philosophy*, https://plato.stanford.edu/entries/supervenience/，2018）。例如，随附性论证者会认为心脏跳动的声音和心脏的本质特征"泵血"没有因果关系，但是心脏跳动伴随每一次的心脏泵血活动，故而该跳动的声音就是随附的。

该活动的本性。其中，在有意拍球的实践推理中，对拍球的好的一般认知和具体感知分别都被解释为了不同层级的运动，但是拍球行动之发生本身仅仅作为现实出现——有意拍球的持续实现，其分层仍然是一种回溯性的分析，"有意图"到意图实现本身也在这种回溯分析之中，不过由于图像的衰退式传递而非消无，使得这种分析具备一定的说明力。回溯性分析不仅可以用于回溯也可以用来作为对以后行动的说明，但首先它是回溯性的。进而言之，实践推理或三段论在潜能现实模型下，不再呈现为单调的线性推理（大前提→小前提→行动），而是一种复杂的潜能和现实的非线性转化过程（行动无时无刻在发生，它是自愿的；行动发生之回溯性分层以及借由潜能和现实所解释分层的连续性）。

在这种意义上，理性也是一种不可分的"心理—物理"的运动过程①，只不过是一种较为缓慢和稳定的运动，回忆就是其最初的实现形式（《论记忆》451a13–17）。甚至**回忆是一切理性活动的基础**，理性推理要么依赖个人记忆的图像，要么依赖扩展到共同体的图像或者语言的记忆。由于共同体语言相对于个人记忆图像更加稳固，它能够在一定程度上映射事物自身那些较为稳定的实现活动。随着共同体的文化符号和相应的记忆载体的增量

---

① 查尔斯持有类似的观点，在他看来任何事件（自然包括理性）本身都是一种过程和活动。他认为，亚里士多德规避了笛卡尔式的心身问题乃是因为："（1）以解释的方式，将心理学视为本质上和不可分的心理物理学的观点；（2）坚持认为本体论应该以过程和活动来具体化，事件是衍生的和次要的；（3）可以有一半的或者可确定的物理学显像类型的假设以心理物理的方式进行确定；（4）认为形而上学的解释不能还原为对基本物理要素的解释，还需要满足其他要求，如关注统一性和可理解性。"参见 D. Charles, *The Undivided Self: Aristotle and "Mind–Body" Problem*, Oxford: Oxford University Press, 2021: 284.

以及人们代际的更替，理性对象越来越成为现成的对象，以至于人们越来越想当然地认为自己有一种与自身的回忆以及图像相分离的理性对象。此外，没有一种真正普遍适用的理性对象，比如，对三角形的定义并不普遍，它只是在特定规则范围内有效，只在特定条件下实现自身。可理知形式在月下世界是不纯粹的（在这个语境中，我们并不会讨论隶属于神圣心灵的纯粹形式），因此自然实体的那些本质就是不纯粹的或者具备质料的。因为定义是"指示了某物的本质的说明"（《论题篇》101b38），所以，定义恰恰只是最为稳固的具备质料的形式。这些形式不能脱离它们的质料；因此，不纯粹的形式正是一种诸多记忆中最为稳固的记忆。记忆必然蕴含着图像，图像蕴含着想象。尽管理性不在数字上等同于想象，二者之间也没有鲜明或者本质的差异（起码在月下世界的人的意义上）[①]。这也可以解释亚里士多德声称一种思虑性想象的缘由。

那些稳固出现的实现活动成为倾向（hexis/disposition）或品格，而且一般难以改变。因为品格本身是对这类活动的形式的显示，所以无论行动者如何行动，**只要它对那件事情作了贡献，那么出自品格就是出自活动，就是出自其自身**。实际上，只有当行动者能够实行并正在实行其功能的时候，心物不可分的行动者才是其自身，但是行动者持续处在行动之实现中，也就是其灵魂的第二实现中。因此，始因在其自身就等同于是自身。由于行动者的生理和心理的功能连续性，所以在追责的时候，所进行的是通过相应的证据来锁定其相应的**责任配比**。但是评价本身就是一个

---

① 这可以辩护亚里士多德在不同时候将想象当作近感觉的或者近理性的活动的举措的合理性。

在责任主体之外的别人对当事人的追加性的评价，和那件事本身已经没有太大的实际关系。各种身份和评价无非是行动者自己或者其他人为了自身的某些欲望而进行的回溯性认定。

因此，只有当给出关于同一行动的不同描述时，我们才能将一个行动判断为违反自愿的行动①。同时，这些来自自我回忆或者他人回忆的描述指的是同一个主体。例如，在 T1 时刻，A 认为做某事 S 对 A 有好处，并在当时感知到做 S 的具体环境 C。如无阻碍，A 就去做 S。在 T2 时刻，A 知道 S 是好的，但是对 C 的感知 P 被证伪，于是对做了 S 感到悔恨或痛苦。这样，在 T2 下，A 认为 A 之前的行动是处于无知的。但如果设定条件并变更主体，当 A 做 S 的这一行动被描述下来并传达给 T2 时期的主体 A2，那么 A2 一开始就拥有 A 经过经验获得的知识，从而 A2 会在第一时间就知道 A 的行动是错的，也会判定 A 处于无知。但是 A2 的第一时间和 A 的第一时间的具体状况显然是不一样的。A2 拥有对 A1 的完整行动过程的描述，A2 已经站在了 A 的 T2 之后来考虑 A 的行动，那么 A2 显然可以将 A 的行动分几个阶段来充当他思虑的材料。但是对 A 来说并非如此，他自己只能在接受新的证据时才会认为之前自己的行动是否处于无知。在排除外力强迫的情况下，A 的行动 S 就一定是一个作为违反自愿行动的反面成为自愿行动。于是，行动的自愿性和违反自愿性只能通过回溯性的描述来捕捉。

那么可以得到如下关于行动的分层：1.行动在因果层面发生，并且持续受到"心理 - 物理"不可分的行动者的当前所发挥

---

① 通过分析《尼各马可伦理学》V. 8 的相关文本，吴天岳也提到了"对同一行动的不同描述将改变其自愿性"。参见吴天岳《亚里士多德论混合行动》，《外国哲学》2020 年第 2 期，第 104 页。

的功能（理性、感觉等）所统摄的实现活动之中，在此任何意义的行动完全是自愿的；2. 行动在发生后就会被理性回溯性地抽象并分析为其心理和生理层次乃至于行动所处的具体环境，在此行动被按照各范畴划分为了"主体/行动者"及围绕主体而来的那些范畴说明；3. 依照行动所产生的效果，行动会获得个人和集体的回溯性评价，描述和所描述的内容的问题仅仅出现在后两种情况中，而不出现在实际行动中，而且因为**描述对回忆图像的依赖，某个意义上也完成了实际行动到事后描述的衰退式传递**。所有这些都意味着，在最基础的层次上并没有违反自愿的行动，只有在自我和其他人的回忆和回溯性评价中才会出现自愿行动和违反自愿行动以及无自愿行动的区分。

四 余论

对亚里士多德来说，"一切存在者要么是理性的对象，要么是感知的对象"（《论灵魂》431b21–22），那么牵引欲望的对象要么是理性对象，要么是感性对象。行动者在生活中无非主要通过感觉、想象和理性认识同相应的各种具体活动中的感性和理性对象打交道。鉴于动物和小孩主要拥有感觉和想象，标准成人额外拥有理性，那么三者之间的连续性和同质性[①]在上文得到一定程度的辩护后，非理性动物和理性动物之间的连续性便顺理成章。理性动物和非理性动物也都会被算作可归责的存在。按此，理性

[①] 可能有些亚里士多德文本否定了这种理性和感觉之间的同质性，但也有很多文本可以支撑这样一种同质性，比如从分层的潜能和现实出发的相关文本［《形而上学》（第九卷）、《论动物运动》、《论动物部分》、《论生成和毁灭》、《论感觉》等］。

主要不再被当作一种独立于感觉和想象的无形的东西，而是被当作想象和记忆的延续，它可以分离于个别人的心理图像，但不可分离于人的具体活动以及各种载体（尤其是集体的）。**感觉、想象和理性都是作为不同层次的运动的不同现实状态出现的，然后呈现为具体行动相应的多重维度**。接着，实践推理或三段论在潜能现实模型下，不再呈现为单调的线性推理（大前提→小前提→行动），而是展示为一种复杂的潜能和现实的非线性转化过程。然而，行动本身作为现实无时无刻在发生，它总是自愿的；借由潜能和现实所解释分层的连续性本身是回溯性的，但是因为用以分层它的图像本身来自实际发生的行动，因此它具备对行动的具备一定效力的说明，但具体说明的有效程度依照具体所截留的回溯性证据而定，比如如今多了视频、音频和图片的外在记忆，人们就更容易为行动之分层提供更精细、更有效的说明。

但这不意味着行动是某个行动者的属性；相反，行动本身在想象和理性中聚集成了稳固的图像，所有的评价和归责（自我和他人以及法律）都从这开始。但"心理—物理"不可分的行动本身逃逸任何评价，因为它只有不断实现的活动，且从不保持同一具体状态；因此，我们只能通过记忆和遗像获得其踪迹。这种解释的好处是，只要一个人对某个行动作出贡献，那么他就要承担后果，**随其行动效果的运作和实现而接受后续的结果和各方评价**，以至于当事人可以以此知见引导自己，继而在不对任何归责和评价生起负面情绪的同时坦然接受自己的责任。所以，这并不会取消掉责任评价，而是澄清了责任评价的回溯性特质。人格同一性恰恰是建立在发生的多次行动和多方位评价归责之上的，而非反过来。行动者所承担的责任可以被分析乃至追加为因果责任以及道德责任（或者伦理责任），但是行动者本身的行动因其持续实现性，并不会有责任一说。库珀式的因果责任在某种意义上是回溯性分析的生理层面，做了就有后续的责任。但是，除非行动者个人或者集体认为要给予行动者谴责和赞扬，不然责任并不会登场。由于行动的底色都是自愿的，所以依照回溯分析和归责的标准的差异，具体归责本身仍然具有较大灵活性，在此归责更应被叫作追责。

回到《尼各马可伦理学》III.1，纯粹外力导致的行动在一定意义上并不被算作行动，而是一种位移。如果深究，那么任何人在违反自愿行动之前都将处在一个提前的自愿行动的状态中，除非这个人从来没有意识地活过。在暴风雨乃至暴君例子中，重点不是自愿与否，因为只要能被算作行动，则都是自愿的；相反，重点在于主体是被追责的主体，主体本身已经是回溯乃至描述的后果，追责者依照当时人们对追责标准/伦理规范内涵的理解而对被追责主体施加一定的赞扬和谴责。具体比例本身是依照具体伦理环境而定的，而带有"逼迫性"的"混合行动"本身就是处于不同伦理规范下的人们所持有的回溯分析的模糊地带。对具体混合行动的追责不是哲学乃至伦理学能处理的，而应该是具体法务工作者或者调停者等所依据具体情况做出来的抉择。混合行动的混合特性是对人们归责所依据标准的多样性的表述而不是对行动本身的表述。

作者简介：丁振亚，山东大学哲学与社会发展学院博士研究生。

评论

爱德华·策勒和他的《古希腊哲学史》[*]

詹文杰

一

爱德华·策勒（Eduard Zeller，1814-1908）是德国哲学家、哲学史家、新教神学家和高等教育家，其主要研究领域涉及哲学史、认识论、教会史、新教神学等。

在基督教神学和历史方面，策勒的研究成果主要有《十二使徒历史批判研究》(1854)、《古希腊一神论的发展》(1862)、《罗马时代的宗教与哲学》(1866)、《国家与教会》(1873)、《施特劳斯其人其著》(1874)、《论正确与错误的教义信仰》(1894)、《基督教会史》(1898)和《基督教前史》(1899)。

作为著名的古典学家，策勒跟第尔斯（H. Diels）和乌泽纳（H. Usener）过从甚密，他们之间的通信保存了大量古典学术见解，是研究古典哲学、古典文献学乃至19世纪古典学术史的宝贵资料。[①]策勒还编纂了《研究苏格拉底、柏拉图和亚里士多德

---

[*] 本文作为"导言"被收入中西书局 2024 年出版的《希腊哲学史》一书中。该书是爱德华·策勒《古希腊哲学史》影印本，共 16 卷，包含德文及英文两个版本，还附有德、英两种文字的《古希腊哲学史纲》。

[①] 参考 Dietrich Ehlers（ed.），*Hermann Diels，Hermann Usener，Eduard Zeller Briefwechsel*，De Gruyter，2015。

的德语文献》(1892-1899)，他跟亚里士多德著作的德文译者波尼茨（Bonitz）共同倡议和主持在柏林皇家科学院出版了亚里士多德著作的历代希腊文注疏汇编，共 24 正册、3 册补编。策勒还参与了跟 19 世纪最重要的亚里士多德研究学者布兰迪斯（Brandis）、波尼茨、布伦塔诺等人关于亚里士多德《形而上学》成书及其思想体系的争论，他的研究成果以及其他古希腊哲学研究论文结集为《演讲与论文集》(1865-1884)，其古典哲学著作还有《柏拉图研究》(1839)、《柏拉图论早期及同时代哲学家》(1892)，当然最著名影响也最大的是多卷本《古希腊哲学史》(1844-1852 年首版，后不断修订再版)，还有作为其概要的《古希腊哲学史纲》(1894 年第 4 版)。

在哲学立场上，策勒一度是黑格尔主义者，但是后来转向康德，成为 19 世纪"新康德主义"运动的重要参与者，试图批判性地重新理解和解决康德提出的认识论问题。策勒的哲学作品主要有《认识论的意义与任务》(1862)、《莱布尼茨以来哲学史》(1873)、《哲学论文集》(1887)、《论作为经验科学的形而上学》(1895)。[①]

二

1814 年 1 月 22 日策勒出生于德国西南部符腾堡，父亲是

[①] 关于策勒学术成就的简介，参考常旭旻为他关于策勒著作的部分译文《〈历史进程中的希腊哲学〉"序言"与"本书的目标、领域及方法"》所写的"译者按"，载于《新史学》第二十五辑，大象出版社 2020 年版，第 76—77 页。常旭旻教授慷慨地向我提供了许多关于策勒的中文、英文和德文资料，特此致谢！

一位地方政府官员。他从小学习古典语言，八岁就对古希腊语有相当程度的掌握。少年策勒最初还是决定遵从家庭传统，学习神学以便在教会中谋得职位。1827年，策勒入读毛尔布隆（Maulbronn）的教会学校。1831年，策勒进入黑格尔主义气息浓厚的图宾根大学学习，并立志从事学术事业。① 策勒在图宾根接触到了新教神学的先锋派。他的老师费迪南德·克里斯蒂安·鲍尔（Ferdinand Christian Baur）将施莱尔马赫、黑格尔和克鲁泽（Friedrich Creuzer）的哲学影响与博克（August Boeckh）、沃尔夫（Christian Wolff）等人的语文学考证相结合而形成了针对"正统福音书"的激进观点。策勒当时的人生理想是支持和继续鲍尔的学术研究；他和鲍尔的关系非常亲近，以至于后来成了鲍尔的女婿。鲍尔的最著名弟子大卫·弗里德里希·施特劳斯（David Friedrich Strauß）把语文学考证方法引入福音书的诠释，揭露其中的神话内容；他的《耶稣传》发表于1835年，短短几年多次出版，成为重大学术事件。他关于初期基督教的研究的"历史学立场"引发了巨大波澜，因为基督教对于西方文化的意义曾经被视为绝对的而不是相对的，而把基督教圣经放到特定文化历史背景中进行纯学术考察和讨论而不至于被人指控为精神错乱或者渎神，这是后来慢慢才实现的。策勒受到鲍尔和施特

---

① 我们通常看到的说法是策勒1831年进入"Tübinger Stift"，而这个机构常常被翻译为"图宾根神学院"。但是常旭旻教授查证后表示，Stift不是神学院，其场所于1536年成立之前是一个名为奥古斯丁修道院的修院，而Tübinger Stift是隶属于符腾堡福音派教会的机构，又与图宾根大学关系密切，它是专门为希望成为符腾堡州牧师或巴登-符腾堡州文理中学教师的新教学生服务的生活和宗教活动场所，具体包括提供膳食、住宿和学术支持。这些学生要么是在图宾根大学神学院注册、以后有志成为牧师的神学系学生，要么是在图宾根大学各个专业注册、以后有志成为文理中学教师的学生。

劳斯的强烈影响是毋庸置疑的，他的历史考证方法正是沿袭了图宾根学派的传统。

在鲍尔周围形成的学术圈子可以被称为"图宾根历史学派"，他们的思想立场也就是所谓"历史批判法"或"历史考证法"（historical criticism），而策勒是这个圈子的关键人物之一。这种考证方法的宗旨是对历史文本背后的证据材料进行严格缜密的考察，进而确定其作者身份和可靠性，这样就可以严格根据证据材料的充分性程度而接受或拒斥某个文本关于过去所表述的内容。这种方法论在 19 世纪初由尼布尔（Barthold Niebuhr）和兰克（Leopold Ranke）开创，他们用这种方法来编写罗马史和日耳曼史，而图宾根学派开始把这种方法应用于圣经和宗教研究。策勒强调历史考证方法的另外两个特点，一个是抛开所有的神学预设或教会准则，仅仅依靠这个方法得出最终结论，并不考虑这些结论会对教会或教义带来什么后果；另一个是采取一般的科学世界观，接受经验科学所发现的自然规律的普遍有效性。策勒接受的历史考证立场对他之后写作《古希腊哲学史》起到重要作用。

策勒在图宾根学习期间研读了柏拉图《理想国》和康德的《纯粹理性批判》，还包括费希特、谢林、雅各比和黑格尔等人的大量著作，而他的博士论文的研究主题是柏拉图的《法律篇》。1836 年取得博士学位后，策勒到柏林待了一段时间，访问黑格尔派的一些主要成员。1837 年他回老家的教会充当神职人员。策勒的内心终究希望从事学术研究，于是 1839 年他回到母校，担任讲师。这个时期他是黑格尔主义的拥护者。从 1842 年起，随着《神学年鉴》的创立和出版，策勒进入创作的高峰期，除了神学方面的一些考证作品，他致力于编写一部长篇《古希腊哲学史》。

策勒职业生涯的最初阶段正好是"三月革命前夜"（1830–

1848），也就是政治守旧和思想保守的特别时期。施特劳斯的《耶稣传》受到当局的严厉谴责，他被迫从图宾根离职。策勒由于表达了对施特劳斯的同情而遭受神学系保守派的指责。策勒的师兄弟几乎都被逐出了神学教职。1842 年，神学系向教育部申请将策勒晋升为教授，被断然拒绝。1844 年，当学校申请让他晋升为哲学教授而不是神学教授时，同样被否决。遭受这种对待的不只是策勒一个人，实际上鲍尔的学生没有一个得到晋升，有些人甚至被解雇了。施特劳斯在苏黎世大学的任职动议遭受阻击而失败。维舍尔（Friedrich Theodor Vischer）于 1844 年获得哲学系的教席，但是在就职演说后立即被停职两年，因为教会领导层多次告发他犯有主张"无神论"的问题。策勒在《神学年鉴》中强烈反对这些打压行径。

1848 年，策勒的朋友弗里德里希·里斯（Friedrich Ries）在瑞士为他争取到了伯尔尼大学神学编外教授的职位。尽管这次任命的动议遭到保守派神职人员的阻击，但是伯尔尼的激进派新政府使用巧妙的政治手段化解了难题。然而，公众对于策勒任职的敌意仍然很大。策勒不满意自己在伯尔尼的不稳定地位，很快就通过他的朋友约翰内斯·吉尔德迈斯特（Johannes Gildemeister）的介绍转到马堡大学任职。马堡当地保守的神职人员对于策勒的任职怒不可遏，组织了抗议活动。神学系尽其所能地阻止这项任命，而普鲁士国王拒绝签署最终文件。在自由派议会的大规模抗议之后，策勒最终获得任命，但不是神学而是哲学教职，而且他被禁止教授神学科目。图宾根学派把神学视为一门科学，认为应该像对待其他文化事实一样来历史地和发展地看待基督教教义，这样的主张在 1850 年左右还不能得到容忍。策勒把主要精力从神学研究转向哲学史研究，这固然有他自己学术兴趣方面的原因，同时也是德国学术环境这个外部因素逼迫出来的。从神学转向哲学史研究对策勒而言不算坏事，至少这使得他的方法论更趋于规范和成熟。

转任风波结束后，策勒在马堡工作了十三年（1849–1862）。据说他在马堡大学不算是特别受欢迎的教师，只因为他有浓重的施瓦本口音。马堡时期，策勒与神学家威廉·吉尔德迈斯特（Wilhelm Gildemeister）、哲学家弗朗茨·西奥多·魏茨（Franz Theodor Weitz）和历史学家海因里希·冯·西贝尔（Heinrich von Sybel）交往密切，这个圈子被称为"星期二俱乐部"。策勒在马堡期间的主要任务是完成他的《古希腊哲学史》第二版。很可能是在马堡时期，策勒完成了从黑格尔主义立场到康德主义的转变，虽然这种转变究竟出于何种契机尚未明确。

1862年，策勒从马堡大学转到海德堡大学任哲学编外教授。与伯尔尼和马堡的任命不同，策勒转任海德堡大学没有任何政治争议，这一方面是因为19世纪60年代的思想气氛相对平和；另一方面是因为策勒的教授职位是哲学的而非神学的。在海德堡，策勒与罗伯特·本森、乔治·格维纳斯和赫尔曼·亥姆霍兹等人交往密切。策勒经常与亥姆霍兹讨论他对心理学的新兴趣。正是在海德堡时期，策勒成为新崛起的复兴康德运动的倡导者之一。1862年10月22日，策勒在海德堡大学以"认识论的意义和任务"（*Ueber Bedeutung und Aufgabe der Erkenntnisstheorie*）为题做了就职演讲，在其中宣告了康德主义立场，这可谓19世纪康德主义复兴的里程碑之一。策勒与时任耶拿大学哲学教授的费舍尔（Kuno Fischer）一样认为德国哲学处于危机状态，而解决这个问题的唯一途径是回到康德那里，而且他们都认为哲学的使命是认识论，而不是形而上学。德国学界的两个重量级讲坛都释放出这个意思，不能不对德国哲学界产生广泛影响。策勒宣称，黑格尔体系已经无可挽回地崩溃了，而如果哲学要继续前进，它就必须从新的基础开始，而这就是作为德国唯心论出发点的康德对纯粹理性的批判。策勒认为哲学的危机来自特殊科学与哲学的分离，两者的关系已经偏离了它的自然轨道，因为科学假装它们根本不需要哲学，甚至担心哲学对科学的发展起干扰作用。策勒认为哲学和实证科学之间应该是一种相互合作而非相互离弃的关系，这个诊断恐怕很多人并不同意，而且他的认识论立场听起来也比较天真，但是它作为多种立场中的一种始终在发挥作用。策勒认为德国唯心论传统失败的原因在于针对"事物自身"问题陷入了困境，这个诊断是切中要害的。19世纪60年代最具影响力的新康德主义倡导者奥托·李普曼（Otto Liebmann）的名著《康德及其后继者》讨论的中心主题就是这个问题。

1872年，弗里德里希·威廉大学（今天的柏林洪堡大学）哲学教授特伦德兰博格（Friedrich Adolf Trendelenburg）去世，同年策勒到柏林接替其教席。策勒的就职演讲题目是"德国哲学的当前形势和任务"（Über die gegenwärtige Stellung und Aufgabe der deutschen Philosophie）。他在柏林工作直至1895年。退休后策勒回到斯图加特安度晚年，于1908年3月19日去世，享年94岁。①

策勒不仅被世界各地的哲学家和学术界高度认可，也得到了德国皇室和民众的高度评价。1894年，威廉二世授予他"阁

---

① 关于策勒的生平和他的学术立场的转向，主要参考 Frederick C. Beiser, *The Genesis of Neo-Kantianism, 1796–1880*, Oxford University Press, 2014: 255–282. 另参考 Gerald Hartung, "Eine Schatzkammer des Wissens Leben und Werk des Gelehrten Eduard Zeller", in Gerald Hartung (ed.), *Eduard Zeller: Philosophie- und Wissenschaftsgeschichte im 19. Jahrhundert*, De Gruyter, 2010: 1–21.

下"(Excellenz)头衔。他与亥姆霍兹的半身像一起被竖立在勃兰登堡门旁,挨着德皇和皇后的雕像。2008年3月,学界在洪堡大学举办了纪念策勒逝世百年的学术研讨会,后来会议组织者哈通(Gerald Hartung)把参会学者的论文结集于2010年在德古伊特出版社出版,名为《爱德华·策勒:十九世纪哲学与科学的历史》[①],从中可以看到策勒在晚近的某些回响。

三

策勒从事学术工作的年代正好是德国文化和学术界亲希腊主义的全盛时期。从18世纪下半叶开始直到19世纪,德国在文学、艺术、哲学和教育诸领域都出现了希腊热或古典热,这一时期德国人对古希腊文化表现出的热情达到了高潮:希腊模式被德国文化人视为具有恒久意义的经典范式,而德意志民族则被视为希腊精神复兴的担纲者。且不说文学和艺术等领域,单说古典哲学领域,18世纪末到20世纪初的德国学术界可谓群星闪耀。施莱尔马赫把柏拉图著作集整体翻译成了德文,赫尔曼(K. F. Hermann)的著作《柏拉图哲学的历史和体系》最早提出对柏拉图哲学的发展论解释,贝克尔(A. I. Bekker)编辑出版了亚里士多德古希腊文著作的权威性全集本,乌泽纳(H. Usener)编辑出版了伊壁鸠鲁的残篇,第尔斯(H. Diels)编辑出版了前苏格拉底思想家残篇,并参与编订了《亚里士多德希腊文注疏》,博尼茨(H. Bonitz)编纂了《亚里士多德引得》(*Index Aristotelicus*),汉斯·冯·阿尼姆(Hans von Arnim)编辑出版

---

① Gerald Hartung (ed.), *Eduard Zeller: Philosophie–und Wissenschaftsgeschichte im 19. Jahrhundert*, De Gruyter, 2010.

了《早期斯多亚派残篇》(*Stoicorum Veterum Fragmenta*)。与此同时，德国学界创办了多份古典学领域的专业期刊（包括：*Rheinisches Museum für Philologie*、*Philologus* 和 *Hermes* 等），学者们就许多学术问题展开讨论和交锋。"古典学"（Klassischen Altertumswissenschaft）开始作为一个研究门类进入人们的视野，并且把研究古代文学、历史、哲学、宗教、艺术等领域的学问统括其中。① 策勒身处这样的学术氛围之中，热诚投身于德语学界的古典学术事业，其经典的鸿篇巨制《古希腊哲学史》正是那个时代开出的最靓丽的智慧之花。让我们来看策勒的晚辈文德尔班提供的一份概述，其中对策勒作品给出了极高的评价：

> 十九世纪初叶进行的更深入的古典语文学的研究对古代哲学史研究有很大的帮助，关于传统的批判性过滤再加上语文学和方法论基础，这些都给历史—哲学研究带来了便利（参阅策勒《现代年鉴》，1843 年）。这方面的最大功劳应该归于施莱尔马赫，他对柏拉图的翻译是一个有力的范例，还有放在他的文集第二卷第三部分中的关于赫拉克利特、阿波罗尼亚的第欧根尼和阿那克西曼德和其他一些人的研究。在大量专门研究方面应该被提及的还有 A. B. 科尔舍《古代哲学研究》（哥廷根，1840 年）；还有特伦德兰博格《历史上对哲学的贡献》（柏林，1846 年起），他的功

---

① 关于策勒所处时代的亲希腊主义文化背景，主要参考 Christoph Horn, "Vorwort zur Neuauflage", *Eduard Zeller, Die Philosophie der Griechen in ihrer geschichtlichen Entwicklung*, 8. unveränderte Auflage, Darmstadt 2006: Wissenschaftliche Buchgesellschaft, XI–XXI。中译文参考常旭旻翻译的未刊稿《新版〈历史进程中的希腊哲学〉前言》。

劳还在于激发了关于亚里士多德的研究；H. 西贝克《希腊哲学研究》（第 2 版，弗莱堡，1888 年）；G. 特希米勒《概念史研究》（柏林，1874 年起）；O. 阿佩尔特《希腊哲学史论稿》（莱比锡，1891 年）；E. 诺登《希腊哲学史论稿》（莱比锡，1892 年）。

作为这些批判性研究和语文学研究的产物，我们应该重视 Ch. A. 布兰迪斯的值得称赞的著作，即《希腊罗马哲学史手册》（柏林，1835-1860 年），此外，他又提供了简短而考虑周全的诠释，这就是《古希腊哲学发展史及其对罗马帝国的影响》（柏林，1862-1864 年）。斯特鲁姆佩尔、普兰透和施威格勒也做了同样的工作，他们尽管在认真细致上稍差一些，但是在对问题的发展演进的梳理方面却明显高出一筹。所有这些富有价值的著作，加上许多纲要、概要和汇编（参阅宇伯威格《哲学史大纲》，页 27-29），相对下面提及的这部杰作都显得黯然失色，这部书由于许多方面的原因算得上古代哲学的终结篇，它就是策勒的《古希腊哲学》（图宾根，1844 年起，第一卷已经出了第 5 版，第二卷出了第 4 版，其他卷出了第 3 版）。这本书建立在最广泛的语文学-历史学研究的基础上，使用原始材料，在哲学史的整个演变方面给出了哲学性、权威性和富有启发的论断。策勒已经为全书又出版了一部很好的概要，这就是《古希腊哲学史纲》（第 4 版，莱比锡，1893 年）。①

---

① 参见［德］文德尔班《古代哲学史》，詹文杰译，上海三联书店 2009 年版，第 12—13 页。其中译为《古希腊哲学》的著作就是我们现在所说的《古希腊哲学史》。关于中文译名问题，参考下文。

我们在中文里把策勒的这部哲学史名著称为《古希腊哲学史》，实际上它的德文名称颇为繁琐。这部作品在第一版时书名是"*Die Philosophie der Griechen. Eine Untersuchung über Charakter, Gang und Hauptmomente ihrer Entwicklung*"（即，"希腊哲学：关于它的特征、发展的过程与主要阶段的研究"），包含三个部分，第一部分（总论，前苏格拉底哲学）、第二部分（苏格拉底、柏拉图、亚里士多德）和第三部分（后亚里士多德哲学）分别于1844年、1846年和1852年在图宾根出版。在第二版时，策勒做了较大的扩充，并把题目改为"*Die Philosophie der Griechen in ihrer geschichtlichen Entwicklung*"（即，"在其历史演进中的希腊哲学"）。西方学界在谈论这部著作时通常不会使用全称，而是简称为"*Die Philosophie der Griechen*"，也就是"希腊哲学"。这里的希腊当然是古希腊，因而中文说成"古希腊哲学"是没问题的，不过考虑到这部著作的哲学史性质，而且策勒本人也在题目中谈论"历史演进"，因而我们从方便的角度把这部著作叫作"古希腊哲学史"或"古希腊哲学发展史"也没有太大问题。

这部著作第二版的三大"部分"（Theil）编排与出版情况如下：

I. Theil: *Allgemeine Einleitung. Vorsokratische Philosophie*, Tübingen 1855; I. Theil. 2. Abtheilung (Schluss) [SS. 561–813], Tübingen 1856.

II. Theil: *Sokrates und die Sokratiker, Plato und die alte Akademie*. Tübingen 1859; II. Theil. 2. Abtheilung: *Aristoteles und die alten Peripatetiker*, 2 Lieferungen, 1860–1862.

III. Theil. 2 Abtheilungen: *Die nacharistotelische Philosophie*. 2 Hälften, Leipzig 1865–1866.

至此，策勒的《古希腊哲学史》的体例基本定型，后面没有变化。但是在内容方面，策勒生前一直在修缮、增订它，以致上述各卷后来还有若干新版本面世。相关出版社在策勒去世后还曾委托策勒的晚辈学者对不同卷次进行编辑和文献信息增补，发行新的修订本和重印本。

四

策勒的这部《古希腊哲学史》不仅是他个人一生的代表作，也是 19 世纪德国乃至全世界在古代哲学研究方面的最杰出成就，它关于古希腊哲学的全面、系统、科学、专业的研究在现代学术史上具有里程碑意义。

这部作品覆盖了从公元前 6 世纪一直到公元 3 世纪的古希腊哲学史，在同类著作中有着独特的、不可撼动的重要历史地位。在规模方面，它的体量庞大、史料详实，不仅它的同时代著作无出其右，甚至后出的哲学史著作也少有与之匹敌者。奥地利学者贡珀茨（Theodor Gomperz）的《古希腊思想家：古代哲学史》、英国学者格思里（W. K. C. Guthrie）的《古希腊哲学史》和意大利学者雷亚莱（Giovanni Reale）的《古代哲学史》都试图赶超策勒这部著作，但是都不能说达到了这个目标。在学科规范方面，策勒在书中首次将苏格拉底确立为古希腊哲学的历史分水岭，从而确立了今天人们熟知的前苏格拉底哲学、古典希腊哲学和晚期希腊哲学的基本历史分期，如下：一、苏格拉底以前的学派：1. 早期的伊奥尼亚学派、毕达哥拉学派和爱利亚学派；2. 公元前五世纪的自然哲学家；3. 智者派；二、古典哲学兴盛期：1. 苏格拉底；2. 苏格拉底学派（包括麦加拉学派、埃利亚 –

厄立特里亚学派、居勒尼学派、犬儒学派）；3. 柏拉图和老学园派；4. 亚里士多德和早期漫步学派；三、亚里士多德以后的哲学：1. 斯多亚学派、伊壁鸠鲁学派和怀疑主义；2. 折衷主义、后期怀疑主义、新柏拉图学派的先驱；3. 新柏拉图学派。策勒的希腊哲学史研究不仅仅奠定了现代西方研究希腊哲学史的基本分期和理论框架，它对黑格尔哲学史研究方式的变革也影响了西方整个哲学史研究和撰述的方法和方式。

在方法论方面，策勒运用了图宾根学派实证的历史研究方法，而且他整合哲学家文献和其他史料的高超技艺也为后人提供了体系化哲学史书写的范本。策勒严格把自己定位为"历史研究者"（der Geschichtsforscher），一方面避免从护教的立场出发对历史做出教条主义的解释；另一方面避免思辨地构造体系而枉顾具体的历史材料。策勒说："在处理我的主题时，我一直牢记我在对它的最初研究中向我自己提出的任务，即在对历史的渊博的探讨和思辨的研究之间遵循中庸之道：既不以一种单纯经验的方式搜集事实，也不构造先验的理论，而是通过多种传统本身，借助批评性的审查和历史性的综合，获致关于它们的意义和相互关系的知识。"[①] 他还说："我们要求的东西无非是纯历史方法之全面应用。我们不想要自上而下构造出来的历史，相反，历史必须从实际存在的材料出发自下而上加以构筑。"[②] 当然，他也反对停留在收集原始资料的层面，主张要对原始资料加以彻底的历史

[①] 参考 [德] 爱德华·策勒《古希腊哲学史》第一卷（上），聂敏里、詹文杰、余友辉、吕纯山译，人民出版社 2020 年版，"作者前言"第 1 页。

[②] 参考 Eduard Zeller, *Die Philosophie der Griechen in ihrer geschichtlichen Entwicklung*, I. Theil: Allgemeine Einleitung. Vorsokratische Philosophie, Leipzig: Fues's Verlag, 1876: "Einleitung" 16。

分析，从中找出历史现象的本质和内在联系。我们不难看到策勒既有宏大的历史视野，也有精细入微的考证能力。策勒的著作显示出他对古代哲学家的一手文献非常熟悉，对古代晚期学者关于先前哲学家的评论也有很精深的研究，对德国学界的先驱和同时代人的成果也有充分了解。策勒著作的重要特点就是注释常常多于正文，因为他习惯于在正文中精炼地表达自己的主要观点，而在注释中大量引证和分析各种历史资料，并且与其他学者进行辩论，以证明自己的论点。

就对于历史资料的尊重程度而言，策勒远胜于黑格尔，因为后者更重视自己的思辨观点的表达而不是寻求历史方面的证据。策勒本人试图澄清他跟黑格尔的哲学史写作原则有重要差别，他说："与黑格尔的立场远为不同，我们必须坚持认为，没有任何哲学体系可以这样构成，以至于它的原则通过一个纯粹的逻辑概念就能够得到表达；没有任何一个哲学体系只是根据逻辑程序的法则便从它之前的体系中产生出来。对过去的任何研究都会向我们表明，要在哲学体系的秩序中发现黑格尔的或其他任何思辨逻辑的秩序，是多么的不可能，除非我们从其中构造出与它们的实际情况十分不同的东西。"[①]尽管如此，我们仍不可否认策勒受到黑格尔主义的强大影响，因而也不难理解会出现如下这样关于他的评论，如，宇伯威格（F. Ueberweg）在他的《哲学史》中这样谈论策勒："作者的哲学立场，是用经验的和批判的因素加以改变了的一种黑格尔主义"，而耶格尔（W. Jaeger）也认为"策勒属于老式的德国学派，实际上是十九世纪哲学史的奠

---

① 参考［德］爱德华·策勒《古希腊哲学史》第一卷（上），聂敏里、詹文杰、余友辉、吕纯山译，人民出版社 2020 年版，"导言"第 11 页。

基人,原来是受黑格尔思想激励的,这种思想大体上是建立在对理念史所作的哲学解释上"。①

策勒的著作跟其他任何著作一样当然也不可能尽善尽美。19世纪末以来,西方学界对古希腊哲学史料的考证、文献整理、哲学研究有很多进展,改变或推翻了原来的一些看法,这会让策勒的某些观点显得陈旧。另外,策勒在这部著作中没有花多少工夫讨论基督教思想与新柏拉图主义之间的互动以及基督教教父思想家对希腊哲学的借鉴和改造,而仅在新柏拉图主义的框架下论述古代哲学在希腊化罗马时代的最后延续,这个做法固然保持了古希腊哲学的连贯性,却在展现古希腊哲学衰落以及向中世纪基督教哲学演变方面显得不甚明了。

策勒的这部哲学史巨著一经面世就引起了国际学界的广泛关注和高度赞誉,曾被译为法文、英文、意大利文、西班牙文等多国文字,具有深远而持久的国际影响力。为这部作品提供汉译本是国内古希腊哲学研究界几代学人的心愿。20世纪80年代几位前辈学者曾计划组织力量翻译,不过后来计划有变,心愿未了。从2010年开始,聂敏里教授组织团队翻译此书,最终于2020年出版了六卷八册的中译本,承担翻译工作的学者主要有聂敏里、詹文杰、石敏敏、余友辉、曹青云、吕纯山等。2016年,95岁高龄的汪子嵩先生(他和其他几位学者为中文学界贡献了自己编写的四卷本《希腊哲学史》)给翻译团队提出鼓励:"德国哲学史家策勒的《古希腊哲学史》是古希腊哲学学科的奠基之作,中国学者有责任将它完整地翻译过来!"毫无疑问,中

---

① 关于宇伯威格(也译为于贝韦格)和耶格尔的评论,参考汪子嵩、范明生、陈村富、姚介厚《希腊哲学史》第一卷(修订版),人民出版社2014年版,第103—104页。

译本可以帮助不能阅读原文的读者更方便地了解策勒著作的基本意思，但是想要仔细研究古代哲学史的朋友若是能够直接阅读德文版，当然是再好不过，因此我非常乐见策勒这套著作的德文影印版在国内刊行。

作者简介：詹文杰，哲学博士，中国社会科学院哲学研究所西方哲学史研究室副主任、研究员，兼任中国社会科学院大学哲学院教授，中国社会科学院世界文明比较研究中心副主任，研究方向为古希腊哲学。

| 会议综述 |

"第六届全国古希腊罗马哲学研讨会"综述

常旭旻　陈潇逸

2023年3月17—19日，第六届全国古希腊罗马哲学研讨会在福建省厦门市召开。本次研讨会主题为"古代哲学：过去和未来"，由中华全国外国哲学史学会古希腊罗马哲学专业委员会主办、华侨大学哲学与社会发展学院承办，来自全国各高校和学术机构的70余名专家学者现场出席本次会议。本次会议共设置了两场大会发言、十三场专题报告、三场学生专场，总共63份报告发表的论题涉及"前苏格拉底哲学""柏拉图哲学""亚里士多德哲学""晚期希腊与中世纪哲学"以及"西方古今文化与古代哲学的关系"等西方古代哲学多个分支领域。

会议开幕式由华侨大学哲学与社会发展学院副院长常旭旻主持，华侨大学社科处处长薛秀军教授和中华全国外国哲学史学会古希腊罗马哲学专业委员会秘书长詹文杰研究员分别致欢迎辞。

第一场是大会发言，由北京大学哲学系程炜副教授主持，德国波恩大学Christoph Horn教授和中国人民大学聂敏里教授发表报告。

Horn教授的报告"Plotinus on Intelligible Beauty: Aspects of Idealism in Aesthetics"讨论了普罗提诺的理智之美可能遇到的

各种理论反驳，例如其审美对象局限于宗教艺术以及动物，而忽略了大自然；所以涉及的审美体验也仅限于神圣激情等狭隘领域，如此普罗提诺的"美"概念如何激起审美愉悦呢？Horn 认为普罗提诺的"美"概念预设了客观的普遍性，特别是在很大程度上依赖于希腊语 kallos 和 to kalon 的等价性，以道德上的卓越来保证审美层面的卓越及其普遍性，以此与康德所说的纯粹无利害关系的喜欢形成差异。

聂敏里教授的报告"《物理学》A3 中的概念辩证法"从柏拉图《智者》通种论建立的概念辩证法开始，指出差异概念的重要性，论证了差异概念如何使得存在概念内在地含有不存在概念；而亚里士多德《物理学》A3 不仅以物理学对生成与运动的研究为存在论奠定了基础，而且通过批判巴门尼德的存在概念，论证了存在概念与不存在概念的相对性，最终表明存在概念和不存在概念彼此是内在统一的，从而揭示了亚里士多德概念辩证法的思想史意义。

会议专题报告在三个分会场分别展开。第二场专题报告由厦门大学哲学系曹青云教授主持共三份报告，专题讨论柏拉图和亚里士多德哲学中的"真"以及亚里士多德思想的发展论研究范式。

中国社会科学院哲学研究所詹文杰研究员的报告"柏拉图哲学中的 Alētheia"认为，现代分析哲学关于"真"（Truth）的讨论基本上只关注断言性的真或命题之真等特定意义，而这只是古代哲学 alētheia 的多重含义之一，柏拉图就以多种方式而不是单一方式使用 alethes 和 alētheia 这些词，有时表示事物之真（真实、实在），有时表示判断或命题之真（正确、真），有时表示灵魂的一种伦理品质（真诚，求真品性），等等。柏拉图"真"的概念在其经典的理念论中主要是事物之真，到《智者》才开始明确考察命题之真。

复旦大学哲学学院王纬副教授的报告"亚里士多德理论哲学研究中的发展史问题"从形而上学、宇宙论和灵魂论等面向出发，以耶格尔、欧文、冯·阿尔宁、格思礼、纳彦斯和罗斯为主要代表人物，考察了20世纪亚里士多德研究的发展史（Entstehungsgeschichte）范式。该范式假设，亚里士多德著作内部的主要矛盾并非来自其思想自身的张力或者我们的误解，而是来自其思想的发展，由此即能将亚里士多德的著作及其哲学思想划分为早期、中期和晚期。发展史范式特别是其方法论一直遭受到不少质疑，并且已经不再被当代研究者认同，但是作为最后一种从整体上把握亚里士多德哲学的尝试，发展史学说仍然是无法绕过的。

中国社会科学院大学哲学院李涛副教授的报告"命题之真与灵魂成真——亚里士多德的真理观"认为，亚里士多德并没有将真理仅仅局限为命题之真，包括技艺、科学、明智、智慧与理智在内的灵魂成真才是更重要的。但灵魂成真也是从命题的肯定或否定上升而来，通过命题性知识的多次积淀形成某种单一性的潜能，并在灵魂中的欲求部分的作用下形成一种稳定的秉有。人之理性既有命题之真又有灵魂成真，到了神性的思想阶段则不再有命题之真。

第三场由山东大学哲学与社会发展学院陈治国教授主持，三份报告围绕"德性"问题专题讨论亚里士多德《尼各马可伦理学》。

中国人民大学哲学院刘玮教授的报告"《尼各马可伦理学》与《欧德谟伦理学》中的伦理德性列表"在考察了亚里士多德两个大致相似的伦理德性列表,并从细节探讨了两个列表的诸多差异之后,认为《欧德谟伦理学》中的德性列表不具有完整性,而是一个开放的、尝试性的列表,而《尼各马可伦理学》坚持严格的筛选标准,形成了一个更确定、更有信心的伦理德性列表,只把那些含义足够清楚、指导行动足够明确、没有彼此重叠的品质接受为德性,从而让人们更容易记忆和指导行动,体现了亚里士多德式"如无必要勿增德性"的原则。

中山大学哲学系田书峰副教授的报告"亚里士多德论实践智慧的作用"指出,学界对亚里士多德在《尼各马可伦理学》中对实践智慧的作用究竟是什么的问题多有争论,而对《尼各马可伦理学》核心文本进行分析之后,首先,实践的思虑主体需要拥有对幸福的一个整全性的理解才能做出判断,其次,实践智慧不仅仅在于确立通向目的的手段或途径,而是因为可以提供目的或决定目的的正确性而具有了伦理属性,从而使得道德人士从没有稳固的德性转变为拥有一种真正意义上的稳固的德性状态。

武汉理工大学马克思主义学院潘卫红副教授的报告"亚里士多德论德性和幸福的关系"考察了《尼各马可伦理学》中的两类四种"幸福"概念:幸福是合乎伦理德性的灵魂的现实活动,幸福是合乎理智德性的灵魂的现实活动,幸福是合乎伦理德性的人的生活以及幸福是合乎理智德性的人的生活。但"幸福"概念自始至终都是指向"灵魂合乎德性的现实活动","幸福"活动和"幸福"生活虽然具有不同的内容,但在本质上是一致的,"灵魂"合乎德性的现实活动变为"有灵魂的人"的合乎德性的现实活动,就是从幸福活动转变为幸福生活。

第四场专题报告由南昌大学哲学系余友辉教授主持，三份报告聚焦于希腊化理论哲学尤其是柏拉图主义在这一阶段的广泛影响。

西华大学马克思主义学院黄琬璐博士的报告"斯多亚学派自杀观背后的时间理论预设"从斯多亚学派的自杀观出发深入考察了其时间理论，提出了一种使人能在任何情况下实施合适行为的生存方式，将时间理论作为支撑其自杀观的理论预设，宣称自杀是人能做出的合适的行为，即在当下自愿从过去筹划未来，由此捍卫了他们独特的自杀观。

浙江大学哲学学院陈越骅教授的报告"'天人合一'的神秘维度——普罗提诺的新柏拉图主义哲学传统解读"指出，普罗提诺系统解释了古代地中海文明普遍存在的神秘主义的哲学原理，对于如何到达理性无法触及的真理，普罗提诺揭示了神秘主义普遍适用的哲学机制：依靠本原的主动"流溢"，人与"它者"合一，不是依靠一般知识的感性–理性认识途径，而是实现灵魂内在的"觉悟"。深刻影响了基督教神秘神学、阿拉伯哲学乃至近现代各种神秘主义。

华中科技大学哲学学院归伶昌博士的报告题为"阿拉伯新柏拉图主义哲学文本《论原因》及其在中世纪拉丁世界的接受——以'创造'概念为例"，通过回顾普罗克洛流溢概念的特点、《论原因》中"创造"概念的内涵，指出后者通过对前者的继承与扬弃，完成了将新柏拉图主义与一神论教义结合的一次伟大尝试。而阿维森纳和阿奎那对这一结合做出了两种不同解读，成为中世纪阿拉伯世界和拉丁世界对新柏拉图主义式创造概念或是直接接受、或是进一步进行一神论改造的两种不同倾向。而《论原因》一书文明交流与互鉴的特征对于今天开展中西文明交流与互鉴也具有启发意义。

第五场由北京大学哲学系程炜副教授主持,四份报告集中于亚里士多德的理论哲学尤其是与科学探究有关的内容。

中山大学哲学系江璐副教授的报告"亚里士多德的'潜能'概念:偶然性的形而上基础"分析了《形而上学》和《工具论》中亚里士多德对"δύναμις""δυνατὸν"和"ἐνδεχόμενον"三个概念的讨论,为弗雷德倡导的"δύναμις"之语义统一性理解进行了辩护,指出"潜能"作为"首要含义",其形而上学内涵能够充分概括δύναμις多重意义的统一性。而"δυνατὸν"和"ἐνδεχόμενον"在逻辑上既是与必然性概念相互定义的广义的可能性,亦可指逻辑上狭义的偶然性。偶然性概念依赖于潜能这个形而上学概念,既赋予某事件可以不发生的余地,又通过潜能的特殊形而上学地位,赋予了这种"不发生"的可能性一种实在的基础。

中国社会科学院哲学研究所副编审刘未沫博士的报告"普纽玛、灵魂与经脉的发现——亚里士多德与希腊化早期医学"指出,亚里士多德的普纽玛(或气,pneuma)理论,对他同时代及之后的医生影响深远,医生对人体传导系统的观察,解剖实验中材料的取舍,其理论预设都特别受到亚里士多德的影响。这一哲学与医学、观念与实践相互的交织与影响,最集中地体现在希腊化时期气脉的发现(Praxagoras)、神经的发现(Herophilus)以及三重人体生理网络系统的建立(Erasistratus)。

东南大学哲学与科学系葛天勤副教授的报告"什么是亚里士多德动物学的探究方法论?——一种《后分析篇》的新解读"引入新的证据,论证亚里士多德动物学的探究方法论即《后分析篇》中提出的证明法，并指出《后分析篇》中的证明法和动物学中存在的"多重原因论"是相容的。报告不认为《后分析篇》的证明法只允许存在单一原因，而是可能存在多个恰当的原因。

东南大学哲学与科学系胡辛凯博士的报告"Posterior Analytics and the Endoxic Method in Aristotle's Nicomachean Ethics VII"（《后分析篇》与《尼各马可伦理学》卷 7 中的权威意见分析法）以亚里士多德讨论"不自制"（akrasia）问题的文本为例，将其权威意见分析法（endoxic）作为科学探究方法在不自制问题的推论过程区分为 ὅτι 和 διότι 这两个步骤，分析了这一科学方法在亚里士多德实践哲学中的运用及其在流程和理论意图上的差异。

第六场由东南大学哲学与科学系武小西博士主持，四份报告专题讨论了古希腊哲学中的幸福与德性问题，并将其理论意义延伸到当代社会的影响。

南昌大学哲学系余友辉教授的报告"希腊幸福主义伦理学的现当代探讨及其可能问题"反对现当代对希腊伦理学所谓道德利他观念的强调，批评对希腊幸福主义伦理学之自然规范主义立场的剥离，认为古希腊的幸福、德性和自然这三个概念紧密相连，"自然"作为规范性来源，个体灵魂秩序或德性的建构力量的理性是一种建构秩序的规范性力量，在柏拉图那里是具有内在性价值结构的整体性宇宙，在亚里士多德那里是规范个体价值的类本质，由此共同构建了一种以行为者的本质的自我实现为根本旨趣的目的论伦理学体系。

山东大学哲学与社会发展学院陈治国教授的报告"作为沉思活动的幸福——亚里士多德的幸福理论及其中国意义"针对亚里士多德的幸福（eudaimōnia）观念，主张一种真正严格的理智主义解读方案，沉思性活动主导的理论生活是唯一的幸福生活；单纯有德性的实践活动和实践生活的充分实现无法摆脱与沉思活动的关联，但并非亚里士多德定义的幸福。这种理智主义幸福论对于儒学为主体的中国优秀传统文化之当代传承和发展，具有文明交流互鉴的重要意蕴。

大连理工大学哲学系博士后杨汲的报告"霍布斯与亚里士多德论政治哲学中的友爱"认为亚里士多德的友爱观是古希腊罗马政治哲学的典范，但在近现代政治哲学中，友爱逐渐被边缘化，学界一般认为霍布斯的利己主义理论为此负有责任。本报告一方面分析了亚里士多德友爱论中同样存在利己主义成分；另一方面考察霍布斯如何代之以恐惧而非友爱建构国家理论，从而揭示出友爱在早期近现代政治哲学中被贬低的根本原因。

广州商学院高健康博士的报告"亚里士多德批评慷慨德性吗？"对比了学界对此问题的不同争论，认为对于亚里士多德而言，一个行动慷慨与否取决于行动者是否出于慷慨品质而行动，与其财富多寡及其来源关系不大；进而，慷慨与正义并不冲突，亚里士多德的分配正义允许一定程度的差异但并非不平等，因此慷慨可以补充正义，为理想城邦对美好生活的追求提供更多可能。

第七场由中山大学哲学系田书峰副教授主持，四份报告全部紧紧围绕奥古斯丁的文本和论题，回溯至柏拉图，下探到中世纪、海德格尔与阿伦特，探讨早期基督教的基础论题。

上海科技大学人文学院王寅丽副教授的报告"海德格尔和阿伦特的《忏悔录》第十卷解读比较"指出，海德格尔《奥古斯丁与新柏拉图主义》和阿伦特《爱与圣奥古斯丁》都从"事实生命经验"的角度来解读奥古斯丁《忏悔录》第十卷，针对奥古斯丁对幸福生活的论述，海德格尔的"诱惑现象学"强调诱惑是真实经验生活的本质，阿伦特的"爱"重视记忆带来的反思和自我构建，为其"爱世界"的政治思想做了准备。

湖南大学岳麓书院花威教授的报告"奥古斯丁与异教徒的德性难题"以孟子对"不忍人之心"的道德心理揭示开始，引入奥古斯丁意志哲学，阐释了奥古斯丁如何将异教徒的可能德性区分为"虚假德性"（false virtues）和政治德性或公民德性（civic virtues），指出异教徒虽然没有神圣德性，但可以具有政治德性和日常德性。在人的全然堕落和人的尘世平安之间，在简单化的极端主义和温和主义之间，他更持有一种调和主义立场。

湖南大学岳麓书院张俊教授的报告"爱美之学的古典哲学渊源及中世纪转型"认为爱美之学的中世纪转型始于奥古斯丁，完成于伪狄奥尼修斯。后者充分融合新柏拉图主义美学与基督教神学，将美本身视为上帝，而非上帝的超越属性，完成了新柏拉图主义的基督教化，使其神学形上美学无论在理论体系的完备性，还是对中世纪东西方教会的影响上，都超过奥古斯丁美学。

吉首大学法学与公共管理学院林旭鑫博士的报告"Πρόνοια：从柏拉图到基督教"指出，基督教思想家谈论的 πρόνοια（天恩）迥异于晚期柏拉图哲学宇宙论意义上的这一概念，经历普洛克罗的理性认识论解释进路，再到诺斯替主义的恩典认识论在恩典概念下追求"天恩"，最后经由奥古斯丁确立恩典认识论，贯彻了人始终要在神的恩典面前居于接受者地位的思想，完成了柏拉图天恩概念到神学概念的思想史转化。

第八场由东南大学哲学与科学系葛天勤副教授主持，四份报告全部围绕古希腊尤其是亚里士多德的灵魂认知问题，探讨了古希腊认识论中的感性与理性认知问题。

厦门大学哲学系曹青云教授的报告"亚里士多德论通往'努斯'的道路"通过对《后分析篇》第二卷相关文本的重构，探讨了亚里士多德如何获取作为科学知识前提之努斯的疑难问题，批判了当前学界理智直观和辩证法的两条解释路线，发展并修正了经验主义的解释路线，指出在获知作为科学前提的第一原理的过程中，经验归纳只是第一阶段，还需要在此基础上进行从属性到本质的"科学探索"才能获知努斯，感知又可以具体划分为感觉的归纳形成经验、提出科学问题、建构证明和确证前提四个步骤。

延安大学文学与传播新闻学院张硕博士的报告"亚里士多德论灵魂的变化"指出，亚里士多德虽然认为灵魂不运动，但是灵魂作为生命体运动的原因，在使身体变化时自身会发生某种意义上的变化即实现活动。于是，灵魂的二阶实现与《物理学》对运动的基本解释模式是否相符就成为问题。报告认为，尽管灵魂的实现活动是一种特殊的物理变化，但其变化结构依然符合物理学对运动的普遍解释框架。灵魂既体现了运动的普遍特性，又体现了实体性变化中的灵魂是自身保持同一和自我完善的原因。

东北大学马克思主义学院赵奇博士的报告"亚里士多德论感觉的层次——基于对《论灵魂》II.5 的分析"指出，亚里士多德主张只有外在感觉对象施加作用于感觉者，才能实现从潜能向现实的转变，因此感觉能力的潜能与现实状态都具有双重结构，但这种双重结构还具有更复杂层次，以"胚胎－人"的整体结构为例，不仅潜能与现实兼具双重结构，而且其双重结构的每个层次都是双重的，且层次变化也具有双重性。

中国海洋大学马克思主义学院许欢博士的报告"准则学和

物理学的并置——伊壁鸠鲁对德谟克利特认识论的诊断和修正"认为，德谟克里特认识论的怀疑论倾向造成了准则学和物理学的割裂。而伊壁鸠鲁为了捍卫感觉作为真理标准的地位，不仅拒斥感觉的怀疑论，而且揭示了感觉的不可靠性导致的混乱，以一种不矛盾的方式理解感觉的相对性。通过"所有感觉印象都是真的"这一命题，伊壁鸠鲁弥补了德谟克利特理论中的断裂，重新将准则学和物理学看作相互联系的统一整体，并将准则学和物理学的"并置"作为其哲学体系的标志性特征。

第九场由中国社会科学院大学哲学院李涛副教授主持，四篇报告的主题都围绕亚里士多德的形而上学主题。

浙江财经大学马克思主义学院魏梁钰博士的报告"功能、目的与活动——对《形而上学》Θ.8，1050a4–23 的解读"着重考察亚里士多德的功能（ergon）、目的（telos）和活动（energeia）之间的联系，展示他如何在更一般的理论层面上运用这些概念对事物的本性或本质进行探究。报告反驳了一种常见的解读（即"词源学解读"），旨在提供一种以作为目的的功能为指引的新的理解，并尝试对作为目的的功能提供一个界定，进一步揭示了这一理解在亚里士多德关于活动（energeia）在实体上优先于能力（dunamis）的论证中所起的重要作用。

中央党校文史部吴亚女博士的报告"实体作为本原：论亚里士多德形而上学主题的统一性"认为，以帕奇吉-弗雷德为代表的核心意义解释，为处理亚里士多德《形而上学》中存在论和神学的关系问题提供了经典方案，但其中特殊实体和一般实体之间的因果论关系需要得到进一步说明。《形而上学》B 卷指出，形而上学作为一门探究本原和原因的科学，处理的是本原如何普遍地作为存在物的原因，而本原的必要条件是作为实体，因此形而上学同时处理存在和实体、实体作为本原而是其他存在者的原因这两个问题，将存在论和神学探究统一在同一门科学中。

南开大学哲学院张家昱博士"试论亚里士多德质料形式理论中的元素概念"指出，亚里士多德只是提出，元素潜在地以作为自身的方式存在于复合物中，如果我们认为诸元素以相同的方式存在于包括质形合成物在内的一切事物中，那么亚里士多德的元素学说与其质料形式理论就会产生尖锐矛盾。但事实上，亚里士多德只是认为元素作为自身存在其中的复合物并不包括质形合成物，而仅限于混合物。在他看来，元素在混合物中潜在地作为自身存在，而在质形合成物中，元素作为潜在的同质部分存在。

成都电子科技大学中外语言文化研究中心文化符号研究所李雨瑶博士的报告"生成问题框架下亚里士多德对具有-缺失（*hexis-sterêsis*）与对立面（*enantia*）的界分"指出，亚里士多德将对立（*antikeimenon*）细分为四种类型：相反者（*enantia*）、具有-缺失（*hexis-sterêsis*）、矛盾（*antiphasis*）以及关系（*pros ti*），而在生成问题框架下，前三者之间的关联和区别有待澄清，报告基于《范畴篇》章十和《形而上学》Iota 卷章四的内容，说明亚里士多德区分它们的依据，尤其"具有-缺失"这组对立在生成问题的背景下，其视野和维度不同于其他对立方式。

第十场由湖南大学岳麓书院张俊教授主持，四份报告的主题在希腊古典神话与哲学的接受和影响史背景中，涉及罗马哲学、教父思想。

北京师范大学文学院张欣副教授的报告"尼撒的格里高利《雅歌讲章》中的基督默观"认为，尼萨的格里高利将柏拉图的默观转化成对基督的默观，其基督论与成神论密切相关，成就了一种基督教神秘主义。格里高利主要从三个方面来适应基督教：第一，相对于柏拉图上升路径中智识的关键作用，爱成为更重要的连接神人的心灵能力；第二，本质不可知，道成肉身的基督取代美之形式成为默观对象；第三，灵魂作为有限的默观者如何进行默观，且在此过程中被更新。

宁波大学潘天寿建筑与艺术学院杨文默博士的报告"创造论中的原罪与技术"认为，尼撒的格列高利为各种身心能力给出形象的类比说明，涉及多种工程与工艺技术，这不同于西方哲学传统对技术的压抑。朋霍费尔和斯蒂格勒等当代思想家在对格列高利关于技术、自然和理性论述的考察中，尝试把对技术起源的构想重新嵌入基督教的原罪神话叙述当中，并在这一基础上重新审视人与技术的关系问题具有何种存在论意义。

中共福建省委党校张婗博士"论罗马皇帝朱利安对赫利俄斯形象的重塑"阐释了罗马皇帝朱利安《赫利俄斯王颂》，朱利安通过将太阳神赫利俄斯的形象重塑为统合诸神的最高神，根据罗马帝国多民族、多神祇的社会现实，逐一论证帝国内诸民族的神皆系赫利俄斯的一部分，以此向全体罗马人宣告自己被赫利俄斯派来统治罗马帝国并巩固皇权，但赫利俄斯可能并非朱利安本人的真实信仰。

三明学院教育与音乐学院魏德骥博士的报告"普洛丁和亚里斯多德的快乐一样吗"认为二者的哲学快乐并不相同。由于亚里斯多德的最高哲学快乐定位在最高存有的 nous 自我思维的 noesis noeseos 上。而普罗丁的 nous 并不具有存有学 hypostasis 的最高地位，快乐是太一善自身的幸福自我安住的存在状态。而最高的 hypostasis 太一超越存有，因此快乐的存在并不是太一自身,也并非亚里斯多德式的最高思想快乐。这说明普罗丁对古希腊哲学的继承具有内容上的差异。

第十一场由中国人民大学哲学院刘玮教授主持,四份报告均聚焦于柏拉图哲学的核心伦理主题和形而上学问题。

东南大学人文学院哲学与科学系武小西副教授的报告"具身灵魂与练习死亡——柏拉图生命伦理思想探析"指出,学界均认为柏拉图灵魂理论存在一个张力:一方面,《理想国》和《斐德洛》的灵魂三分提供了一套道德心理学和能动性理论;另一方面,《斐多篇》则视灵魂为纯一的非构成物,以此论证灵魂不朽。一些学者尝试把这个张力化解为柏拉图思想不同阶段的发展和转变。本报告从《理想国》和《斐多篇》对医学的规定出发,尝试为上述张力寻找一种生命伦理视角的化解方式:人之灵魂的本质,是通过练习死亡而把纯一的理性从其具身的现实处境中萃取出来的动态过程,是运用理性能力实现灵魂本质的积极活动。报告最后尝试把柏拉图灵魂高于身体的思想与康德式的强调自主性和个体尊严的观念进行关联,论证后者的弊端和前者的合理性。

同济大学人文学院哲学系樊黎副教授的报告"卡利克勒斯的快乐主义"指出,《高尔吉亚》展示了两种尖锐冲突的生活方式:苏格拉底主张并践行的哲学生活,卡利克勒斯主张并打算践行的民主演说家的生活。苏格拉底认为前者是追求善的生活,后者是追求快乐的生活。对两种不同生活的选择的前提是善不同于快乐。卡利克勒斯也曾主张并坚持善等同于快乐,幸福就是活得快乐,但最终苏格拉底通过数轮论辩迫使卡利克勒斯承认善不同于快乐,他的主张只能被归为一种快乐主义(*hedonism*)。

陕西师范大学哲学学院张波波副教授的报告"柏拉图'善

论'新探"指出，学界通常认为《菲丽布》全方位贬低快乐的作用，完全将快乐从最好生活中剔除出去，部分学者因而主张快乐仅仅具有工具价值，《菲丽布》所提快乐与智思的混合生活只是柏拉图退而求其次的"补救性的好"，其价值远次于无乐无苦的中性状态。本报告反对这种看法，一方面论证快乐与智思的混合生活是人类第一好的生活，柏拉图并不主张快乐与幸福生活水火不容；另一方面论证柏拉图在这篇对话中承认不同类型的快乐有着根本不同的性质，某些纯粹快乐本身是好的或有内在价值。

中国政法大学人文学院哲学系苏峻副教授的报告"柏拉图'流变说'与'对立的共存'"指出，自亚里士多德开始认为柏拉图理念论的前提是"流变说"，可感世界一直处于变化之中，对其无法形成知识，而学界对柏拉图"流变说"的解释及其与理念"分离性"的关系莫衷一是。本报告认为，柏拉图"流变说"最核心的含义是"对立的共存"，只有通过这一含义才能将柏拉图早期对话中对伦理难题的强调与之后对可感世界的论述结合起来，才能进一步理解理念之所以与可感世界分离的原因。

第十二场由北京师范大学文学院张欣副教授主持，四份报告从跨学科视角出发，或探讨希腊神话文本中的人神关系，或从当代理解出发透视柏拉图文本中的文学取向。

陕西师范大学哲学学院于江霞副教授的报告"赫西俄德论劳作与正义"认为，赫西俄德的《劳作与时日》对劳作的态度具有两面性，一方面探讨人为什么劳作、如何劳作乃至人如何生活，但另一方面又论及"何种劳作"这一问题。赫西俄德通过引入"正义"来解释劳作的必要性与正当性，生存竞争以及与之相伴的劳乏都不宜推崇，只有恰当、主动的劳作才是正义的生活方式所必须，并为神意与人性所要求，正义实质是一套理性、道德的生活原则，而恰当的劳作则是践行正义的根本之道，在某种意义上树立了一个正义生活的榜样。

中共中央党校文史部刘飞副教授的报告"荷马史诗中的宗教观念和人神关系论"指出，荷马史诗本质上具有一种"人"的自觉，其所表达的不寄望于神、神力对人的外在拯救或赐福，而归本于人自身的德性和积极作为来担负命运，寻求靠自己来创造人的荣耀、实现生命的成就与超越的精神，成为古希腊人教养的源泉，是后来古希腊哲学源远流长的人文理智主义幸福论、德性论传统的滥觞，为后来古希腊文化的"人文觉醒"和"理性突破"打下了坚实的基础。因此柏拉图《理想国》才会说在他所生活的时代绝大多数优秀的希腊人都认为荷马是所有希腊人的老师，主张每一个人都应当按照荷马的教诲去生活。

南开大学哲学院林建武副教授的报告"烈日当空，倾听蝉鸣：论列维纳斯对《斐德罗篇》的解读"认为，列维纳斯对柏拉图的态度是复杂的，并非简单的否定或者支持。一方面，列维纳斯不只一次将《斐德罗篇》看作西方最重要的五个哲学文本之一，同时不断地强调自己是一个"反柏拉图"的柏拉图主义者；另一方面，列维纳斯的许多哲学概念在某种意义上基于超越性和伦理学作为第一哲学的立场，对柏拉图哲学进行"伦理转化"。列维纳斯警示我们，当我们在表述"那是我在太阳下的地方"并获得一种篡夺世界之权利时，要注意一种"声音"的回响，提醒我们在光芒照耀下努力倾听的必要。

安徽大学哲学学院夏然博士"第俄提玛的爱——《会饮》中爱的女性经验"认为第俄提玛在《会饮》中以缺席的方式表达了女性经验视角下关于爱若斯的独立观点，她通过描述爱若斯的居间性与唯一性，揭示了女性视角下爱欲的中介、自然与超越功能，并展示了人们在追求美时无关乎性别的理念。虽然她描述的无性别、抽象且无身体差异的主体更有利于男性，但她关于爱欲的观念，因为注入了女性经验，使得柏拉图勾画的哲学真理之路更具有完整性、持续性和永恒性。

第十三场由商务印书馆编辑卢明静博士主持，四场报告站在古今对话的高度，思考了古代哲学、古典文明的当代回响及其价值。

重庆理工大学马克思主义学院刘丽霞博士的报告"尼采的新古典主义及浪漫派批判"指出，不同于法国以弘扬爱国和道德为基调的理性古典主义，尼采发掘了希腊艺术中的非理性倾向即狄奥尼索斯现象，由此重塑古典概念。基于这一新古典主义概念，尼采以瓦格纳艺术为个案展开了对浪漫派的批判。最终尼采提出了一种新的反浪漫派艺术概念：一种不真不善但作为生命的艺术。

山东大学人文社科青岛研究院陈琳副教授的报告"二十世纪初德国舞台的古希腊悲剧"指出，18 世纪中期以后为形成民族文化身份认同，德意志地区开展了一场 Bildungsbürgertum（市民自我教化）运动。借助古希腊文化以自我赋能，特别是对古希腊悲剧进行重新诠释并重排演出不断上演，延续古希腊哲学－悲剧精神，创造德意志独特的时代精神，报告从莱辛、歌德、瓦格纳对古希腊悲剧的演绎发端，聚焦 20 世纪初著名德国导演莱因哈特《厄勒克特拉》《俄狄浦斯王》和《俄瑞斯忒斯三部曲》，阐述古希腊悲剧如何再次出场以图解决彼时的社会危机并形塑德意志文化身份认同。

东北师范大学马克思主义学部哲学学院罗兴刚副教授的报告"哲学教化视域中的爱欲与仁爱的比较研究"认为，西方哲学的东渐和自身遭遇的终结困境使得哲学必然走向比较视域，真正的比较哲学是在差异中求同，并在共同中完成哲学的会通。东西文明的比较真正可会通的切入点是在爱欲与仁爱之间。而二者的比较是在历史中不断生成，是朝向世界哲学的哲学自我本然的创造过程，在比较的视域中可见哲学的本性是一种爱的教化。

重庆移通学院远景学院吴慈荷老师的报告"从《尚书》'治国'角度谈柏拉图《理想国》中的'向上选择'"指出，《尚书》从君王政治实践角度谈论了中国古代贤能君王的示范治国事迹，《理想国》作为西方政治哲学最高理想"哲学王"的"向上选择"，指引贵族追求正义和智慧，报告探讨了实践治国和理想治国的区别，区分了中华史官和希腊哲学家对理想政治追求的异同，不同社会政治实践范式对后世的借鉴意义以及多元化文明的对话途径。

第十四场由华侨大学哲学与社会发展学院常旭旻副教授主持，三份报告探讨了早期希腊神话、诗歌、哲学的走向及其文化特性。

湖南理工学院马克思主义学院苏振甲博士的报告"思与诗的纠缠：返回到赫拉克利特与巴门尼德的世界"指出，海德格尔提出存在问题并寻思存在根源所返回的前苏格拉底哲学家，其思想世界和基本风貌不同于苏格拉底以及其学生柏拉图开创的整个形而上学，他们切近本源，将问题思向存在本身，与形而上学的思想姿态形成差异，并成为克服形而上学技术化的一个思想步骤。

上海外国语大学唐均教授的报告"探究秘索斯和逻各斯两

厢对立的异文化渊源"指出，德里达所解构的逻各斯中心主义源出古希腊哲学家语言与思维同一的立场，只认同希腊语是语言即逻各斯（λόγος），而说其他语言的人说的都不是逻各斯，而是外国话（βάρβαρος），也就不是语言。这一立场深刻影响了后来的欧洲语言及其思维立场。报告指出，原始希腊语的 λόγος 基本内涵在于"所说、所思"，逐渐衍生出"词句、对话、理据、考量、估算、解释、陈述"以及基督教文化中的"神辞、神智（尤其指耶稣）"等丰富词义，代表了话语本身和借助话语进行分辨的能力，显示理性的沉稳和科学的规范。

福建师范大学马克思主义学院林伟毅博士的报告"如何理解人：亨利生命现象学与传统哲学的分歧"指出，法国现象学家米歇尔·亨利认为当代形而上学与自然主义关于人的理解，把人界定为拥有理性的高级动物，都是在世界的角度上、基于世界真理探讨人，即从外在性上对人的揭示，并不能真正地触及和恰当地理解人自身。人根源于生命自身，只有回到生命之中，在生命真理里面，人才可能以自身的方式显现。亨利生命现象学关于人的理解和诠释从根本上突破了传统的思维方式与思想视域，但也没有真正地走出传统哲学的局限和困境。

为了给学界新人提供锻炼的机会与展示的平台，本次会议还单独设置了三个学生专场，来自德国波恩大学、北京大学、清华大学、中国人民大学、中山大学、山东大学、郑州大学以及华侨大学等高校的优秀博士生和硕士生进行了发言与讨论，11 份报告涵盖了古希腊罗马哲学乃至中世纪哲学的所有领域。

第十五场由南京大学哲学系刘鑫副教授主持。

中国人民大学哲学院博士研究生郭欢的报告"谁是安德罗

尼科？——公元前一世纪亚里士多德哲学复兴事件探究"介绍了公元前 1 世纪的罗马开始复兴的亚里士多德哲学，安德罗尼科是这次复兴事件中的关键人物，报告通过分析这个故事的来龙去脉，以及安德罗尼科其人其事，说明了亚里士多德哲学复兴事件的哲学史本质及其影响。

北京大学哲学系博士研究生李文琪的报告"亚里士多德论作为慎思愿望的决定"指出，亚里士多德在其伦理学文本中虽然将"决定"界定为"对我们所能决定的事物的一种慎重的欲望"，但并未明确说明到底是什么样的欲望才是决定。"欲望"在亚里士多德那里包括食欲（ἐπιθυμία）、精神（θυμός）和愿望（βούλησις），或者某种特定的欲望。报告试图将"决定"确定为某种欲望，一是揭示"决定"的本质，二是为理解亚里士多德关于"处置行动"的论述提供进一步的依据，如"良性行动""恶性行动"和"嗜欲行动"。

郑州大学文学院博士研究生赵郁薇的报告"对亚里士多德模仿理论的几种当代争论"指出，亚里士多德诗艺理论对模仿这一重要概念的界定并不明晰，当代学界对其模仿理论的具体阐释存在多种争论，报告探讨了其中核心的"模仿的快乐来源""观看悲剧的情感反应悖论""模仿的准哲学地位"三个问题，本报告通过展现当代学界对这些问题的争论，从哲学视角加深对诗艺与审美问题的认识，进而阐明亚里士多德认为模仿不仅仅是一种获得和交流普遍知识的模式，也是了解诗人如何看待世界的一种方式，从而模仿是对人类个体独特思想的一种洞察。

华侨大学哲学与社会发展学院硕士研究生谢沐楠的报告"未发之中——亚里士多德灵魂论的汉语阐释辨析"介绍了耶稣会士用中文"性"翻译西方"灵魂"（*anima*）的实践及其延伸

发挥，指出"性"与"魂"在中西哲学语境的不尽相同，朱熹的"性"即"理"相当于亚里士多德的动力因，而"魂"属于气的层面，用亚里士多德的质料因解释比较合理。艾儒略用《中庸》"未发之中"译介亚里士多德灵魂论，但"中"用以形容超越的道体是非知识性的，而亚里士多德的灵魂不仅是生命的本原，而且主要用以阐明人的认知。

第十六场由中国政法大学人文学院哲学系苏峻副教授主持。

山东大学哲学与社会发展学院博士研究生王钧哲的报告"再思苏格拉底的理性和信仰"指出，苏格拉底在《申辩》提出了诸多神圣的哲学使命：不断的考察自己和他人，说服他们关照灵魂、证明他人所拥有的错误知识状态、以哲学的方式度过一生，等等。这些哲学使命引发了究竟是信仰指引理性，还是理性反思并超越信仰的问题。报告坚持相容论看法，认为苏格拉底在《欧绪弗洛》关于虔敬的双重蕴含——理性和信仰是相容的，两者相互交织共同构建了苏格拉底的理性神学。

中山大学博雅学院博士研究生薛璟明的报告"《斐多》的灵魂和谐论：柏拉图身心问题的内在结构和困难"指出，苏格拉底在《斐多》中通过"亲缘性论证"，结合灵魂与理念的类比关系得出了灵魂不朽的结论，但这遭到了西米阿斯"灵魂和谐论"的批评，显示了苏格拉底对灵魂和谐本质的误解以及柏拉图身心问题解释的困难。当代心灵哲学为澄清苏格拉底的三则论证提供了副现象论和个体随附性两种解释方案，其中个体随附性中实体随附的关系在这方面尤其具有参考价值。另外结合一种戏剧对话式的视角，去理解《斐多》当中和音乐相关的主题以及苏格拉底本人真实的对话对象，这也为柏拉图身心问题的研究带来启发。

山东大学哲学与社会发展学院博士研究生张恒硕的报告"《普罗泰戈拉》不自制问题探究"指出，此问题的争论焦点在于三个问题：（1）如何理解苏格拉底在论证中的"享乐主义"；（2）苏格拉底是否认为"非理性欲望"会对行动产生影响；（3）如何理解"显像的力量"和"衡量术"？报告逐次澄清了上述问题：首先，重构"不自制"论证以说明"享乐主义"的作用；其次，借助对"纯粹认知判断"和"价值判断"的区分，说明"显像的力量"和"非理性欲望"对行动的影响；最后，结合柏拉图早期著作中"知识"的"实践内涵"层面，说明《普罗泰戈拉》中的"不自制"问题有别于现代语境的独特之处。

德国波恩大学哲学系博士研究生钟裕成的报告"论《斐多》95b–107b 中的'原因'概念"介绍了苏格拉底为证明灵魂不朽提出的三个论证，虽然其论证最终落脚于证明灵魂不朽，但其中包含的柏拉图分析评判关于事物生成和消亡的三种原因或者说三种因果解释（causal explanation）类型，从亚里士多德开始就遭受了对柏拉图原因论（aetiology）及其理念说的批评。报告试图理清三者的关系以获得柏拉图关于因果解释或原因论的总体想法，澄清三个问题：（1）苏格拉底或柏拉图基于什么理由批评自然研究提供的因果解释；（2）他追求的"真正原因"以及相应的解释类型是什么？（3）苏格拉底或柏拉图提出的"理念"提供了什么样的一种因果解释？这一种解释与之前的两种解释关系如何？

第十七场由湖南大学岳麓书院花威教授主持。

中国人民大学哲学院博士研究生高灵的报告"自我、邻人与上帝：《忏悔录》中奥古斯丁的皈依之旅"分析了《忏悔录》中的偷梨事件、无名朋友之死、花园皈依、奥斯提亚异象和莫妮卡之死几个关键事件中，探索自我、邻人和上帝在奥古斯丁皈依之旅中发挥的作用。报告区分了以下几个阶段：奥古斯丁尚未皈依时"自我"对于"友爱共同体"的优先性；发生自我内在转向之后"自我"对于"邻人"的优先性；皈依后个体有赖于团契中作为"安享"和"利用"之间的个体的互相扶持；最后婚姻圣事所形成的家庭带来的团契在尘世中的重力，从而凸显自我与邻人、团契与上帝的张力，揭示自我的优先性、友爱的不可替代性和基督教的内在困境，也体现出奥古斯丁在古今之争中的重要意义。

清华大学哲学系博士研究生李博涵的报告"晚期新柏拉图主义的历史接受问题：以普罗克鲁斯与奥古斯丁恶之思想比较研究为例"探讨了恶的问题，在整个古典形而上学对完整宇宙的建构过程中，对这一问题的追问以诸多的形式表现出来：它或者作为一种为形而上学和神学体系的完整性服务的逻辑要素；或者作为一种对现实的恶得以可能其条件的反思；抑或两者兼而有之。对这一问题的追问和回答在哲学史上呈现出许多的模式，报告讨论了新柏拉图主义者普罗克鲁斯与基督教哲学家奥古斯丁在恶之问题上的思路异同。

中国人民大学哲学院硕士研究生徐银翡的报告"个体灵魂下降的善恶之争——普罗提诺的流溢说及其内在辩证法"聚焦普罗提诺流溢说中个体灵魂下降是善还是恶这一问题，讨论分析了学界不同立场。报告论证善恶之间并非抽象的、静态的绝对对立，而是呈现出具体的、动态的辩证统一，并进一步指出，普罗提诺之所以能将两种看似冲突的观点结合起来，正是通过个体灵魂这一既非绝对善亦非绝对恶，而是内含丰富且具体的善恶辩证法的存在，将神与质料二者相贯通，并构建出现实可感世界中的具体善恶面向。

会议闭幕式举办了第十八场也即大会终场发言，由浙江大学哲学学院陈越骅教授主持，山东大学哲学与社会发展学院谢文郁教授与西南大学副校长、哲学系教授崔延强发表报告。谢文郁教授的报告"普罗塔克与希腊哲学的终结"介绍了中期柏拉图主义主要代表普罗塔克知识理论的转变之旅，普罗塔克一开始深受柏拉图真理情结感染，非常重视柏拉图的知识论，但他最后发现，如果不想走上怀疑主义道路，唯一道路便是向神求真理。他在德尔斐太阳神庙做祭司的30年，意图通过和阿波罗神建立关系来得到真理。

崔延强教授的报告"作为生活方式的怀疑论何以可能？"认为，皮浪派和中期学园派所坚持和捍卫的古典怀疑论不仅是一种去逻各斯中心主义的批判活动，更是一种试图通过这种批判活动而每每保持存疑、达致宁静的生活方式。怀疑是一种治疗术，它通过祛除附加在人们心灵上的虚幻观念，切断知识与幸福的"天然"联系，给人们列示一种无信念烦扰的生活何以可能。它是一种解构性的、非体系化的哲学，不预设任何自己的观点。它是生活世界的经验、常识、习惯和传统的守护者，表达出一种明显的自然主义倾向。

会议闭幕式由中华全国外国哲学史学会古希腊罗马哲学专业委员会秘书长詹文杰研究员主持，聂敏里教授、曹青云教授、刘玮教授等与会学者回顾了古希腊罗马哲学专业委员十多年的发展历程，学会以及诸多学者多年来的共同努力，为古希腊罗马哲学研究在国内的推广作出了巨大贡献，当前中国的古希腊罗马哲学研究正处在黄金时期，涌现了一大批优秀青年学者，建议在未来设立更多的学生专场，发现与培养优秀人才。学会决定，下一届全国古希腊罗马哲学研讨会由西南大学承办。崔延强教授表示，作为承办方，西南大学有信心和能力举办一次高水平的学术会议，并邀请各位专家学者于重庆共聚。最后，华侨大学哲学与社会发展学院常旭旻副院长对学会的大力支持、全国各地学者的积极参与表示感谢，他们使本届为期三天的第六届全国古希腊罗马哲学研讨会得以圆满举办。

作者简介：常旭旻，侨大学哲学与社会发展学院副教授、常务副院长。陈潇逸，华侨大学哲学与社会发展学院外国哲学专业研究生。

"第七届全国古希腊罗马哲学研讨会暨2024年中希哲学互鉴国际学术论坛"综述

郭慧云

2024年4月20日至21日,由中华全国外国哲学史学会古希腊罗马哲学专业委员会主办、中希文明互鉴中心和西南大学国家治理学院共同承办的"第七届全国古希腊罗马哲学研讨会暨2024年中希哲学互鉴国际学术论坛"在西南大学举行。参加会议的有来自中国社会科学院、中国人民大学、北京大学、复旦大学、中山大学、南开大学、山东大学、四川大学、吉林大学、上海外国语大学和西南大学等国内学术机构的60多位专家学者和25位研究生,还有两位学者分别来自希腊的帕特雷大学和亚里士多德大学。

会议开幕式由西南大学国家治理学院副院长郭美云主持。西南大学党委副书记潘洵、中华全国外国哲学史学会秘书长詹文杰、中希文明互鉴中心中方主任崔延强、西南大学国家治理学院院长潘孝富、中希文明互鉴中心中方秘书长王勇出席会议。在开幕式上,潘洵代表西南大学致辞,向莅会的专家学者表示热烈欢迎和诚挚问候,向长期以来关心支持学校建设和发展的各位专家表示衷心感谢,重点介绍了学校作为中希文明互鉴中心牵头建设单位开展工作的情况，希望与会专家切实落实习近平主席复信指示精神，畅所欲言、深入研讨，碰撞出思维的火花、学术的友谊和真理的甜味，将本次会议办成理论研究和学术研讨的盛会。潘孝富和王勇分别代表国家治理学院和中希文明互鉴中心介绍了哲学学科、国家级哲学一流本科专业建设点和中希文明互鉴中心的建设情况。詹文杰则代表中华全国外国哲学史学会对西南大学办会团队表达了感谢，并且简要探讨了古希腊罗马哲学研究在现时代的意义问题。

在随后举行的大会报告和分会场会议中，与会学者围绕"文明互鉴视域下的古典哲学"的主题展开研讨。

大会报告

本次会议安排了四位学者做大会报告。西南大学崔延强教授作了题为"论伊壁鸠鲁的自由意志观"的主题报告，他介绍了伊壁鸠鲁"自由意志"研究在希腊化时代的语境，并指出伊壁鸠鲁是为自由意志呐喊的第一人，而且他的自由意志研究是基于本体论即他的原子论学说，并且伊壁鸠鲁认为自然哲学而非伦理学才是解决灵魂问题的良药。希腊帕特雷大学哲学系米凯尔·帕鲁西斯（Michail Parousis）教授以"Nature, Power, and Law: Self-representations of greatness in Ancient Drama and Historiography"为题做报告，他首先从研究视角上强调了历史、文学和哲学之间的统一性，并认为经典文献往往包含了这几个方面的完整的知识域。帕鲁西斯尝试从古代戏剧和历史学中挖掘自然、力量和法等关于"伟大"议题的自我表征，并指出力量不仅意味着从自然和法中获得解放的抗争，而且意味着自主性。山东大学谢文郁教授报告的题目是"古希腊哲学中的良心与真理",他反驳了西方思想界对良心的研究起源于中世纪的传统观点,认为在古希腊哲学中已有关于良心的研究,并以"保罗书信"中多次对"良心"（συνείδησις, conscientia）的使用方式为论据进行证明;谢教授认为重视保罗书信的研究有助于我们克服《新约》研究和古希腊哲学研究的隔离状态。北京大学程炜教授报告的题目是"伦理和段子:泰奥弗拉斯托斯、帕拉希乌斯和绘画艺术（Theophrastus on Parrharius and the Art of Painting）",他重新评价了漫步学派伦理学对人物轶事的使用的价值,通过例证的方式指出漫步学派学者泰奥弗拉斯托斯对帕哈希乌斯轶事的使用不能简单地被视为体现了思辨的衰退,而应该被纳入亚里士多德伦理学框架中来理解,这种轶事补充和发展了亚里士多德的伦理学论述,从而实质性地介入到后古典时期兴起的关于生活形式的哲学论战之中。

分论坛报告

本次大会设有 6 个分论坛和 4 个研究生论坛,这些分论坛大多围绕相关哲学家的思想展开,其中关注度最高的当属亚里士多德哲学,其次是柏拉图和苏格拉底哲学,也有少数报告关注了早期希腊哲学（米利都学派）、古罗马哲学以及其他有关专题,而且不少学者从中希哲学比较的视角出发探讨相关问题。分论坛讨论的主题涉及逻辑学、认识论、形而上学、自然哲学、伦理学和政治哲学等方面。这里择要介绍其中一些报告的基本观点。

1. *逻辑学和认识论*

贵州师范大学胡冰浩的报告"柏拉图论感官认识的种类和真

实性"借助于对《理想国》中"手指"段落的分析，推测柏拉图可能对可感对象进行了分类，并且从可感对象和感官认识的内在关系以及可感对象的确定性这两个角度出发解释了感官认识之真实性的原因。

南昌大学胡慧慧的报告"亚里士多德论属加种差的定义方式"说明了亚里士多德《论动物部分》I.2–3 对柏拉图二分法的批判，并且解释了亚里士多德的分类学思路以及关于属和种差之特征的刻画，从而提出属加种差的方式不适合理解定义。

2. 形而上学

华中科技大学易刚以"论柏拉图原则理论的重构"先为题阐述了《理想国》中假设与原则的区分，然后引入了安纳斯对柏拉图原则理论的重构，认为该重构与假设和原则区分有冲突，同时他对安纳斯的解释提出了一种温和的批评。

南开大学邓向玲的报告"在柏拉图与亚里士多德之间：大马士革"双重本原说"的内在张力"阐述了大马士革对"双重本原说"对"第一本原如何既绝对超越又不脱离与生成物之间的因果关系"问题的处理，以及他在柏拉图与亚里士多德之间摇摆不定。

东南大学葛天勤的报告"亚里士多德《形而上学》Z17 的'另一个开端'与《后分析篇》中的三段论学说"认为，亚里士多德在《形而上学》Z17 引入《后分析篇》三段论的过程是建立在对于复合实体可分性的深刻反思之上的，而不是像大多数学者那样认为是预先直接被假定的。

兰州大学赵越做了题为"实体生成之前的质料？——对亚里士多德质料理论的一种理解方案"的报告，提出现有的相对性质料观面临的两个挑战，分别针对从基底生成的理论和"潜能—现实"理论,并提出自己的方案来尝试回应两个挑战。郑州大学张雨凝的报告"《形而上学》H 卷复合实体的定义问题"说明了亚里士多德学界就复合实体的定义应不应当包含质料的问题的争论,并且提出争论的实质在于形式是否包含质料以及如何理解质形关系,然后她以形式与质料在描述上分离、在存在上不分离的辩证关系对上述争论提供了一种新解释,支持强纯粹论的观点。

重庆大学刘珂舟的报告"'人生人':亚里士多德《形而上学》中的同义词原则"指出,亚里士多德在《形而上学》以"人生人"这一典型例证论述了所谓"同义词原则",通过考察同义词原则,可以发现亚里士多德在垂直和水平方向同时建构因果性关联,从而实现了对内在自然形式的外向扩展,论证了自然个体之间更为普遍的联系。

上海社会科学院裴延宇的报告"在场与光亮——对亚里士多德视觉理论的一种阐释"认为,当代亚里士多德哲学研究并未充分揭示视觉的形而上学意蕴,他从"主动努斯"被比喻为光出发来说明亚里士多德的视觉学说与努斯学说在形而上学层面的紧密关联。

中国社科院大学李涛的报告"亚里士多德的作为一神论的理神论"基于神学古今之变的视野提出,亚里士多德的理性神学必然是一种一神论,但不同于基督教的一神论,即那种无中生有创造宇宙、作为无限的意志、拥有无限潜能、爱着世人的一神论。

3. 自然哲学

吉林大学盛传捷的报告"'水本原'新解"利用新材料对泰勒斯"水本原"作了全新的解读,认为泰勒斯哲学的核心是"水淹万物"、泰勒斯是非还原的物质多元论者,而且"水本原"可以在生物学(希波)与宇宙论(泰勒斯)两个层面上得到运用。

南开大学张家昱的报告"论亚里士多德《论天》I.2 中的单纯物概念"认为《论天》包含一套关于元素种类的完整证明，而不是学界通常认为的，亚里士多德在《论天》没有给出月下元素何以有且只有四种的严格论证，他还提出重构《论天》中关于元素种类的证明对我们理解亚里士多德的元素理论以及《论天》和《论生成与毁灭》两部作品的关系都大有裨益。

中共中央党校吴亚女的报告"亚里士多德论动物性别的分化"集中关注"动物的性别分化是不是一个目的论过程"这个问题，并且其结论认为动物的性别分化是一个指向种的持存的目的论过程。

浙江财经大学魏梁钰的报告"'有机体'还是'作为工具的'身体？——重思亚里士多德的动物整体的 Ergon"检讨了学界关于 ergon（通常译作"功能"或"工作"）只能用于分析动物有机体的部分而不能刻画动物整体的观点，提出"作为工具的"身体为了灵魂的 ergon，并且 ergon 可以刻画作为自然复合物的动物整体。

北京大学博士研究生李文琪的报告"亚里士多德论动物运动内在推动者的欲求—认知二象性"提出，关于亚里士多德《论灵魂》中动物运动的内在推动者问题的三种解读争议都建立在一个错误预设上，报告认为欲求活动和实践认知活动是同一个活动，即动物运动的内在推动者具有欲求—认知二象性。

南开大学戴碧云的报告"盖伦对柏拉图理性灵魂理论的批判性接受"提出，盖伦根据当时解剖学的发展和三段论论证更新了柏拉图的理性灵魂位于大脑的论证并且认为灵魂的能力跟随身体的混合，而盖伦这两个观点引发了物理主义和不可知论两种解释，报告尝试从理性灵魂概念出发论证盖伦并非物理主义者而是不可知论者。

中山大学田书峰的报告"亚里士多德论自然必然性"从想象的几个层次、想象的是与非以及想象的核心内容并不是知觉的内容等方面解读了亚里士多德的"想象"概念。

四川大学魏奕昕的报告"亚里士多德论作为情感的憎恨"反驳了学界对亚里士多德"憎恨"的主流解读，即憎恨不算一种情感，并且尝试证明憎恨符合亚里士多德对情感的定义。

4. 伦理学和政治哲学

陕西师范大学于江霞做了题为"作为一种技艺的德性会工具化吗？"的报告，认为当前德性伦理学研究中采用技艺/德性类比的研究路径可以追溯到古希腊哲学中普遍的德性/技艺类比的讨论；她认为假如我们对何种技艺与何种类比模式给出更细致的澄清，那么一些批评者担心这种类比会使得"德性技艺化"可能是不必要的。

南昌大学余友辉的报告"古希腊哲学中的自我观念及自我认识理论"认为，就像古希腊人不把反身性后缀直接转化为名词一样，他们不会把这种反身性关系带有的个体性和主观性因素看作最根本的，从而古希腊人不会有近代笛卡尔式的自我观念。

中国政法大学苏峻的报告"爱欲与友爱何以不同？——理解古希腊伦理学的一条线索"认为，爱欲（eros）在柏拉图哲学中承担了重要功能，但亚里士多德却明确批评了这一概念并转而关注友爱（philia），因为爱欲相较于友爱具有更浓的非理性色彩，而两位哲学家之间的分歧不仅体现为对待两种形态的"爱"的不同态度，而且反映了他们伦理思考的不同进路。

云南大学刘玉鹏的报告"普罗提诺的 εὐδαιμονία 的翻译问题"介绍了 εὐδαιμονία（幸福）概念的多种英文译法，并且跟很多学者一样不赞同将它译为 happiness，因为后者更多地表达某种主观的幸福感从而更多地与"快乐"联系在一起，而报告更赞同阿姆斯庄所采取的 well-being 的译法，因为它的字面意义是"好的存在/是（者）"，适合于对译普罗提诺生命本体论意义上的"幸福"概念。

沈阳师范大学李丽丽的报告"普鲁塔克伦理学的日常生活转向"认为，普鲁塔克的伦理学是通过把智慧融入日常生活当中体现出来的，这种日常化转向的发生源于时代背景和哲学问题的转换，其目的就是人和人的生活。

四川大学梁中和的报告"羞耻与知识：苏格拉底和孔子在哲学教育方法中的同异"分析了苏格拉底和孔子关于在青年教育中如何激发羞耻心以进德的思路，总结出与爱欲阶梯相应的德性阶梯，并且分析了两者的相同与差异，报告提出两人都把羞耻心当作道德教育的起点，但不同在于苏格拉底更强调羞耻心带来的理智性的耻辱，而孔子认为成德和践行才是羞耻心激发出的最重要方面。

山东师范大学李静含的报告"论柏拉图对话中的'说服'概念"认为，就影响德性信念而言，苏格拉底式说服以"辩驳论证"的方式进行而归于失败，智者式说服被苏格拉底拒斥并在对话中遭受批判，柏拉图式说服在一定程度上接纳了智者式说服的方法，在形成真信念的层面上有助于促进大多数人的德性。

西安电子科技大学姜维端的报告"苏格拉底与作为一种具身美德的勇敢——以《拉凯斯》和《理想国》为中心"提出，《拉凯斯》关于勇敢与智慧的关系究竟如何有待说明，而报告试图通过分析勇敢概念及其困难的不同层次来论证解决问题的关键在于理解勇敢无法排除的具身性维度。

贵州师范大学黄晶的报告"不能自制者的知与行——对亚里士多德'不能自制'概念的现象学分析"将亚里士多德的"知"与程明道、王阳明、胡塞尔、马克思·舍勒等人的"知"进行比较，为知行合一提供一种说明。

武汉理工大学潘卫红的报告"不自制是理智的无能还是理智的无知？"谈到，亚里士多德所说的不自制究竟应当归因于理智的"无能"还是理智的"无知"是有争议的，而报告认同传统的解读，即不自制从根本上说归因于理智的无知，但是这种无知不是没有理论知识而是缺乏对这种知识的切身体会或经验确证，从而缺乏实践的力量。中山大学张霄的报告"亚里士多德论自然正义"基于学界已有的解读讨论了以下几个问题：自然正义与政治正义的关系、亚里士多德是否认同一种自然法思想，以及自然正义与城邦自然性和德性政治学的关系。

结 语

正如詹文杰研究员指出的，古希腊罗马哲学研究既需要细致的文本解读作为基础，也要求研究者具有真正的哲学理论关怀、清楚的问题意识和较强的论证能力，缺乏前者会变成游谈无根，缺乏后者则会让研究陷入琐细的语文和历史考据而丧失哲学的理论品格。本次大会的许多报告体现了古典学研究忠于文本的特点，也通过梳理和分析文本探讨了一些重要的哲学理论问题，在某些领域和问题上有较大的推进；但是也应当看到，一些报告在上述两个方面仍存在明显的不足，还有较大的改进空间。

本次会议的顺利召开有助于加深我国学界对古希腊罗马哲学的理解，促进中国与希腊的文明互鉴。2024年正值中国和希腊建交 52 周年，"第七届全国古希腊罗马哲学研讨会暨 2024 年中希哲学互鉴国际学术论坛"的成功举办也助推了两国文化的深层次交流。

作者简介：郭慧云，西南大学哲学系讲师。

《古希腊罗马哲学研究》征稿启事

《古希腊罗马哲学研究》是中华全国外国哲学史学会古希腊罗马哲学专业委员会主办的专业学术辑刊,现面向学界征集稿件,包括古希腊罗马哲学研究领域的学术论文、译文、书评、书讯、访谈和会议简讯等。本刊秉持专业性、前沿性和开放性的原则,旨在为国内外研究者提供一个学术交流的专业平台,以促进学科发展和学术繁荣。

投稿准则:

1. 来稿文责由作者自负。注明首发或已发;已在其他刊物发表的文章请写明原刊物名称和期次。古代经典汉译之外的当代研究性论文的译文要求作者授权。

2. 来稿请用 WORD 格式,按附件形式电邮至本刊投稿专用邮箱,并注明作者姓名、性别、工作单位、职称、邮编与通讯地址、联系电话、Email 等。

3. 论文的字数控制在 6000-20000 字,报道和书评的字数控制在 2000—10000 字。每篇文章需要附 200-300 字的中文摘要,3-5 个中文关键词,以及文章的英文题目。

4. 本刊编辑将在 20 天内就来稿是否通过初审答复作者,并在 40 天内告知编辑部讨论后的最终结果。文章如经本刊录用,不可再投他刊。

5. 来稿正式刊出后，本刊将赠送作者该辑一册。已发稿无稿酬，首发稿争取发给一定稿酬。

来稿格式：

标题：宋体，小三号字体，加粗（副标题：仿宋体，小三号字体）；各节标题：四号字体，加粗。标题下空一行，各节标题下不空行。

正文：中文采用宋体，外文采用 Times New Roman，小四号字体，1.5 倍行距。外国人名使用中译的，请用括号注出外文全名，但柏拉图等著名人物则不必。

脚注：页下注，小五号字体，以 1，2，3，……格式标注，每篇文章连续编号。译文注释中说明性文字需翻译为中文，文献信息等原则上保留原文不译。

项目标注：需要列出文章所受项目支持的，写明项目名称和编号，用 * 给文章标题加注。

文章尾部写明作者简介，字数控制在 100–300 字。

引用文献格式：

中文专著：作者：《书名》（卷数或册数），出版社年版，第 * 页。（卷数册数在书名号外面，括号之内：注意著作方式是"著""编"还是"主编"）

中文译著：[国籍] 作者：《书名》（卷数或册数），译者，出版社年版，第 * 页。

中文文集论文：作者：《文章名》，载《文集名称》，出版社年版，第 * 页。

中文期刊论文：作者：《文章名》，《刊物名称》* 年第 * 期，

第*页。(注意,刊名直接连着时间和期数,没有逗号;作者若为多人请写全)

外文专著:例 Mark Chaves, *American Philosophy: Contemporary Trends*, Princeton, New Jersey: Princeton University Press, 2012: 12-14.

外文编著:例 Dennis R. Hoover and Douglass M. Johnston (eds.), *Language and Reality: Essential Readings*, Waco, Texas: Baylor University Press, 2012: 14.

外文译著:例 Aristotle, *Aristotle's Categories and De interpretation*, trans., John L. Ackrill, Oxford: Clarendon Press, 1963.

外文期刊:例 Peter Klein, "Radical Interpretation and Global Skepticism", *Truth and Interpretation*, Vol. 36, No. 3, 1967: 262-283.

《古希腊罗马哲学研究》本刊不接受纸质稿件,请将电子版发送至编辑部,电子邮箱地址:zikejie@163.com。邮件标题请写明作者姓名及论文名称,并注明"投稿"字样。

《古希腊罗马哲学研究》编辑部
中华全国外国哲学史学会古希腊罗马哲学专业委员会
2022 年 2 月